Digitale Zentralbankwährung

1. Auflage November 2023

Lektorat: Swantje Christow
Satz und Layout: Mohn Media Mohndruck GmbH, Gütersloh
Umschlaggestaltung: Lilly Stühle

ISBN: 978-3-86445-963-4

MIX
Papier | Fördert
gute Waldnutzung
FSC® C014496
FSC
www.fsc.org

Gerne senden wir Ihnen unser Verlagsverzeichnis
Kopp Verlag
Bertha-Benz-Straße 10
72108 Rottenburg
E-Mail: info@kopp-verlag.de
Tel.: (0 74 72) 98 06-10
Fax: (0 74 72) 98 06-11

Unser Buchprogramm finden Sie auch im Internet unter:
www.kopp-verlag.de

Michael Brückner
Jessica Horn

Digitale Zentralbank-währung

Wenn E-Euro & Co. zum staatlichen Kontroll- und Überwachungsinstrument werden

KOPP VERLAG

Inhalt

3

4

5

6

7

Einleitung

»Daß ich erkenne, was die Welt im Innersten zusammenhält.«
Johann Wolfgang von Goethe
Faust. Der Tragödie erster Teil[1]

Als Ben Broadbent, ein hochrangiger Beamter der Bank of England, im Jahr 2016 an der London School of Economics einen Vortrag zum Thema »Central Banks and Digital Currencies«, also über das digitale Zentralbankgeld (CBDC), hielt, dürften seine Zuhörer trotz der streckenweise sehr drögen Ausführungen des Zentralbankers geradezu elektrisiert gewesen sein. Skizzierte der Geldmanager doch gerade eine probate Strategie, um der Herausforderung durch Bitcoin & Co. erfolgversprechend begegnen zu können. Die Strategie war ziemlich simpel und folgte dem Prinzip: Wenn man das Produkt eines Konkurrenten nicht dauerhaft verhindern kann, dann macht man es einfach nach. Bei diesem Produkt handelte es sich um die neuen Digitalwährungen, allen voran der im Jahr 2008 gestartete Bitcoin – zunächst kaum beachtet, später von Regierungen und vielen Notenbankern gefürchtet. Wegen der in der Tat sehr ausgeprägten Volatilität dieser digitalen Währung glaubte mancher, der Bitcoin und die rasant wachsende Zahl seiner »Konkurrenten« sei nur ein temporäres Spielzeug für Tech-Nerds. Doch bald wurde deutlich: Die Kryptowährungen waren gekommen, um zu bleiben. Und unversehens erkannten die Politiker rund um die Welt, die daran gewöhnt waren (und es immer noch sind), die Bürger über das staatliche Fiatgeld zu steuern, zu kontrollieren und zu erziehen, dass die Digitalwährungen einen dicken Strich durch die Rechnung der politisch Verantwortlichen machen könnten.

Seit Jahren tobt der von einflussreichen Kreisen – von Regierungen, NGOs, Konzernen, Agenturen der Vereinten Nationen bis hin zur Bill & Melinda Gates Foundation – mit riesigem Propagandaaufwand befeuerte Kampf gegen das Bargeld. Was aber macht das Bargeld aus Sicht seiner Gegner so »gefährlich«? Ganz einfach: Bargeld ist anonym. Sie gehen in den Supermarkt, kaufen ein und zahlen an der Kasse mit Geldscheinen und Münzen. Niemand fragt nach Ihrem Namen oder Ihrer Kontonummer, niemand kann prüfen, ob Sie sich gesund ernähren, ob Sie ungeachtet grün-alternativer Gehirnwäsche weiterhin Wurst und Fleisch verzehren. Der ganze Vegankult ist Ihnen im wahrsten Sinne des Wortes »wurscht«. Zahlen Sie hingegen mit Karte, Handy oder Digitalwährungen, ist es vorbei mit dieser Anonymität. Sie werden zu einem gläsernen Konsumenten. Ist das ein erstrebenswertes Ziel? Sicher nicht. Und dennoch gilt es vor allem in der jüngeren und mittleren Generation als schick, mit Karte oder Smartphone zu bezahlen, manche denken wohl, das sei Ausdruck eines urbanen, digitalen Lebensstils. Wie lautet doch eine immer wieder zu hörende Propagandafloskel der Cash-Gegner? »Nur Omas und Ganoven zahlen noch mit Bargeld.« Falsch, mit Bargeld zahlen vor allem Menschen, die noch Wert auf Diskretion und Selbstbestimmung legen. Ja, die Anonymität ist per se weder suspekt noch anrüchig, sondern in vielen Bereichen unverzichtbar. Ohne die Anonymität von Wahlen gäbe es keine echte Demokratie. Umgekehrt ist größtmögliche Transparenz kein Allheilmittel; vielmehr öffnet sie dem staatlichen Voyeurismus Tür und Tor. In den Zehn Geboten steht nirgendwo: »Du sollst keine Geheimnisse haben«.

Oft hören wir, wer sich nichts habe zuschulden kommen lassen, brauche auch Kontrolle nicht zu fürchten. Menschen, die so argumentieren, sind schon längst zu Lemmingen mutiert, ohne es zu bemerken. Wenn Sie, liebe Leserin, lieber Leser, erfahren möchten, welch mächtige

Allianz sich zum Kampf gegen unser Bargeld gebildet hat, dann werfen Sie einen Blick auf die Internetseite *www.betterthancash.org*. Sie werden staunen!

Im Kreuzzug gegen das Bargeld tauchte nun plötzlich ein Störenfried in Form des Bitcoins auf. Regierungen, (Noten-)Banken und superreichen Volkserziehern waren die Kryptos ein Dorn im Auge. Denn schließlich waren die Kryptos eben *krypto*, was sich aus dem Altgriechischen mit »verstecken« oder »verbergen« übersetzen lässt. Würden also Bitcoins & Co. bestimmte Eigenschaften des Bargeldes (zum Beispiel dessen Anonymität) ins digitale Zeitalter retten? Immerhin arbeiten Bitcoins & Co. nach dem Peer-to-Peer-Prinzip, weshalb auch Satoshi Nakamoto, der angebliche Entwickler der Bitcoins, in seinem Whitepaper von einem »Peer-to-Peer Electronic Cash System« schrieb. Peer-to-Peer bedeutet, dass die Teilnehmer von Netzwerken direkt miteinander verknüpft sind und die gleichen Rechte innehaben. Die Kommunikation erfolgt also nicht über irgendwelche Server, sondern von einem Computer zum anderen.

Diese Vorstellung beunruhigte die War-on-Cash-Aktivisten umso mehr, als sich sehr bald abzeichnete, dass Digitalwährungen eben doch keine vorübergehenden Erscheinungen waren und Verbote allein deren Siegeszug ebenso wenig zu stoppen vermochten, wie die vor allem durch milliardenschwere Spekulationsgeschäfte ausgelösten atemberaubenden Auf- und Abschwünge. Selbst die übliche Propagandamasche, die uns schon aus dem Kampf gegen das Bargeld sattsam bekannt ist, wirkte kaum überzeugend. Nur Geldwäscher, Steuerhinterzieher und finstere Darknet-Gesellen wickelten ihre schmutzigen Geschäfte mit Bitcoins oder anderem Digitalgeld ab, so hieß es. Eine infantile Vorstellung: Kriminelle finden immer alternative Wege – und das unterbindet man nicht dadurch, dass man alle Bürger unter Generalverdacht stellt. Tatsächlich geht es keineswegs darum, die Bevölkerung vor Risiken zu schützen, sondern die Souveränität und die Macht der Staaten über ihre Menschen zu erhalten. Denn ein Volk von Lemmingen – das ist es, was sich die Protagonisten der neuen Weltordnung wünschen.

Spätestens als Facebook dann an einer Digitalwährung arbeitete (das Projekt Diem, vormals Libra, ließ sich am Ende nicht realisieren) und eine weltweit umspannende digitale Währung scheinbar unmittelbar vor der Tür stand, mussten Regierungen und Notenbanken handeln, um nicht die über das Geld gesteuerte Kontrolle über die Menschen zu verlieren.

Und genau an dieser Stelle kommt wieder der eingangs erwähnte britische Notenbanker Ben Broadbent ins Spiel. Sein Vorschlag: Zentralbanken bringen eigenes digitales Geld auf den Markt – vom Staat kontrolliert. Einer der Vorreiter ist China. Wie sehr dort die allumfassende Kontrolle und die Umerziehung der Menschen im Sinne der Partei über das staatliche Digitalgeld funktioniert, aber auch wie sich Schweden zum weitgehend bargeldlosen Staat entwickelte, erfahren Sie in diesem Buch.

Schon wenige Jahre nach der Rede des Notenbankers Broadbent laufen die Vorbereitungen für die Einführung von CBDC auf Hochtouren. In manchen Staaten gibt es das digitale Zentralbankgeld bereits. Europa beziehungsweise der Euro-Währungsraum wird bald folgen. Bereits vor Monaten hat die Brüsseler EU-Kommission Pläne vorgelegt, um den sogenannten digitalen Euro einzuführen. Das heißt im Klartext: In den bislang zwanzig Staaten, in denen der Euro als Landeswährung gilt, soll schon bald eine digitale Gemeinschaftswährung eingeführt werden. Das derzeit noch mitgeführte Bargeld landet dann in einer digitalen Geldbörse, mit der ein Kunde überall bezahlen kann beziehungsweise muss. Bereits im Jahr 2026 könnte der digitale Euro Realität werden. Diese und andere CBDCs haben mit Bitcoins & Co. freilich kaum noch etwas zu tun, sieht man einmal von der Tatsache ab, dass es sich in allen Fällen um digitales Geld handelt. Das CBDC ist, wie wir auf den nachfolgenden Seiten nachweisen werden, ein Instrument zur Überwachung der Bürger. Nicht von ungefähr stieß das digitale Zentralbankgeld in vielen Ländern, in denen es bereits eingeführt wurde, auf mangelnde Akzeptanz oder sogar auf offenen Widerstand.

Es steht zu befürchten, dass die Europäer den digitalen Euro – entsprechend manipuliert durch Politiker und Medien – ebenso unkritisch beklatschen werden wie seinerzeit den Euro. Daher haben sich die Autoren des vorliegenden Buches vorgenommen, Aufklärungsarbeit zu leisten und aufzuzeigen, wie CBDC funktioniert. Es werden die Unterschiede zu anderen Kryptowährungen herausgearbeitet und dargestellt, welche Gefahren und Risiken dieses »neue« Geld für die Menschen bergen könnte.

Natürlich werden Sie in den kommenden Monaten und Jahren immer wieder vernehmen, niemand plane das Bargeld abzuschaffen; der digitale Euro sei nur eine Alternative zum Bargeldsystem. Dass angeblich niemand das Bargeld abschaffen möchte, hören wir seit Jahren. Und was ist seither geschehen? Die Abschaffung des Bargeldes vollzieht sich gleichsam auf Samtpfoten. Erst wird die 500-Euro-Note aus dem Verkehr gezogen, dann Bareinzahlungen auf das eigene Konto streng limitiert, und Immobilienkäufe gegen Bares dürfen von Notaren nicht mehr beurkundet werden. In manchen Ländern, wie etwa Schweden, ist es fast schon unmöglich, seinen Kaffee oder seine Tageszeitung bar zu bezahlen. In diesem Buch erfahren Sie, weshalb es angeraten scheint, dem digitalen Euro mit einem großen Maß an Skepsis zu begegnen.

An dieser Stelle danken wir unserem Kollegen Werner Reichel aus Wien, der wertvolle Beiträge zu diesem Buch beigesteuert hat.

Wir wünschen Ihnen eine erkenntnisreiche und aufrüttelnde Lektüre.

Michael Brückner & Jessica Horn

Oktober 2023

1

Von den Anfängen des Finanzsystems – Was war zuerst da, der Wert oder das Geld?

»Genau genommen seid ihr am Arsch!«, so der Kult-Antagonist Gordon Gekko im Spielfilm *Wall Street: Geld schläft nicht* (Fortsetzung des 1987 erschienenen Films *Wall Street*) anlässlich eines Vortrags, den er vor Betriebswirtschaftsstudenten hält. »Ihr seid die Ninja-Generation: kein Einkommen, keine Arbeit, keine Ersparnisse.«[2] Das erinnert sehr an das famose Zitat aus dem bereits gelöschten WEF-Video *Acht Vorhersagen für die Welt im Jahr 2030* von 2016: »Du wirst nichts besitzen und du wirst glücklich sein.« Selbstverständlich würde das nicht für eine Figur wie Gekko gelten, denn er ist jemand, der stets das Motto gelebt hat, Gier sei gut und nach eigenen Aussagen nun wohl auch legal.[3] Schließlich hat Gekko ein Vermögen als sogenannter Corporate Raider gemacht, also als Unternehmensplünderer. Kostengünstig kaufte er dabei große Beteiligungen von Firmen auf, um das Stimmrecht der Aktionäre dann dafür zu nutzen, neuartige Unternehmensmaßnahmen durchzusetzen, die den Aktienwert des Unternehmens steigern. Der erste Teil des Blockbusters *Wall Street* avancierte schnell zum Kultfilm; sein Macher Oliver Stone wollte damit ein Manifest gegen den zügellosen Kapitalismus setzen.[4]

Nach dem Original von 1987 kam 2010 also *Wall Street: Geld schläft nicht*. Würde es knapp 23 Jahre später noch einen dritten Teil (vielleicht im Jahr 2033) geben, müssten sich die Macher vor allem zwei Fragen stellen: Zum einen, ob Gekkos Kultspruch »Gier ist gut. Gier ist richtig. Gier ist gesund.« überhaupt noch ziehen würde. Schließlich war es gerade diese Gier der Wall Street und der Banker, die 2008 zum größten Konkursfall in der US-Geschichte, der Pleite der Investmentbank Lehman Brothers, geführt hat. Die Lehman-Krise, so *Zeit Online*, »löste in vielen Industriestaaten eine tiefe Rezession aus und war letztlich auch mitverantwortlich für die Eurokrise«.[5] Doch obwohl die Folgen bis heute in wirtschaftlicher und politischer Hinsicht spürbar sind, wurden die versprochenen Reformen des Finanzmarktes, die so etwas zukünftig verhindern sollten, bis heute nicht oder nur zum Teil umgesetzt.[6]

Stattdessen erleben wir mit der Bankenkrise des Jahres 2023 – ausgehend vom Crash der Silicon Valley Bank (SVB) vom 10. März –, dass steigende Leitzinsen die Kredithäuser in die Bredouille bringen. Insbesondere Banken wie die SVB, die Ausfallrisiken, sogenannte Klumpenrisiken, durch die hohe Konzentration auf zu viele und meist unprofitable Wachstumsunternehmen in ihrer Bilanz akkumuliert haben (hier: Start-ups), kippen unweigerlich bei steigenden Leitzinsen um.

Die Silicon Valley Bank war bislang die zentrale Sparkasse der jungen Start-ups- und Technologieunternehmen im kalifornischen Silicon Valley. In der Boomphase bis 2021 parkten viele junge Unternehmen ihre Einnahmen bei der SVB. Entsprechend wuchsen die Einlagen der Bank im Verhältnis zu ihrer Kreditvergabe deutlich stärker. Die SVB investierte ihr Cash vor allem in langjährige US-Staats- und Hypothekenanleihen. Durch die steigenden Zinsen fielen diese rapide im Wert. Da Kapital nun wieder spürbar teurer wurde, gerieten auch die Start-ups in Not und mussten auf ihre Rücklagen zurückgreifen. Die SVB musste daher ihre Anleihen verlustreich verkaufen, um die Kundeneinlagen auszahlen zu können. Als sie zudem Kapitalbedarf anmeldete, kam es zur Panik unter den Kunden und ein Bank Run, ein Bankansturm, setzte ein.[7]

Laut Keith Fitz-Gerald, Händler und Direktor der Fitzgerald Group, seien dabei insbesondere Gier und Geiz an der Misere der SVB-Bank schuld gewesen. »Wir haben das Federal Board of Reserve von Teilreserven auf keine Reserven umstellen lassen, und das hat Banken wie die SVB veranlasst, Vermögenswerte zu kaufen, anstatt einfach Geld zu verleihen«,[8] sagte er gegenüber CNBC Capital Connection. Bei solch einer Ansicht wird zwar betont, dass die SVB-Bank, getrieben von Profitgier, äußerst risikoreich agiert habe, jedoch wird dabei (geflissentlich) übersehen, dass die Zentralbanken mittlerweile so viel Macht akkumuliert haben, dass sie durch ihre Entscheidungen (hier: die Anhebung des Leitzinssatzes) das gesamte System schnell ins Wanken bringen können. Was wäre also, wenn die eigentlichen Währungshüter unser Finanzsystem gar nicht retten, sondern vielmehr abwickeln wollen, weil ihnen bereits eine Alternative in Form des CBDC vorschwebt? Dazu wurde zunächst der Markt mit billigem Geld geschwemmt, um dann infolge einer um sich greifenden Inflation (viel zu spät) durch die Anhebung der Leitzinsen Maßnahmen zu ergreifen. Mit der Folge, dass Banken wie die SVB, die Anleihenkäufe in ihrem Portfolio akkumuliert hatten, (wohl wissentlich) unweigerlich pleitegehen müssen.

Die Macher eines womöglich dritten Teils von *Wall Street* müssten also ernsthaft überlegen, Gekkos Kultspruch abzuändern in: »CBDC: Totalüberwachung ist gut. Totalüberwachung ist richtig. Totalüberwachung ist gesund.« Denn, obwohl es auf der Website des Atlantic Council heißt, CBDC sei virtuelles Geld, das von einer Zentralbank gedeckt und ausgegeben wird,[9] vermuten kritische Denker mit Blick auf China hierhinter programmierbares Geld, das der Totalüberwachung Tür und Tor öffnet.

Weiterhin bleibt offen, ob der Börsenspekulant Gordon Gekko in seiner Rolle – geschweige denn die Wall Street an sich – überhaupt noch

Eindruck aufs Publikum machen würde. Spätestens seit der Veröffentlichung von Heike Buchters Werk *BlackRock: Eine heimliche Weltmacht greift nach unserem Geld* aus dem Jahr 2015 wird hinter vorgehaltener Hand darüber diskutiert, ob das Unternehmen BlackRock nicht die heimliche Schattenmacht der Wall Street sei.

Hinter dem Erfolg des Megaunternehmens verbirgt sich sprichwörtlich ein Märchen aus *Tausendundeiner Nacht*. Denn der Grund, warum ganze Staaten BlackRock ihre Fonds und Pensionen anvertrauen und auch Versicherer und Vermögensverwalter dem Konzern ihre Milliarden geben, ist ein gigantisches Datenanalysesystem mit dem Namen Aladdin. Hierbei handelt es sich um ein seit 1988 entwickeltes Softwaresystem, mit dem Risiken analysiert werden, um auf dessen Grundlage Kauf- oder Verkaufsentscheidungen zu treffen.[10] In ihrem Buch beschreibt Buchter die Macht von BlackRock folgendermaßen: »Aladdin ist BlackRocks elektronischer Dschinn. Wie der Geist aus der Flasche im Märchen hat Aladdin dessen sagenhaften Erfolg möglich gemacht. Aladdin ist, was BlackRock im Innersten zusammenhält. Aladdin ist die Basis für seine wachsende Macht.«[11]

Wie konnte der Geist des Finanzsystems so stark werden? Vielleicht wäre dies die Thematik, die es sich lohnen würde – hollywoodwirksam –, in einem dritten Teil von *Wall Street* zu analysieren. Vorab schon mal als schnödes Skript ein Vorgeschmack darauf, wie all dies möglich war: Dschinni gab Aladdin drei Wünsche frei. Hin zu seiner Transformation in den Megacomputer von BlackRock wünschte sich Aladin zunächst Reichtum, dann Macht und zu guter Letzt Kontrolle. Heute stehen die Zentralbanken, die ebenfalls von BlackRock beraten werden, mit der bevorstehenden Einführung des CBDC nur noch einen Schritt davon entfernt, all dies in ihren Händen zu halten. Wie seinerzeit mit Aladdin weiß auch heute niemand, »welche

Folgen ein solches Finanzsystem im Finanzsystem für uns hat«.[12] Erzählen wir also die Geschichte, indem wir Aladdin im Folgenden zu unserem Protagonisten machen.

Was ist Geld überhaupt? – Aladdin erkennt, was die Welt im Innersten zusammenhält

Als Johann Wolfgang von Goethe im frühen 19. Jahrhundert seinen Faust im Prolog die berühmten Zeilen »Daß ich erkenne, was die Welt im Innersten zusammenhält« aufsagen ließ, versuchten spätere Literaturanalysten, hier physikalische Theorien hineinzuinterpretieren. Diese wären für die nicht minder bekannte Zeichentrickfigur Aladdin nur böhmische Dörfer gewesen, hatte der arme Straßenjunge doch seine ganz eigene Theorie darüber aufgestellt, was die Welt im Innersten zusammenhält. Und das nicht etwa durch emsiges Studium à la Faust, sondern durch seine täglichen Beobachtungen, die er auf dem Markt von Agrabah sammeln konnte.

Hier sah Aladdin im bunten Treiben und umnebelt von den Düften exotischer Gewürze tagein, tagaus Händler mit den Kaufleuten feilschen. Durch aufmerksames Beobachten begriff Aladdin schnell, dass stets derjenige ein besseres Geschäft machte, der sein Produkt besser anpries. Dabei musste der Tauschgegenstand, den der eine dem anderen bot, noch nicht einmal einen hohen intrinsischen Wert haben. Vielmehr galt es auf der Klaviatur der Bedürfnisse seines Gegenübers zu spielen, also zu erkennen, welchen Wert der Gegenstand für den anderen hatte. Im Laufe der Jahre wurde dieser Wert in Geld bemessen. Dieses Geld war es, das die Welt im Innersten zusammenhielt. Doch Geld, das erkannte Aladdin schnell, war nichts anders als pure Illusion, also Scheingeld. Wie kann das sein?

Geld als Tauschmittel

Mit den Jahren, in denen Aladdin in Agrabah heranwuchs, sah er, dass sich die Art des Handelns auf dem Basar veränderte. Wurden anfänglich noch Gegenstände gegeneinander ausgetauscht, so gestaltete sich dies mitunter als recht schwierig. Wie lassen sich etwa 100 Gramm Gewürze gegen 1 Kilo Seide aufwiegen? Abgesehen davon, dass hier bereits ein eklatant quantitativer Unterschied vorliegt, dürfte die Seide wohl auch qualitativ um einiges hochwertiger sein als selbst ein noch so exotisches Gewürz. Aladdin nahm somit zur Kenntnis, dass bei nahezu jedem Tauschgeschäft ein Rest blieb, der zwangsläufig gestundet werden musste. Die eine Partei musste der anderen zwangsläufig einen Kredit einräumen.[13] Da es nun schwierig war, diesen Kredithandel ganz auf Basis von Gütern abzuwickeln, ging man dazu über, Warengeld wie Goldmünzen zu verwenden. Hierbei handelte es sich um einen Gegenstand, der aus einem bestimmten Material bestand, welcher am Markt einen gewissen Wert hatte.[14] Statt also wie bislang mit Gegenständen Tauschhandel zu betreiben, wurde jetzt das Warengeld im wahrsten Sinne des Wortes zu der Ware, mit der sich eine andere Ware (hier: ein Gegenstand) kaufen ließ. Der überschüssige Restbetrag, also der Kredit, der bei dem Handel zustande gekommen war, wurde wiederum als Warengeld ausgezahlt. Geld, begriff Aladdin, war nichts anderes als ein Tauschmittel.

An diesem Fakt hat sich bis heute nichts geändert, auch wenn sich das Geld im Laufe der Zeit vom Warengeld zum Repräsentativgeld gewandelt hat. Hierunter versteht man Banknoten, die quasi als Schuldschein gegen eine bestimmte Menge an Gold oder Silber eingetauscht werden können.[15] Diese Regelung wurde vor Beendigung des Zweiten Weltkrieges 1944 von den Siegermächten im sogenannten

Bretton-Woods-System festgelegt, dann jedoch 1971 durch den damaligen US-Präsidenten Richard Nixon außer Kraft gesetzt. Dadurch wurde aus dem Repräsentativgeld ein Fiatgeld, das nicht mehr wie ursprünglich das Waren- oder Repräsentativgeld an den Preis eines Rohstoffes (wie ein Edelmetall) gebunden ist. Seitdem kann es auch nicht mehr, etwa gegen eine bestimmte Menge Gold, eingetauscht werden.[16] Es ist sozusagen wertlos und steht durch die Einführung des CBDC im Begriff, als digitale Form noch nicht einmal mehr greifbar zu sein.

Dennoch tut die Tatsache, dass Geld seinen intrinsischen Wert verloren hat, dem Tauschhandel keinen Abbruch. Seiner Aufgabe als Wertaufbewahrungsmittel kommt Geld dadurch allerdings nur noch schwer nach. In einem Interview bemerkte der österreichische Wirtschaftswissenschaftler Prof. Dr. Franz Hörmann diesbezüglich: »Wenn ich möglichst ein gut genutztes Tauschmittel in der Bevölkerung haben will, dann werde ich zum Beispiel die Umlaufgeschwindigkeit erhöhen, was Beschäftigung geben kann. […] Auf der anderen Seite kann man dieses Instrument natürlich nicht zur Vermögensaufbewahrung verwenden. In dem Moment, wo ich es aus dem Kreislauf herausziehe, um es sozusagen zu speichern, etwas abwertend gesagt: zu horten, ist es kontraproduktiv für die Beschäftigung und den Umlauf.«[17] Trotz dieser ökonomischen Binsenweisheit wird das Geld von offizieller Stelle nach wie vor als Vermögensaufbewahrung deklariert. Warum das so ist, ist ganz einfach zu erklären. Schließlich würde ein öffentliches Zugeständnis, Fiatgeld komme seiner Funktion als Wertaufbewahrungsmittel auf lange Sicht nur unzureichend nach, die Illusion um den intrinsischen Wert von Geld um einiges schmälern. Es ist jedoch gerade diese Illusion um den Wert des Geldes, der die Welt (sprich das Finanzsystem) im Innersten zusammenhält.

Geld als Unterpfand

Ganz ohne Flaschengeist ist das Geldsystem zu einem wahren Hexenwerk geworden. Während nahezu alle Menschen glauben, dass dem Geldstück an sich eine Magie, das heißt ein Wert, innewohnt, ist es wohl eher so, dass Geld ein Unterpfand ist. Soll heißen, dass Geld an sich »keine definitive Gegenleistung für eine verkaufte Ware oder einen geleisteten Dienst, sondern lediglich ein Instrument [ist], das den kreditierten Anspruch auf die Gegenleistung [sicherstellt]«.[18] Statt vom »Unterpfand« kann man daher auch vom Geld als einer »Anweisung« sprechen, nämlich darauf, dass der Inhaber des Geldes das Recht hat, damit Güter eines bestimmten Wertes zu kaufen. Geld weist dem Inhaber somit diese Güter an.[19]

Um diese Aufgabe zu erfüllen, ist es noch nicht einmal notwendig, dass das Geld einen intrinsischen Wert hat, das heißt, dass es sich hierbei um Wertgeld oder Repräsentativgeld handelt. Als Anweisung genügt auch Fiatgeld, allerdings nur dann, wenn es erstens »von einer Autorität, etwa der Staatsregierung oder einer großen Notenbank«[20] ausgegeben wird und zweitens, wenn die Zentralbank dafür sorgt, dass der Wert des Geldes im Laufe der Zeit stabil bleibt. Wäre Geld plötzlich weniger wert, würde es seine Aufgabe als Unterpfand nicht mehr erfüllen. Angesichts einer stark steigenden Inflation ist dies heutzutage der Fall: Unser Geldsystem kommt seiner ursprünglichen Funktion der späteren Güteranweisung nicht mehr nach!

Nun gab es zu den Zeiten, in denen Aladdin auf dem Markt von Agrabah das Geldwesen studierte, wahrlich noch keine Inflation. Das heißt, Aladdin verinnerlichte die Bedeutung von Geld als vollwertiges Zahlungsmittel, das seine Funktion, einen Güteranspruch sicherzustellen, vollkommen erfüllte.[21] Heutzutage büßt der Inhaber von

Geld aufgrund einer Inflationsrate in Deutschland von 6,4 Prozent[22] (Stand Juli 2023) diesen Teil seines wohlerworbenen Güteranspruchs ein. Demnach handelt es sich um minderwertiges Geld, selbst wenn es von der höchsten Staatsautorität, der Zentralbank, ausgegeben wird.[23] Da die Zentralbank momentan nicht der Aufgabe nachkommt, dafür zu sorgen, dass Geld nicht an Wert verliert, ist es nur noch eine Frage der Zeit, bis die Leute Fiatgeld nicht mehr als Tauschmittel akzeptieren und es auch als Wertaufbewahrungsmittel nicht mehr als attraktiv betrachten.[24] Wird also vordergründig die Digitalisierung als Notwendigkeit für die Einführung von CBDC vorgeschoben, so scheint das heutige Geldsystem durch eine beispiellose Staatsverschuldung und grassierende Geldmengenausweitungen am Ende angekommen zu sein. Sprich, es kann seine Funktion als Unterpfand nicht mehr erfüllen und ist somit zu minderwertigem Geld verkommen. Wollen wir zu gutem Geld zurückkehren, kommt es nur auf eins an, »und zwar darauf, dass das Geld seine Aufgabe, einen Güteranspruch sicherzustellen, vollkommen erfüllt«.[25] Würde das neue CBDC-Geld diesem Güteranspruch nachkommen, wäre es dann ein gutes Geldsystem?

CBDC: Geld als Voucher

»[…] die Regierung entscheidet, dass Einheiten von Zentralbankgeld verwendet werden können, um einige Dinge zu kaufen, aber nicht andere Dinge, die sie als weniger wünschenswert erachtet, wie zum Beispiel Munition oder Drogen oder Pornografie oder dergleichen«,[26] so Eswar Prasad, der ehemalige Leiter der China-Abteilung des Internationalen Währungsfonds und derzeitiger Seniorprofessor für Handelspolitik an der Cornell University, anlässlich des Jahrestreffens der New Champions des World Economic Forums Ende Juni 2023 in China.

Prasad machte damit unmissverständlich deutlich, dass das CBDC programmierbar ist und dazu genutzt werden kann, das menschliche Verhalten in »wünschenswerte« Bahnen zu lenken.[27] Obwohl die hier von Prasad genannten Gegenstände, die nicht zum Verkauf stehen sollten, gesellschaftlich noch akzeptabel sind, gibt es dennoch zwei fundamentale Probleme mit einer programmierbaren Währung:

1. Die Zentralbank wird zur Nanny des mündigen Bürgers. Das CBDC könnte hinsichtlich der Produkte nach Belieben dahingehend programmiert werden, ob sie als gesellschaftlich »wünschenswert« und/oder politisch korrekt gelten. Angesichts einer fortschreitenden Klimadiktatur könnte dann beispielsweise der Fleischkonsum eingeschränkt werden, um den CO_2-Ausstoß jedes Einzelnen zu reduzieren. Aber auch die Mobilität mit dem eigenen Kraftfahrzeug, vor allem wenn es sich hierbei um kein E-Auto handelt, könnte sprichwörtlich unter die Räder geraten. In der *Epoch-Times*-Sendung »Digital Currencies Could Forbid Buying Ammo, WEF Panelist says; Ben & Jerry's Asked to Live up to Claims« (»Digitale Währungen könnten den Kauf von Munition verbieten; sagt der WEF-Teilnehmer, Ben & Jerry's wird gebeten, seine Ansprüche zu erfüllen«) vom 10. Juli 2023 brachte der Moderator Joshua Philipp die Problematik folgendermaßen auf den Punkt: Die Regierung sei verfassungsrechtlich gebunden. Da die Regierung also selbst bestehende Rechte nicht verletzen kann, werden diese über öffentlich-private Partnerschaften ausgehebelt.[28] Werden also öffentliche Institutionen durch die immer weiter voranschreitende Kooperation mit Privatunternehmen infiltriert, bedeutet das, dass diese sich nach und nach eine gemeinsame Rolle in der Regierung teilen. Die Regierung ist zwar nach wie vor an die geltende Rechtsprechung gebunden, die Unternehmen allerdings nicht. »Diese können Ihre Rechte verletzen. Diese können Sie dazu bringen,

dass Sie eine Nutzungsbedingung unterzeichnen und so auf Ihre Rechte […] und Ihre Privatsphäre verzichten. Wenn sie ein Monopol auf Waren haben und außerdem eine Partnerschaft mit Regierungsprogrammen eingehen, bei denen sie eine leitende Rolle in unserer Gesellschaft spielen, dann ist das im Grunde ein schneller Weg zum Kommunismus – ein schneller Weg zum Totalitarismus«,[29] so Philipp.

2. Begreift man Geld als die Verkörperung des »aus einer Leistung entstandenen Anspruch[s] auf gleichwertige Gegenleistung«,[30] so verliert das CBDC als programmierbares Geld seine Garantiefunktion. Geld verkommt zu einem Voucher, das nur gegen »wünschenswerte« Produkte eingetauscht werden kann, von denen jemand anderes, das heißt der Programmierer des Geldes, vorgibt, dass sie gegen eine zuvor erbrachte Leistung (die Arbeitskraft) eingetauscht werden dürfen. Programmierbares CBDC implementiert somit eine Erlaubnis der Zentralbank zum Eintausch von Geld gegen bestimmte Produkte. Wie dieser Schubs zum Griff der »wünschenswerten« Produkte konkret aussehen kann, macht die sogenannte italienische Einkaufskarte 2023 (Carta spesa 2023) vor. Die Carta spesa 2023 wird von der italienischen Regierung als Einmalzahlung im Wert von 382,50 Euro als Zuschuss für die Lebenshaltungskosten an die Familien mit einem Jahreseinkommen unter 15 000 Euro ausgegeben.[31] Allerdings dient sie lediglich dem Kauf von extra aufgeführten Grundnahrungsmitteln. Ausdrücklich davon ausgenommen sind alkoholische Getränke und Arzneimittel.[32] Als Grund für diese Auswahl gab Landwirtschaftsminister Lollobrigida an, er habe bis zu 90 Prozent der genehmigten Produkte aus italienischen Lieferketten ausgewählt. Mit seiner Auswahl wolle er gezielt die Lieferketten aktivieren, die im Inland Arbeitsplätze schaffen.[33] Dass es sich dabei nur um ein

> Scheinargument handelt, wird schnell klar, da in der Liste der Grundnahrungsmittel nicht festgeschrieben ist, dass die entsprechenden Produkte ein »Made in Italy«-Siegel tragen müssen.

Nun kann man freilich darüber diskutieren, ob der Genuss von alkoholischen Getränken mit staatlichen Zuschüssen finanziert werden soll. Doch es geht wohl auch darum, den »hilfsbedürftigen« Bürger in seiner Entscheidungsfindung zu entmündigen und mehr noch seiner freien Willensbestimmung zu berauben. Damit einhergehend wird Geld seiner ursprünglichen Funktion, die das Recht auf einen Güteranspruch beinhaltet, beraubt. Geld verkommt zu einem Voucher oder hier zu einer Einkaufskarte, die nur noch gegen bestimmte Produkte eingetauscht werden kann.

Geld wird auf diese Weise seiner selbst beraubt. Hält man es mit programmierbarem CBDC ähnlich, so kommt auch dieses nicht mehr seiner Funktion als Unterpfand nach, sondern erklärt den Verbraucher pauschal als geschäftsunfähig. Begreift man die Funktion des Geldes als verbrieftes Recht auf einen Güteranspruch auf eine zuvor erbrachte Leistung, so wird durch das CBDC mehr gebrochen als nur die freie Willensbestimmung.

Geld als Recht

Einmal sah Aladdin, dass ein Käufer mit dem Händler über die Ware in Streit geriet. Der Käufer hatte 100 Gramm an Gewürzen erworben, aber nur 80 Gramm erhalten. Er fühlte sich also in seinem Recht betrogen, für den Kaufwert des Geldes auch 100 Gramm ausgehändigt zu bekommen. Aladdin begriff in diesem Moment erst, dass Geld nichts anderes als ein attestiertes Recht ist. »[Das] Recht auf eine Gegenleistung, das sich jemand dadurch erwirbt, dass er seine eigene

Leistung hingibt.«[34] Wird die Geldmenge also von Staats wegen vergrößert, kommt dies einer Fälschung gleich, da dadurch ein zukünftiger Tauschakt bescheinigt wird, für den es aufgrund einer nicht stattgefundenen Leistung gar keinen Anlass gibt. »Jedes willkürlich neu geschaffene Geldzeichen bedeutet ja einen Rechtstitel zum Bezug einer Gegenleistung, obwohl niemals eine Leistung stattgefunden hat, die sie rechtfertigt.«[35] Wird die Geldmenge hingegen von Staats wegen verkleinert, stellt dies eine Annullierung dar, da durch die Leistung bereits erworbene Rechte auf eine Gegenleistung vernichtet werden.[36]

Jeder Eingriff von außen in das Marktgeschehen kommt demnach einer Fälschung beziehungsweise einer Annullierung gleich, und der Käufer (in unserem Beispiel der des Gewürzes) fühlt sich daher zu Recht um seine erbrachte Leistung, die durch das Geld symbolisiert wird, betrogen. Programmierbares CBDC stellt genau dies dar, nämlich einen Betrug am Käufer. Echtes und gutes Geld sollte seiner Hauptaufgabe nachkommen, dem Inhaber zu gewähren, »dass er für eine Ware, die er geliefert, oder eine Leistung, die er vollbracht hat, wirklich den vereinbarten Gegenwert erhält«.[37] Der vereinbarte Gegenwert kann im Falle des CBDC einseitig geändert werden, und genau genommen wird dies auch jedes Mal getan, wenn der Staat in den Markt eingreift, indem etwa die Geldmenge erhöht wird. Der Grund, weshalb der Staat dies ohne großen Aufschrei tun kann, besteht darin, dass man behauptet, durch die gesteigerte Geldmenge auch die Nachfrage am Markt und die nationale Produktion erhöhen zu können. Menschen, die aufgrund mangelnden Geldes bislang nichts kaufen konnten, sollen dies nun aufgrund einer gesteigerten Geldmenge tun können. Die Erzeuger wiederum sollen durch die steigende Nachfrage dazu gebracht werden, mehr zu produzieren.[38]

Kommt ein gesteigertes Wirtschaftswachstum also jedermann gleichermaßen zugute?

Aladdin stellte sich dies einmal praktisch vor: Der Sultan bringt aus einem fremden Land 1000 Goldtaler mit und verteilt diese unter der Population von Agrabah. Schon am nächsten Tag sieht Aladdin, dass sich auf dem Markt sehr viel mehr Menschen als üblich tummeln. Alle wollen sie ihr Geld gegen eine Ware eintauschen. Da die Quantität der Ware jedoch gleich geblieben ist, entsteht sozusagen »eine Konkurrenz um die Güter«[39], wie sie bereits Argentarius in seinen Studien beobachten konnte. Jetzt gibt es einige gewiefte Händler, die sich die Situation zunutze machen und ihre Ware zum doppelten Preis anbieten. Menschen, die also vom Sultan keine Goldtaler erhalten haben, müssen plötzlich das Doppelte zahlen. Somit werden sie um das attestierte Recht ihres Geldes auf eine Gegenleistung um die Hälfte betrogen. Aladdin stellt so zu seinem Erstaunen fest, dass der Sultan durch die 1000 zusätzlichen Goldtaler gar kein Geld geschaffen hat, sondern die bereits bestandenen Bezugsrechte einer vorhandenen Kaufkraft von einem Käufer auf den anderen übertrug.[40] Hatte sich der Sultan ausgemalt, die Händler würden ihr Warenangebot wegen des verdoppelten Kaufgesuchs durch eine gesteigerte Produktion erhöhen, so tun dies nur die wenigsten. Schließlich konnten sie ihren Profit durch die Verdopplung der Preise bereits enorm steigern. Statt mehr zu arbeiten, fühlen sich viele jetzt sogar zum Müßiggang berufen.[41]

Das, was die Notenbanken also heutzutage durch ihren beherzten Eingriff in den Markt als sogenannte »Geldpolitik« bezeichnen, ist nichts weiter als ein Akt der Enteignung,[42] also ein Unrecht, das gegen die Definition von Geld verstößt. Geblendet vom Glanz der Goldtaler, nimmt jedoch die Mehrheit aller Menschen diese Illusion vom »neuen« Geld hin.

Geld als Illusion

Geld, so begriff Aladdin schnell, entschied darüber, wer man war. Als eines Tages die schöne Tochter des Sultans in die Stadt kam, verliebte er sich unsterblich in sie. Doch eine Hochzeit mit ihr war aufgrund seines niederen Standes ausgeschlossen. Aladdin mangelte es an Geld und somit an Ansehen. Obwohl Geld als Prestigeobjekt dazu in der Lage war, ganze Gesellschaftsklassen zu formen, so fragte sich Aladdin doch, wie so etwas Abstraktes wie ein Tauschrecht mit einem konkreten Wert gleichgesetzt werden konnte.[43] Zwar hat Geld die Macht, die Besitzverhältnisse zu ändern, doch es verkörpert keinen Wert an sich.[44] Bei Warengeld ist es nicht das Geld an sich, das einen Eigenwert hat, sondern das Metall.[45] Angesichts dessen, dass das Geldwesen mittlerweile zu einem Fiatsystem verkommen ist, gewährleistet Geld nur noch einen Güteranspruch auf eine zuvor erbrachte Leistung. Will man also wissen, wie viel das Geld eigentlich wert ist, muss man sich die Frage stellen, wie groß der Güteranspruch ist, den das Geld repräsentiert.[46]

Bei seinen Studien auf dem Markt von Agrabah kam Aladdin dabei theoretisch auf folgende kurze Formel: »Geld verkörpert den aus einer Leistung entstandenen Anspruch auf gleichwertige Gegenleistung.«[47] In der Praxis taten sich dabei jedoch schnell folgende Probleme auf:

1. Der Wert einer Ware hängt oftmals vom Bedürfnis des Käufers ab. Handelt es sich um einen besonders gewieften Händler, der erkennt, dass er ein besonders begehrtes Stück feilbietet, setzt er den Wert garantiert über dem eigentlichen Wert der Ware an. Der Käufer wird somit (selbstverschuldet) zum Opfer seines Anspruchs auf gleichwertige Gegenleistung.

   Umgekehrt ist es auch möglich, dass der Händler überteuerte Produkte als vermeintliches Schnäppchen ausgibt und der Käufer in der Illusion, Geld gespart zu haben (wiederum selbstverschuldet) Opfer seines Anspruchs auf gleichwertige Gegenleistung wird. Es gilt das Motto: Es wird gespart, koste es, was es wolle. Um von solchen Betrügereien loszukommen, ist es wichtig zu wissen, in welcher Höhe der Wert der vorangegangenen Leistung dem Wert der Gegenleistung eigentlich entspricht. Und genau hier liegt das zweite Problem.

2. Sowohl der Wert der vorangegangenen Leistung als auch der Wert der folgenden Gegenleistung ist unbekannt.[48] Sollte demnach der Wert des Geldes gleichzusetzen sein mit dem Wert der Leistung, so gibt es spätestens mit der Einführung des Fiatsystems überhaupt kein Geld mehr.[49] War bei Waren- und Repräsentativgeld durch das Metall noch von einem gewissen Metallwert auszugehen, so bietet das heutige Fiatgeld »seinem Inhaber nicht die Gewähr, dass er für eine Ware, die er geliefert, oder eine Leistung, die er vollbracht hat, wirklich den vereinbarten Gegenwert erhält«.[50] Sprich: Geld ist zu einer Art Scheingeld verkommen, das momentan in Form von Bargeld noch haptisch ist, jedoch bald durch eine bloße digitale Nummer (den CBDC) ersetzt werden soll.

Im Laufe seiner Studien musste Aladdin seine Erkenntnis im Hinblick darauf, dass Geld das ist, was die Welt im Innersten zusammenhält, erweitern. Tatsächlich war es die Illusion, sich dadurch materiell aufzuwerten, die die Welt im Innersten zusammenhält. Durch seine vereitelte Hochzeit mit der Prinzessin erkannte Aladdin, dass Geld bestimmt, wer man ist. Auf dem Basar lernte er zudem, dass Geld einem auch vorgaukelt, was man angeblich zu brauchen glaubt. Geld fungiert nach einem Lustprinzip, obwohl man heute wohl eher von einem Konsumzwang sprechen würde, der über die realen Verhältnisse hinwegtäuschen und dazu beitragen soll, diese aufzuwerten.

»Das Lustprinzip ist das, was die Welt im Innersten zusammenhält. Während der menschliche Verstand versucht, sich über diese niedrigen Beweggründe zu erheben, muss er sich letztendlich jedoch eingestehen, dass er zu schwach dazu ist. Es ist und bleibt, was es ist: ein Kampf um Macht- und Lustgewinn«,[51] so notierte es Aladdin folgerichtig in sein Notizbuch. Die Tatsache, dass Geld zu Scheingeld, das heißt einer bloßen Illusion, verkommen ist und die Menschen unfähig sind, es als solche anzuerkennen, macht es leicht, sie ihres verdienten Geldanspruches zu berauben und den Glauben an Macht durch Reichtum aufrechtzuerhalten.

Geld als Diebstahl: Der Vorläufer des Bankwesens entsteht

Es war nun also Fakt, dass man die meisten Menschen (ohne ihr Wissen) um ihren wohlverdienten Gegenanspruch ihrer zuvor erbrachten Leistung berauben kann. Aladdin erkannte mit der Zeit jedoch auch, dass es eine ganz offizielle Methode gab, die Menschen (mit ihrer Zustimmung) zu bestehlen. Denn es begab sich nun, dass der Markt von Agrabah immer öfter von Räubern heimgesucht wurde, die in einem unbeobachteten Moment die Säckchen voller Goldtaler aus den Taschen der Kaufleute stibitzten. Manches Mal wurden die Kaufleute sogar bereits auf ihrer langen Handelsreise von Räubern überfallen und beraubt. Viele Händler wurden zudem Opfer von Kriminellen, die mit Münzen zahlten, die zwar das Aussehen und das Gewicht von Gold- und Silbermünzen hatten, in Wahrheit jedoch aus weitaus weniger wertvollen Metallen bestanden.[52] Um dem entgegenzuwirken, wurden vor allem die Transaktionen von Handelsreisen im Vorderen und Mittleren Orient zunehmend über sogenannte Hawala-Agenten abgewickelt. Verirrte sich ein Kaufmann auf den Markt von Agrabah und schloss ein Geschäft mit einem Händler ab, so wurde

Letzterer nicht etwa vom Kaufmann direkt bezahlt. Vielmehr trat nach der Rückkehr des Kaufmanns in sein Land ein Hawala-Agent an den Händler heran und übergab ihm die Taler, die ihm der Kaufmann für das Geschäft schuldig war. Der Kaufmann wiederum hatte in seinem Land einen Hawala-Agenten, der wiederum in Kontakt mit dem Hawala-Agenten in Agrabah stand, der das Geld an den Händler auszahlte. Hawala bedeutet auf Arabisch so viel wie »Wechsel« oder »Scheck«[53] und basiert wie das komplette Finanzsystem auf Vertrauen. Vertrauen in den Hawala-Agenten und Vertrauen darauf, dass das Geld als Gegenanspruch auch morgen noch gültig ist.

Im europäischen Raum bürgerte sich statt des Hawala-Finanzsystems der Handel mit sogenannten Wechselbriefen ein. Hatte man sich auf eine Kaufsumme geeignet, wurde diese auf dem Wechselbrief vermerkt und konnte dann gegen die entsprechende Summe an dem jeweiligen Ort gegen Bargeld eingetauscht werden. Das Prinzip des Hawala-Finanzsystems und der Wechselbriefe war dabei dasselbe. Beide Systeme verfolgten den Zweck, den riskanten Transport von Bargeld zwischen dem Zuweisungs- und Auszahlungsort zu überbrücken. Dabei wurde wie einst beim Warenhandel wieder eines ganz deutlich: Geld barg immer einen Kreditanspruch in sich. Da es bei nahezu kaum einem Geschäft vorkam, dass zwei völlig gleichwertige Dinge angeboten und einfach ausgetauscht werden konnten, musste einer seinem Gegenüber immer den Rest stunden, sprich einen Kredit gewähren. Mit der Einführung des Geldes war diese Praxis der Vergabe von Krediten zwar weniger offensichtlich, jedoch immer noch üblich. Das Geld an sich wurde dabei zum Kredit, da es seinem Inhaber als Pfand diente, um in Zukunft dafür eine Gegenleistung einlösen zu können.[54]

Obwohl nun also das Hawala-Finanzsystem und der Wechselbrief sozusagen die ersten Scheckarten darstellten, wiesen sie doch einen entscheidenden Unterschied auf, der sich weitestgehend bis heute gehalten hat. Denn während es im Orient, insbesondere in den muslimisch geprägten Ländern, verpönt ist, Geld mit Geld zu verdienen, setzte sich bei den europäischen Geldwechslern, aber auch Pfandleihern schnell die Einsicht durch, dass sich mit Finanzgeschäften gleich zweimal Geld verdienen lässt. Einmal durch eine anfallende Kommission und zweitens durch Zinsen. Obwohl es von der Kirche nicht erlaubt war, wurde es durch einen Buchhaltungstrick praktiziert. Besonders leicht fiel das den Geldwechslern, die verschiedene Währungen tauschten und so einfach durch den Wechselkurs die Zinsen verbergen konnten.[55] Aladdin notierte daher folgerichtig in sein Notizbuch: »Wir leben im Zeitalter des organisierten Diebstahls; eines so raffinierten Diebstahls, dass der Geschädigte kaum merkt, wie er bestohlen wird, und der Dieb seine Finger gar nicht zu beschmutzen braucht, um fremdes Gut an sich zu bringen.«[56] Eine Einsicht, die Aladdin zu einem sehr reichen und mächtigen Mann machen sollte, sodass er den Sultan am Ende doch noch davon überzeugen konnte, ihm seine hübsche Tochter zur Frau zu geben.

Denn gerade zu der Zeit, in der Aladdin von den Praktiken der Geldwechsler erfuhr, kam nun ein Zauberer in die Stadt. Zu spät erkannte Aladdin, dass der Zauberer ihn durch eine Hinterhältigkeit in eine Höhle gelockt hatte, damit er dort für ihn eine Lampe berge. Gefangen in dieser Höhle, rieb Aladdin gedankenverloren den Schmutz von der Lampe, unwissend, dass er damit den Flaschengeist weckte. Als der überdimensionale, blaue Dschinni vor Aladdin erschien, erschrak dieser sehr. Doch die Anspannung hielt nur einige Minuten an, denn Dschinni gewährte seinem neuen Herrn drei Wünsche. Vor seinem geistigen Angesicht sah Aladdin, der das Wesen des Geldes verstanden hatte, augenblicklich statt eines blauen Geistes die später berühmt werdenden Dollarzeichen aufblitzen.

2

Der Geist ist aus der Flasche – Geld regiert die Welt?

»Geld regiert die Welt«, das soll 1616 der Gelehrte Georg Henisch in seinem Wörterbuch *Teütsche Sprach und Weißheit* geschrieben haben.[57] Aladdin wusste, dass das so nicht stimmte. Denn Geld war lediglich die Illusion davon, etwas von »Wert« in den Händen zu halten. Da Geld an sich keinen Wert repräsentierte, sondern lediglich das Recht darstellte, auf etwas einen Güteranspruch zu erheben, konnte von Geld allein auch nicht die Macht des Regierens ausgehen. Allerdings barg Geld durch den Güteranspruch auch immer einen Kredit auf eine zukünftige Leistung in sich. Die Redensart »Geld regiert die Welt« kann also dahingehend ausgelegt werden, dass besonders reiche Leute besonders reich an zukünftigen (Dienst-)Leistungen sind und daher über einen gewissen Herrschaftsanspruch verfügen.

Der Anthropologe David Graeber geht in seinem Werk *Schulden. Die ersten 5000 Jahre* noch einen Schritt weiter und stellt die provokante These auf, die Wirtschaftswissenschaften würden die Geschichte des Geldes genau verkehrt herum erzählen. »Wir fingen nicht mit Tauschhandel an, entdeckten dann das Geld und entwickelten schließlich Kreditsysteme. Was wir heute virtuelles Geld nennen, war zuerst da.«[58] Überspitzt drückt Graeber damit aus, dass das, was uns heute als Geldsystem verkauft wird, eigentlich nichts anderes ist als ein Schuldsystem, in dem Güteransprüche willkürlich von außen manipuliert werden. Geld, das im ursprünglichen Sinne nichts Materielles, »sondern etwas Ideelles, nämlich ein Recht ist«[59], muss als solches deklariert werden, indem es beispielsweise in Form von sogenanntem Giralgeld verbucht wird. Als Giralgeld oder auch Buchgeld versteht man dabei Forderungen gegenüber einer Bank aufgrund von Giroguthaben. Es ist exakt das, was Graeber als »virtuelles Geld« bezeichnet. Anders ausgedrückt kann man daher auch sagen, dass der Kredit (also eine Forderung) untrennbar mit dem Geld verbunden ist. Geld und Schulden sind daher zwei Seiten derselben Medaille.[60]

Folgerichtig müsste es daher heißen, dass Schulden und nicht Geld die Welt regieren. Denn nach Graeber würden sich Schulden wiederum meist durch gesellschaftliche Auseinandersetzungen, das heißt durch einen offenen Konflikt zwischen Klassen, entladen. Am Ende stünde dann vornehmlich die Forderung nach einem Schuldenerlass – »nach Befreiung aller, die sich in Schuldknechtschaft befanden, und üblicherweise nach einer Neuverteilung des Landes«.[61] Die Macht zum Regieren hat demnach immer der, der über diesen Schuldenerlass verfügt.

Nach Ansicht des Anthropologen Graeber besteht das Geldsystem daher keinesfalls aus einem freiwilligen Tauschhandel, sondern aus dem Willen der Regierenden, Schulden (sprich Geld) als Herrschaftsmittel einzusetzen. In einem Interview bringt der Wirtschaftswissenschaftler Prof. Dr. Franz Hörmann dabei das folgende Beispiel: So waren beispielsweise die Bauern in Madagaskar zur Kolonialzeit gezwungen, ihren Reis auf einem Markt gegen Goldmünzen zu verkaufen, die ihnen die Kolonialherren zur Verfügung gestellt hatten. Da alle Bauern ihren Reis zur selben Zeit verkaufen mussten, war durch die geringe Nachfrage der Kaufpreis entsprechend gering. Zudem mussten die Bauern einen Teil ihrer Gewinne als Steuern an die Kolonialherren abführen. Die Kaufleute wiederum, die den Reis zu Spottpreisen aufkauften, verkauften ihn zu Höchstpreisen dorthin, wo er knapp war, und machten so satte Gewinne.

Die Reisbauern wiederum, die fast ihre gesamten Vorräte auf dem Markt verkauft hatten, litten nun im Winter große Not und wandten sich an die Kolonialherren. Die Regierenden, die durch ihr Geldsystem einen Mangel geschaffen hatten, ließen die Bauern jetzt Höchstpreise für den Reis bezahlen. Da der Kaufpreis den Gesamtpreis überschritt, den die Bauern durch ihren Reisverkauf erzielt hatten, waren sie gezwungen, bei der Bank einen Kredit aufzunehmen. Das heißt, sie mussten fremde Güterbezugsrechte leihweise an sich bringen[62] und gerieten gegenüber den Kolonialherren (unverschuldet) in Schulden.

Aus diesem System gab es für sie wenig Aussicht auf Entkommen. Denn nach einem Jahr mussten die Bauern den Kredit samt Zinsen an die Bank zurückzahlen. Da sie auch in diesem Jahr erneut dazu gezwungen waren, ihren Reis zu Spottpreisen auf dem Markt zu verscherbeln, waren sie auf einen neuen Kredit angewiesen, um auch in diesem Winter nicht zu verhungern. Als Ausweg aus der (»selbstverschuldeten«) Schuldenspirale boten die Kolonialherren den Bauern nun an, ihre Söhne als Sklavenarbeiter an die Plantagenbesitzer zu verkaufen und ihre Töchter in die Bordelle zu schicken.[63]

Aus diesem Beispiel der sogenannten Geldeinführung in Madagaskar zur Kolonialzeit lassen sich zwei Rückschlüsse ziehen:

1. Es handelt sich, wie Graeber folgerichtig feststellt, keinesfalls um eine Tauschwirtschaft, sondern um eine Geldwirtschaft, die auf ständigen Profit ausgelegt ist. Durch die äußerlichen Eingriffe in das System soll stets »neues« Geld produziert werden, das jedoch auf keine realen Güteransprüche am Markt (hier: eine höhere Reismenge) trifft. Was die Kolonialherren durch ihren Zwang der stetigen Kreditaufnahme durch die Bauern schaffen, ist keinesfalls »neues« Geld. Durch die bloße Kreditaufnahme wird

also nicht automatisch ein neuer Rechtsanspruch auf ein Gut geschaffen. Vielmehr haben sie aus dem bestehenden System von Rechtsansprüchen, welche durch umlaufendes Geld verkörpert werden, »Teile herausgebrochen und diese Teile den Empfängern des ›neuen‹ Geldes [sprich sich selbst] verliehen«.[64] Das heißt, dass sich der bloße Tauschhandel vom Geldhandel durch seine Gier nach mehr fundamental unterscheidet.

2. Die heutige Geldwirtschaft besteht aus einem Schuldenkonzept, das die Welt regiert und das ursprüngliche Geldsystem zu einem Unrechtssystem verkommen lässt. »Das Konzept, der Staat und der Markt und das Zwangstausch-Geldsystem sind ein Gesamtpaket. […] Es ist das Gesamtpaket, das uns zu Sklaven macht.«[65]

Auch wenn es nun sicherlich nicht in Aladdins Absicht lag, jemanden zu versklaven, so wollte er von diesem System sicherlich nicht regiert werden. Sorgfältig überlegte er sich daher seinen ersten Wunsch, womit er sich aus der Rolle des Ausgebeuteten (hier: der Reisbauern) winden würde. Sich einmal auf die Seite der Regierenden schlagend, stellte Aladdin schnell fest, dass auch deren Macht nur auf einer Illusion aufgebaut war. Schulden sind die wahren Herrscher der Welt und sind das, was die Welt im Innersten zusammenhält.

Wunsch nach Reichtum: Der Griff zur eigenen Bank

Aladdin hatte nun, als er auf Dschinni traf, bereits viel über das Wesen des Geldes und seine Rolle in der Welt sinniert. Ihm sollten es noch viele gleichtun – allen voran der Dichterfürst Goethe. Auch wenn sein Zitat aus dem *Faust*: »[...] was die Welt im Innersten zusammenhält« später Berühmtheit erlangen sollte, blieb es doch für die meisten verborgen, dass Goethe »viel Zeit, Energie und Reflexionskraft in das Nachdenken über die Eigenarten des Geldmediums investiert«[66] hat. Es ist also umso wahrscheinlicher, dass Goethe mit dem Ausspruch des Faust gar keine physikalischen Gesetze beschreiben wollte, sondern das Geldwesen an sich.

Mit Blick auf den zweiten Teil des *Faust* wirkt dies durchaus plausibel. »Es fehlt das Geld, nun gut, so schaff es denn!«,[67] lautet hier die Forderung des bankrotten Kaisers, dem Mephisto prompt nachkommt und das Papiergeld kreiert. In diesem Akt manifestiert sich Goethes Ansicht, dass Geld » – anders als der verborgene Gott – ein ›offenbares Geheimnis‹ – ein Zeichen [sei], dem übernatürliche Kraft zukommt«.[68] Der Literaturwissenschaftler Jochen Hörisch schrieb diesbezüglich: »Mithilfe dieses bloßen Zeichens und des Glaubens an die Kraft und Gültigkeit dieses Zeichens kann es gelingen, ganze Wirklichkeiten zu verändern, zu schaffen, zu stimulieren oder auch zu ruinieren.«[69] Nach Goethe wohne Geld demnach eine religiöse Beglaubigungsstrategie inne, die göttlichen, aber auch teuflischen Ursprungs zugleich sei.[70] Der ehemalige Geschäftsführer der Formel-1-Gruppe, Bernie Ecclestone, sollte es später profaner ausdrücken: »Alle Tiere und Menschen kämpfen um Essen oder materielle Dinge. Wenn Sie so wollen, ist das Geld die wahre Weltreligion.«[71] Denn obwohl damals wie heute der Güteranspruch dieses Papiergeldes so willkürlich und allenfalls durch die Hoffnung gedeckt ist, dass man dafür zukünftig noch etwas bekommt, erfüllt dieses Teufelsstück dennoch seine Wirkung.

Es trug sich nun zu, dass Aladdin von Händlern immer öfter den Namen der Medici vernahm. Sie sollten aus dem fernen Italien stammen. Es wurde ihnen nachgesagt, dass sie nicht nur in ihrer Heimatstadt Florenz das Geldsystem dominierten, sondern auch an vielen wichtigen Knotenpunkten durch Zweigstellen ihrer Banken den Handelsstrom koordinierten.[72] Sie verfügten über so viel Macht und Ansehen, dass man sogar von der Medici-Dynastie sprach. Für Aladdin war das befremdlich. Schließlich verband man mit dem griechischen Begriff der »Dynastie« ein »herrschendes Haus, das aus einer Familie des hohen (fürstlichen) Adels besteht und erbliche Autorität über ein Gebiet ausübt«.[73] Doch die Medicis stammten ursprünglich nicht von einem Adelsgeschlecht ab. Ihre Macht war ihrem Reichtum, sprich ihrem Geld zu verdanken, also ihrer Fähigkeit, Schulden als Herrschaftsmittel einzusetzen. Fürstlich waren daran lediglich die Profite – nicht die hehre Absicht. Nur durch ihr Mitwirken in diesem Teufelsstück der Gelderschaffung war es ihnen möglich, schnell zur Herrscherdynastie aufzusteigen.

Angesichts dieser wortwörtlichen Taschenspielerei darf es nicht verwunderlich sein, dass lange nach den Medicis der Gründer der Bankendynastie, Mayer Amschel Rothschild, Folgendes gesagt haben soll: »Gib mir die Kontrolle über das Geld einer Nation und es interessiert mich nicht, wer dessen Gesetze macht.«[74] Gemeinhin wird dieser Ausspruch heutzutage so ausgelegt, dass es denjenigen, der die Kontrolle über die Finanzen hat (sprich die Banken), nicht zu kümmern braucht, wer die Gesetze macht, da die Bankdynastien auch über staatliche Gesetze bestimmen.[75]

Aladdin wusste es besser. Es ging hier nicht einfach nur um eine profane Gesetzgebung, sondern vielmehr darum, wer im Zwangstausch-Geldsystem die Macht hatte, Kredite zu vergeben – also Menschen in eine Schuld zu bringen. Im Geld war bereits das Konzept des Kredits fest verankert, mal offensichtlich, mal geschickt getarnt als Illusion. Doch da früher oder später jeder Schuldenberg zu kippen droht, war das System nur auf Sand errichtet. Aladdin wollte also sein Sandschloss nicht nur auf profanen Reichtum aufbauen. Sein erster Wunsch lautete daher, sich zum Bankier aufzuschwingen. Mit einem

Geldimperium wie dem der Medici oder anderer großer Bankdynastien würde sich alles aufkaufen lassen: »Anhänger, Ansehen, Ämter, Prachtbauten, Zuneigung. Und die Herrschaft.«[76] Denn über eines verfügte eine florierende Bank immer, nämlich über das nötige Kleingeld. Wie war das möglich?

Kreditvergabe oder Geldschöpfung aus dem Nichts

Als neuer Bankdirektor von Agrabah kam es Aladdin nun zu, sich mit der Entstehung von Geld auseinanderzusetzen. Geld, so wusste er, war nichts anderes als das Recht auf einen Güteranspruch. Um dieses überhaupt durchsetzen zu können, muss das Geld äußerlich stets als solches zu erkennen sein.[77] Diese Kenntlichmachung geschieht auf zwei Arten:

1. Es nimmt in Form von Papier- oder Münzgeld eine physische Gestalt an, dessen Recht auf Güteranspruch dann erlischt, wenn es beispielsweise an jemand anderen im Austausch für eine Ware oder eine Dienstleistung überreicht wird.

2. Es nimmt in Form einer Buchung eine abstrakte, virtuelle Form an. Hierbei spricht man vom sogenannten Buchgeld beziehungsweise Giralgeld. Also das, was die Bankkunden auf ihren Konten haben.

Mit dem Geld selbst, das in Form von Geldscheinen und Münzen im Umlauf war, hatte Aladdin freilich nichts zu tun. Denn das Recht zur Prägung von Münzen unterlag dem Sultan und war meist mit seinem Konterfei versehen. Heutzutage sind Zentralbanken für die Herausgabe von Bargeld zuständig. Will eine Bank Bargeld erwerben, so muss es dieses von der Zentralbank besorgen. Allerdings handelte es sich schon damals beim Papier- und Münzgeld im Vergleich zur absoluten Geldmenge um relativ kleine Summen, woran sich bis heute nichts geändert hat. Denn der Anteil von Giralgeld überwiegt mit 82 Prozent im Euroraum gegenüber lediglich 18 Prozent Bargeld.[78]

Zu Beginn seiner Karriere als Banker oblag es Aladdin, die Rechtmäßigkeit von Geld auf einen Güteranspruch durch ein Siegel zu bestätigen, indem es beispielsweise als Buchgeld in der Bilanz vermerkt wurde. Im Laufe der Zeit kam es den Banken immer mehr zu, Kredite zu vergeben. Durch seine Studien am Markt hatte Aladdin gelernt, dass ein Kredit nichts anderes bedeutete, als »fremde Güterbezugsrechte leihweise an sich zu bringen«,[79] um so Geld zu erzeugen, das man nicht besitzt. Die Krux an der Sache war nun die, dass dieser neue Güteranspruch beziehungsweise dieses »neue« Geld gewissermaßen ewig fortbesteht und die vorhandenen Güteransprüche am Markt entsprechend der neuen Geldsumme verringert.[80]

Aladdin musste in seiner Rolle als Bankdirektor also gewährleisten, dass das »neue« Geld am Markt genauso viel wert ist, wie alle bereits bestehenden Güteransprüche. Obwohl er diese Gewähr freilich nicht geben konnte und somit mit dem »neuen« Geld unrechtmäßige Ansprüche, also faktisch Falschgeld kreierte, fügte er sich seiner Aufgabe als Bankdirektor. Hierbei kam ihm zugute, dass die meisten Menschen diesen Taschenspielertrick nicht einmal bemerkten. In Unwissenheit darüber, wie das Buchwesen funktioniert, gehen die meisten Menschen nämlich bis heute davon aus, dass die Vergabe von Krediten aus den Einlagen anderer Kunden stammen. Dem ist mitnichten so, was die beiden folgenden Buchungsszenarien im Bankwesen verdeutlichen:

1. Ein Sparer kommt zur Bank und zahlt Geld ein. Die Bank wird nun gegenüber dem Sparer zum Schuldner und schuldet ihm

das Geld, das er bei der Bank eingezahlt hat. In der Bilanz bucht die Bank diesen Vorgang nun als Sichteinlage.[81] Aus Sicht des Bankkunden sind Sichteinlagen die Summe auf seinem Konto, während sie aus Sicht der Bank die Verbindlichkeiten gegenüber dem Kunden darstellen.[82]

2. Ein Kunde beantragt bei der Bank einen Kredit, den ihm die Bank bewilligt. In der Bilanz bucht sie den entsprechenden Betrag als Forderung an den Kreditnehmer in die Sichteinlagen, da in den seltensten Fällen ein Kredit in Form von Bargeld gegeben wird. Somit steht der Kredit in der eigenen Verbindlichkeit der Bank. Sofern der Kunde nun selbst Unternehmer ist, führt er in seiner Bilanz dieselbe Buchung durch. »Was jetzt passiert, ist wirklich der Treppenwitz der Finanzgeschichte: Bei diesem Geschäft haben wir bilanzrechtlich gesehen keinen Gläubiger, sondern zwei Schuldner«[83], so Hörmann. Die Bedeutung von Geld auf dieser Ebene verkommt zur Schuld und dies nicht nur aufseiten des Kreditnehmers, sondern auch aufseiten der Bank.

Führt man sich einmal vor Augen, dass eine Spareinlage als Sichteinlage verbucht wird, so stellt diese eine Verbindlichkeit für die Bank dar. Kredite können damit nicht aus Spareinlagen finanziert werden, da eine Verbindlichkeit (die Spareinlage) nicht mit einer anderen Verbindlichkeit (dem Kredit) gedeckt werden kann,[84] wie dies gemeinhin von der gängigen Intermediationsthese angenommen wird. Geld wird daher quasi aus dem Nichts erschaffen, indem es auf das Konto des Kreditnehmers gutgeschrieben wird, »ohne vorher Geld von Dritten einzusammeln«.[85] Hierbei spricht man von der sogenannten Kreditgeldschöpfung, die diametral dem gegenübersteht, was Aladdin über das Geld gelernt hatte, nämlich, dass »im Verkehrsleben eine Leistung erfolgt sein [muss], aus der heraus ein Gut entstanden ist, das in sich selbst die Gewähr der größtmöglichen Wertbeständigkeit trägt. Nur derjenige Güteranspruch, der sich auf dieses besondere Gut zurückbezieht, ist echtes, vollwertiges, rechtmäßig entstandenes Geld.«[86] Da Aladdin in den meisten Fällen eben nicht gewährleisten kann, dass durch die Kreditvergabe ein vollwertiges Gut mit intrinsischer Wertbeständigkeit entstanden ist, stellt der Kredit eine Schuld dar. Diese Schuld muss von den anderen Marktteilnehmern beglichen werden, indem sie nun auf ein gleichbleibendes Güterangebot mit einem Überangebot an Falschgeld treffen, welches aus der Kreditvergabe entstanden ist.

Mit etwas Galgenhumor drückte der Kabarettist Volker Pispers diesen Umstand einmal folgendermaßen aus: »Die Banken haben nicht nur Geld verliehen, das ihnen nicht selbst gehörte, das sie sich selbst geliehen hatten. Die Banken verleihen auch Geld, das gar nicht da ist.«[87] Dazu sind sie von den Zentralbanken lediglich angehalten, über eine Mindestreserve zu verfügen. Seit dem 18. Januar 2012 liegt der Mindestreservesatz der Europäischen Zentralbank (EZB) bei 1 Prozent.[88] Das bedeutet nun, wenn die Bank über eine Kundeneinlage über 1000 Euro verfügt und sich der Mindestreservesatz auf 1 Prozent beläuft, dann muss die Bank mindestens 10 Euro als Mindestreserve einbehalten. Vereinfacht ausgedrückt darf die Bank jetzt von diesen 1000 Euro das 10-Fache verleihen, also 10 000 Euro. Die restlichen 9000 Euro gibt es gar nicht. »Das Geld entsteht dadurch, dass er [der Kreditnehmer] verspricht, es in einem Jahr herbeizuschaffen. Er unterschreibt einen Kreditvertrag. Da steht drin, dass er in einem Jahr 10 000 Euro herbeischafft, plus Zinsen, und die zurückzahlt, obwohl es die gar nicht gab. Alles, was wir an Geld haben, entsteht durch Kreditvergabe«,[89] sprich durch Schulden, die die Bank in ihre Bilanzen schreibt. In der Realwirtschaft jedoch muss jemand das Geld erwirtschaften, das die Bank in die Bücher schreibt. »Und das ist dann die arbeitende Bevölkerung beziehungsweise der Steuerzahler.«[90]

In seiner Rolle als Bankdirektor half Aladdin daher mit, das ursprüngliche Geldsystem der Tauschwirtschaft in Richtung eines Schuldsystems zu verschieben. Geld war dabei immer die Schuld auf einen Güteranspruch, welche Aladdin durch jeden neuen Kredit, der aus dem 10-Fachen von Fremdkapital geschöpft wurde, noch mehr anwachsen ließ. Je höher die Geldmenge war, desto höher wuchs auch der Schuldenberg. Aladdin, der sich Reichtum gewünscht hatte, hatte einen Schuldenberg kreiert, den die Masse fälschlicherweise für Reichtum hielt. Unter der Illusion, deren sich die meisten gar nicht bewusst waren, hatte Aladdin auf diese Weise Sklaven geschaffen, auch wenn er eigentlich niemanden versklaven wollte. Denn »Schulden sind die Sklavenfessel des Freien«, wie bereits der lateinische Schriftsteller Publilius Syrus wusste.

Vom Zinseszins: Die Bank gewinnt immer

Gemeinhin hält sich die hartnäckige Überzeugung, Zinsen, also das Geld, das Banken für einen Kredit verlangen, seien nichts anderes als blanker Diebstahl. Aladdin, der nun als Bankier zu Geld gekommen war, vernahm diese Behauptung von seinem Barbier. Als dieser sein Werk an Aladdin verrichtet hatte und Aladdin sich zum Gehen erhob, schlug er dem Barbier vor, ihm einen Schuldschein über seine getane Arbeit auszuschreiben. Diesen Schuldschein könne er allerdings erst in 30 Jahren geltend machen. Da für den Barbier Zinsen Diebstahl waren, schlug Aladdin außerdem vor, auf den Schuldschein keine Zinsen zu erheben.[91] Der Barbier war damit überhaupt nicht einverstanden. Zum einen, da er nicht so lange auf sein Geld warten konnte. Zum anderen, da in ihm plötzlich die Einsicht wuchs, dass auch er einen zusätzlichen Aufschlag zu seinem Verdienst (sprich Zinsen) verlangen würde, sollte er Aladdin einen Kredit gewähren. Zinsen sind somit schlichtweg »der Preis, den der Kreditgeber dafür verlangt, dass er nicht heute, sondern erst morgen bezahlt wird; oder, andersherum gesehen, der Preis, den der Kreditnehmer zahlen muss, um seine Bedürfnisse sofort zu befriedigen, [...] aber erst später dafür in die Tasche zu greifen«.[92]

Zinsen sind so nicht nur der Habgier der Banker geschuldet, sondern übernehmen durchaus eine sinnvolle Funktion. Nämlich die, das Geld wieder möglichst schnell in den Wirtschaftskreislauf zurückzuführen. Geldbesitzer werden dadurch gezwungen, »die Güteransprüche, die sie besitzen, sofort auszuüben oder ausüben zu lassen, und so eine Nachfrage am Markt zu erzeugen, die sonst fehlen würde«.[93] Denn das Geldsystem, so wusste Aladdin, hatte den Fehler, dass dasselbe Geld als Tausch- wie auch als Wertaufbewahrungsmittel benutzt wird. Jetzt muss man sich einmal vorstellen, dass die Menschen in Agrabah ihr Geld nicht mehr ausgeben, sondern sparen beziehungsweise für schlechtere Zeiten horten. »Da Geld das universelle Zahlungsmittel ist und nur, wenn ein Gut verkauft und damit in Geld verwandelt wird, überhaupt in andere Güter eingetauscht werden kann, hat dies fatale Folgen: Durch immer weniger Geldmittel, die sich im Umlauf befinden, kommt es zu Absatzproblemen bei den Produzenten. Da die Geldmenge schwindet, können die Menschen immer weniger einkaufen, dic Kaufkraft geht zurück.«[94] Der Zins hilft nun dabei, den Geldbesitzer dazu anzuregen, sein Geld nicht untätig im Kasten liegenzulassen, sondern durch Zinszahlungen für sich arbeiten zu lassen.[95] Andernfalls würde die Wirtschaft in Unordnung geraten.

Durch das Prinzip von Angebot und Nachfrage, nach dem sich die Höhe des Zinses richtet, soll dabei geregelt werden, dass die Güterproduktion nicht die Konsumfähigkeit übersteigt. Würden nun beispielsweise alle ihr Geld gegen Zinszahlungen verleihen wollen, so würde dies bald die Verbrauchsmöglichkeiten übersteigen und es wäre immer schwieriger, Abnehmer für die Waren zu finden. In der Folge würden die Zinsen sinken. Sie sinken so lange, »bis die Zinsprämie den Geldinhabern ungenügend erscheint, sodass diese es vorziehen, selbst zu konsumieren«.[96] Die Lockerung beziehungsweise die Anhebung des Zinssatzes ist somit ein Instrument, um Einfluss auf die Wirtschaftsleistung auszuüben. Will man Privat- oder Geschäftsleute dazu veranlassen, Geld zu leihen, werden die Zinssätze gesenkt. Will man die Geldmenge reduzieren, erhöht man die Zinssätze. Doch eine Erhöhung des Zinssatzes nach einer expansiven Geldpolitik, wie wir sie beispielsweise im Rahmen der Coronahilfspakete gesehen haben, ist fatal. In diesem Fall ist absehbar, dass viele Gläubiger ihre Kredite und damit einhergehend auch ihre Zinsen nicht mehr begleichen können.

Anschaulich kann man sich dieses Szenario folgendermaßen vorstellen: Ein Kleinunternehmer war aufgrund des Lockdowns und der damit einhergehenden Stilllegung seines Betriebs auf Coronahilfen in Höhe von 11 500 Euro angewiesen. Nach Aufhebung aller Restriktionen läuft sein Betrieb nur schleppend an, dennoch schafft er es durch strikte Sparmaßnahmen, einen Teil seines Kredits zurückzuzahlen. Als der Betrieb nach einigen Monaten wieder mehr Profit abwirft, ist der Unternehmer in der Lage, auch den restlichen Kreditbetrag zu bedienen. Allerdings ist seine Zahlung nicht fristgerecht bei der Behörde eingegangen. Konnte der Unternehmer ursprünglich auf zinslose Coronahilfen hoffen, so geht ihm nun ein Bescheid über einen Zinsbetrag von 4 Prozent zu.[97] Der Unternehmer, der mittlerweile all seine Rücklagen aufgebraucht hat, sieht sich nicht in der Lage, den monatlichen Betrag von 460 Euro zu zahlen. Er nimmt einen Kredit bei der Bank auf, für den er ebenfalls Zinsen entrichten muss. Im Folgejahr bricht der Ukrainekonflikt aus und die Energiekosten explodieren. Infolgedessen kann der Unternehmer seinen Kredit samt Zinsen nicht bedienen. Er schreibt bei der Bank an und muss für das kommende

Jahr auch noch sogenannte Zinseszinsen entrichten. Also die Zinsen, die für die noch nicht beglichenen Zinsen fällig werden. Zwar ist in diesem Rechenbeispiel nicht bekannt, ob der Unternehmer aus Hamburg tatsächlich einen Kredit für die Zinsen aufnehmen musste, die durch die verspäteten Rückzahlungen des Coronahilfspakets fällig geworden sind. Allerdings bestätigt die Finanzbehörde in Hamburg, »dass sich die Zahl der Personen, denen nach Rückzahlung der Fördersumme ein Zinsbescheid zugestellt wurde, bereits im mittleren bis dreistelligen Bereich bewege«.[98] Es handelt sich also um Zinsen für finanzielle »Hilfspakete«, die erst durch Restriktionen geschaffen wurden, von denen wir heute wissen, dass diese höchst umstritten sind. Dennoch konnte allein die Stadt Hamburg durch diese »Hilfspakete« mit Stand vom 29. Oktober 2021 Zinsen im mittleren bis dreistelligen Bereich »erwirtschaften«, indem Unternehmen von Staats wegen schlichtweg in den Kredit, das heißt in die Schuld gebracht wurden.

Während der Unternehmer also ärmer wird, ist die Kreditvergabe für die Bank scheinbar ein äußerst günstiges Geschäftsmodell. Denn selbst gegen eine Inflation hat sich die Bank zusätzlich durch den sogenannten Realzins abgesichert. Gemeinhin unterscheidet man hier zwischen dem Nominalzins, also dem Zinssatz, welcher sich am Kapitalmarkt ergibt und der von den Banken angeboten wird, und dem Realzins, welcher eher als Erfindung der Ökonomen durchgeht, da er nirgendwo feststellbar und dennoch existent ist.[99] Der Realzins ist der Zinssatz, »den der Kreditnehmer tatsächlich zahlt beziehungsweise der Kreditgeber tatsächlich erhält, wenn man die Wirkung der Preissteigerung berücksichtigt«.[100] Am Beispiel des Unternehmers ließe sich der Realzins nun folgendermaßen berechnen. Der Unternehmer hat einen Kredit zu einem Zinssatz von 4 Prozent aufgenommen. In Deutschland betrug die Inflation im Jahr 2021 3,1 Prozent.[101] Somit beläuft sich der Realzins auf 0,9 Prozent. Banken werden also ihren Nominalzins gemessen an den Inflationserwartungen anheben.

Die Bank gewinnt also (fast) immer. Doch kommen wir zunächst noch einmal auf das Eingangsbeispiel des Inselstaates Madagaskar zur Kolonialzeit zurück, um wirklich zu verstehen, wie Banken mit Krediten Geld machen. Gehen wir davon aus, dass zur damaligen Zeit 100 Reisbauern auf der Insel lebten und ein jeder von ihnen durch den Verkauf von Reis 10 Taler erwirtschaftete. Insgesamt gibt es also 1000 Taler. Den Kolonialherren gelingt es nun, durch den Wiederverkauf von Reis an die Bauern in der Winterzeit in den Besitz von 100 Talern zu kommen. Diese verleihen sie gegen einen Zinssatz von 10 Prozent an die Bank und diese gibt das Geld an die Bauern in Form eines Kredits weiter. Nach einem Jahr müssen die Reisbauern also 110 Taler (100 Taler plus 10 Prozent) an die Bank zurückzahlen. Da sie dieses Geld nicht aufbringen können und bei der Bank anschreiben, müssen sie im darauffolgenden Jahr durch den Zinseszins zusätzliche 11 Taler aufbringen. Sie schulden der Bank somit insgesamt 121 Taler. Im nächsten Jahr zeichnet sich selbstverständlich das gleiche Bild ab, und so dauert es nur etwa 24 Jahre, bis der Bank die komplette Insel gehört. Das Vermögen der Kolonialherren, die der Bank 100 Taler geliehen hatten, und ebenso die Verpflichtungen des Reisbauern verdoppeln sich dabei etwa alle 7 Jahre. »Von Anfang bis Ende gibt es real nur 1000 Insel-Taler – die gesamten Zinsen fallen ausschließlich als fiktive Buchvermögen an. Nach 24 Jahren gibt es also 1000 Taler Bargeld und 1000 Ansprüche auf die realen Münzen oder Scheine.«[102] Das ist auch der Grund, warum Menschen davon sprechen, dass Banken in ihrer Bilanz Geld aus dem Nichts kreieren.

Am Beispiel des Zinses zeigt sich dabei in besonderer Weise die dämonische Kraft des Geldes. Der Zins hat die Macht, die Wirtschaft zu beflügeln oder aber sie durch Gier und Maßlosigkeit zu ruinieren. Als Ausweg aus diesem Dilemma schlägt der Anthropologe Graeber in seinem Werk *Schulden. Die ersten 5000 Jahre* einen Schuldenerlass im 7-Jahres-Rhythmus fest. Da dieser Schuldenschnitt jedoch nur eine kurzfristige Lösung ist, müsse es vielmehr darum gehen, die äußeren Bedingungen so zu verändern, dass Millionen von Menschen gar nicht mehr gezwungen sind, sich zu verschulden.

Die Mär vom Wachstum – warum es mit steigendem Wirtschaftswachstum nicht jedem besser geht

»I want it all, and I want it now« (auf Deutsch: »Ich will alles, und ich will es jetzt«), sang die Pop-Band Queen 1989 aus voller Kehle. Auch wenn es in dem Song ursprünglich um den jugendlichen Elan geht, die Welt aus eigenem Antrieb und voller Idealismus zum Positiven zu verändern, zeichnet sich heutzutage ein ganz anderes Lebensgefühl ab. Angetrieben vom Konsumwahn geht es sprichwörtlich darum, alles besitzen zu wollen, und zwar sofort. Selbst wenn dazu das nötige Kleingeld fehlt, machen es Konsumkredite bequem möglich, schon heute zu konsumieren, wofür man erst morgen Raten zahlen muss. Schwer vorstellbar also, dass Graebers Vorschlag der äußeren Veränderung der Ausgangsbedingungen, in denen Menschen weniger Schulden aufnehmen, realisierbar wäre. Schließlich zeigt der Trend ein ganz anderes Bild: Nicht sparen ist geil, sondern konsumieren ist angesagt – und zwar sofort!

So betrachtet lässt es sich leicht erklären, wie sich der beachtliche Schuldenberg, auf dem wir (alle) mittels Kreditvergabe heutzutage im sprichwörtlichen Sinne sitzen, überhaupt aufgebaut hat. Als Aladdin als Bankier anfing, bescheiden, an einem Tisch, den er auf dem Markt von Agrabah aufgestellt hatte, auf ihm lediglich ein schweres Lederbuch liegend, in dem er akribisch Bilanz über die Tauschgeschäfte der Händler führte, war die Welt noch in Ordnung. Kredite wurden kaum benötigt. Wozu auch, wenn die sozialen Verhältnisse der Bevölkerung noch einigermaßen gerecht verteilt waren? Fast jede Familie verfügte über ein Stück Land, das sie ernährte und das auch ihre Kinder zukünftig ernähren würde. Produkte wurden in Geld, das heißt in Güterbezugsrechte eingetauscht, um davon Waren zu beziehen, die man auch wirklich brauchte.[103]

Effektiv änderte sich die Notwendigkeit eines Kreditmarktes erst durch die Industrialisierung, als sich in den Ländern eine reiche Oberschicht und eine entwurzelte Unterschicht herausbildete. Während die Oberschicht im Besitz des meisten Landes und aller Betriebsmittel war, hatte die Unterschicht, das sogenannte Proletariat, nichts anderes als seine Arbeitskraft.[104] Dieser Umstand wäre an sich nicht so schlimm gewesen, hätten die Banken durch die Kreditvergabe das Geld wieder umgeleitet. »Sie könnten den gewerblichen Mittelstand und das Handwerk fördern und dadurch dem rasenden Wachstum des Großkapitals Grenzen setzen.«[105] Doch das Gegenteil ist bis heute der Fall, da die Banken das Hauptaugenmerk bei der Kreditvergabe auf das Moment der Sicherheit legen. Der Großkapitalist bietet gegenüber dem kleinen Mann eine größere Gewähr für die pünktliche Rückerstattung des Kredits samt Zinsen.[106] So kommt es, dass über Kredite geschaffenes »neues« Geld größtenteils in Großkonzerne und renditestarke Produkte fließt. Anstatt also den gewerblichen Mittelstand und/oder das Handwerk zu fördern, um so das Großkapital am stetig steigenden Wachstum zu hindern, geschieht nun das Gegenteil. Banken führen das Kapital »wiederum dem Kapital zu und verstärken so die geldkonzentrierende Tendenz«.[107] Doch ungeachtet dessen, dass sich das Kapital nun in den Händen einiger weniger befindet, sollte durch Reinvestitionen dennoch die Wirtschaft angekurbelt werden. Und vom Wirtschaftswachstum sollten doch wohl alle profitieren, oder etwa nicht?

Im Parteiprogramm der Bundestagswahl der CDU aus dem Jahr 2021 mit dem euphemistischen Titel »Ein guter Plan für Deutschland«

wird zumindest suggeriert, dass Wirtschaftswachstum und Arbeitslosigkeit Hand in Hand gehen. In Kapitel 3 des Parteiprogramms heißt es diesbezüglich: »Nach der Pandemie muss Deutschland durchstarten. Das geht nur mit wirtschaftlicher Dynamik, erfolgreichen Unternehmen und Wachstum. Nur so gibt es auch in Zukunft sichere und gute Arbeitsplätze.«[108]

Die CDU geht fälschlicherweise davon aus, dass sich ab einem bestimmten Wirtschaftswachstum, also der Zunahme des Wachstums des Bruttoinlandsprodukts (BIP), die Arbeitslosigkeit (automatisch) reduzieren würde. Experten sprechen hierbei vom sogenannten »Okunschen Gesetz«, das auf den amerikanischen Ökonomen Arthur M. Okun zurückzuführen ist. Dieser will 1962 einen negativen Zusammenhang zwischen dem Wachstum des BIP und der Veränderung der Arbeitslosenquote ausgemacht haben.[109] Dieser Umstand läge daran, dass bei einer boomenden Wirtschaft die Nachfrage nach Produkten und Dienstleistungen groß sei. Deswegen würde auch der Bedarf der Firmen nach Arbeitskräften steigen und die Arbeitslosenquote somit sinken.[110]

Dass es sich aber gerade so nicht verhält, zeigt der Politologe Andreas Hammer anhand einer Regressionsanalyse auf seiner Webseite auf. Unter einer Regressionsanalyse versteht man gemeinhin ein statistisches Analyseverfahren, mit dessen Hilfe Werte von Variablen anhand ihres Zusammenhangs vorhergesagt werden sollen. Hammer konnte dabei aufzeigen, »dass ein Wachstum des BIP um rund 3,6 Prozent die Veränderungsrate der Arbeitslosenzahl um 1 Prozentpunkt reduziert«.[111] Allerdings betrage der langjährige Mittelwert des realen Wirtschaftswachstums 2,6 Prozent. »Im Trend reduziert demnach das Wirtschaftswachstum die Arbeitslosigkeit nicht wesentlich (um 0,5 Prozentpunkte).«[112] Laut Hammer zeigen die Daten demnach, dass »das Wirtschaftswachstum die Veränderung der Arbeitslosenzahl kaum beeinflusst und Arbeitslosigkeit sich durch Wirtschaftswachstum für sich genommen nicht reduzieren lässt«.[113] Für den Zeitraum seit 1992 gäbe es keine empirische Basis für Aussagen der CDU, die suggerieren, dass sich durch Wirtschaftswachstum Beschäftigung schaffen und dadurch die Arbeitslosigkeit reduzieren lasse,[114] so Hammer. Doch selbstverständlich kann man solche Wahrheiten kaum verbreiten, ist man doch von Natur aus auf den Ausbau eines sozialistischen Nanny-Staates aus.

Ebenso wenig wie das Wirtschaftswachstum ein Garant dafür ist, dass es jedem besser geht, bringt eine künstlich erzeugte Kaufkraft (sprich »neues« Geld) unweigerlich Wachstum und Reichtum mit sich. Letzterer Irrglaube wurde durch die Vergabe von sogenanntem Helikoptergeld, also Einmalzahlungen, die direkt an Individuen oder Haushalte als finanzielle Unterstützung in der Coronazeit gehen sollten, kontrovers diskutiert. Durch die Vergabe von Konsumschecks hatte sich einige Jahrzehnte zuvor in Japan bereits gezeigt, dass diese kaum eine Wirkung auf die Wirtschaft haben. Als eine Art Schwundgeld konzipiert, verloren die Konsumschecks nach 6 Monaten ihren Güteranspruch,[115] wodurch die Menschen tatsächlich zu deren Gebrauch angehalten wurden – allerdings mit nur mäßiger, bis gar keiner Auswirkung auf das Wirtschaftswachstum.

Wirtschaftswachstum bedeutet nämlich nicht zwangsläufig, dass sich lediglich die Geldmenge (sprich die Menge der Kredite) erhöhen muss. Wirtschaftswachstum bedeutet, dass mit der Schaffung des Geldes eine Leistung, das heißt ein Güteranspruch, einhergegangen sein muss. Schließlich bedeutet der Begriff der »Wirtschaft« nichts anderes als »die Gesamtheit aller Einrichtungen wie Unternehmen, private und öffentliche Haushalte sowie die notwendigen Abläufe wie Käufe und Verkäufe, die mit der Herstellung und dem Verbrauch von Gütern verbunden sind«.[116] Das ist mit einer bloßen

Geldvermehrung mitnichten der Fall. Eine bloße Geldvermehrung würde überdies nicht ausreichen, den Wohlstand aller zu verbessern. Laut einer Studie des Zentrums für Europäische Wirtschaftsforschung (ZEW) in Mannheim stimmt die allgemeine Aussage des Volksmundes, dass die Armen immer ärmer werden, nur bedingt. Die Reichen werden nach Ansicht der Studie sehr wohl immer reicher.[117] Wie kann das sein?

Zinsen sind kein Garant für Wirtschaftswachstum

Nahezu alle Wirtschaftstheoretiker sind sich wohl darin einig, dass der Zins die wichtigste makroökonomische Variable für das Wirtschaftswachstum darstellt. Dabei geht man gemeinhin davon aus, dass niedrige Zinsen für steigendes Wirtschaftswachstum sorgen. Mit einer Anhebung des Zinssatzes können Zentralbanken hingegen einer Wirtschaftsverlangsamung oder gar einer Inflation entgegenwirken, wie dies zurzeit durch die massive Anhebung des Leitzinssatzes von den Notenbanken versucht wird.

Richard A. Werner, Professor der Wirtschaftswissenschaften und Gründungsdirektor des Centre for Banking, Finance and Sustainable Development, geht jedoch vom genauen Gegenteil aus. Er meint, dass die Korrelation von Zins und Wachstum positiv sei und die statistische Kausalität vom Wachstum zum Zins gehe – und nicht andersrum.[118] Hohes Wachstum führe demnach zu hohen Zinsen und niedriges Wachstum zu niedrigen Zinsen.[119] Demnach würden niedrige Zinsen nicht zu steigendem wirtschaftlichem Wachstum führen.[120] Zu dieser Schlussfolgerung kam Werner, nachdem er empirische Studien in mehreren Ländern durchgeführt hatte, in denen er den Zusammenhang zwischen den Zinsen und dem Wirtschaftswachstum untersuchte.[121]

Offiziell gelte die Annahme, dass Zentralbanken den Zins als Preis des Geldes im Sinne des Gleichgewichts von Angebot und Nachfrage manipulieren würden.[122] In der Realität werden rationierte Märkte jedoch »nicht durch Preise, sondern durch Mengen bestimmt. Und die kleine Menge von Angebot und Nachfrage bestimmt somit die Märkte«.[123] »Wenn man mehr Geld aus dem Nichts schöpft, in die Wirtschaft reinpumpt für Transaktionen, die also hauptsächlich der Art des Konsums sind [...], wenn einfach mehr Kaufkraft geschaffen wird und auch umgesetzt wird, um zu konsumieren, dann gehen natürlich die Preise dieser Güter und Dienstleistungen, die konsumiert werden, nach oben, weil einfach plötzlich die Nachfrage gestiegen ist. Das Angebot ist das Gleiche«, so Werner in einem Interview mit dem Finanzexperten und Bestsellerautor Marc Friedrich.[124] Im Klartext bedeutet dies, dass Angebot und Nachfrage nicht, wie bislang angenommen, durch den Zins, sondern durch die Menge der zur Verfügung stehenden Güter bestimmt wird.

Der Wirtschaftswissenschaftler Prof. Dr. Franz Hörmann stellte bezüglich des Prinzips von Angebot und Nachfrage in einem Interview mit AUF1 heraus, Güter, welche bedarfsdeckend zur Verfügung stehen oder im Überfluss vorhanden sind, seien nach allgemeinem Konsens der Ökonomie keine Wirtschaftsgüter.[125]

Das Prinzip der Knappheit, das sich in Angebot und Nachfrage widerspiegelt, implementiert somit nicht nur Ausbeutung, sondern forciert auch Handelskriege, in denen Nationen (gewaltsame) Auseinandersetzungen um knappe Ressourcen führen.[126] Der Kampf um diese Güter, die auf dem Markt durch Angebot und Nachfrage bestimmt werden, seien nach Werner »bürokratische Allokations-Entscheidungen, welche die Wirtschaft beherrschen – nicht die angeblichen Marktkräfte!«.[127] Der Begriff der »Allokation« beschreibt dabei in den Wirtschaftswissenschaften die Verteilung von knappen Ressourcen. Hierzu zählen nicht nur das Kapital oder die Produktionsmittel, sondern unter anderem auch der Boden, die Güter und Dienstleistungen. »Eine optimale Allokation besteht dann, wenn begrenzt verfügbare Produktionsmittel dem bestmöglichen Zweck zugeführt werden.«[128] Der Grund also, warum nicht alle gleichermaßen vom Wirtschaftswachstum profitieren, besteht darin, dass nicht alle gleichermaßen Zugang zu den Ressourcen haben, sprich die Reichen ergreifen immer mehr Besitz davon.

Für diesen Umstand werden gerne Großkonzerne verantwortlich gemacht. Der mündige Bürger wendet sich dann alle 4 Jahre Hilfe suchend an die Politiker und bittet um Veränderung der bestehenden Verhältnisse. Dabei wird jedoch geflissentlich übersehen, dass auch die Politiker Teil eines »Politikmarkts« sind, auf dem das gleiche Prinzip von Angebot und Nachfrage herrscht. Der Politiker stellt dabei durch seine Vorschläge, neuen Programme und Maßnahmen das Angebot dar. Die Nachfrage hängt indes vom Wähler ab, also davon, ob er das Angebot des Politikers »kauft«, sprich ob er ihn wählt.[129] Obwohl also viele Ökonomen in der Vergangenheit argumentiert haben, dass man Marktversagen, wie dem Entstehen von Monopolen, durch staatliche Maßnahmen entgegenwirken könne, weist im selben Atemzug die sogenannte Public-Choice-Theorie darauf hin, dass es auch Regierungsversagen gibt.[130] Die Public-Choice-Theorie kam in den 1950er-Jahren auf und erlangte 1986 große Aufmerksamkeit, als ihr Hauptvertreter James Buchanan den Nobelpreis für Wirtschaftswissenschaften erhielt. Die Theorie geht davon aus, dass Politiker primär nicht das Allgemeinwohl im Sinn haben, sondern ihr Hauptmotiv in der Verfolgung ihrer eigenen Interessen liegt. Umgeben von Wählern, Lobbyisten und Bürokraten werde das Verhalten des Politikers von Zwängen und Zweckmäßigkeiten bestimmt.[131] Gepresst in dieses Korsett ist der Politiker nun dazu gezwungen, ständig Neues und Einfallsreiches vorzuschlagen, wenn er auf dem Politikmarkt wettbewerbsfähig bleiben will.

In dieser Hinsicht haben alle Politiker gemein, dass sie sich stets auf eine klare Zielgruppe konzentrieren, der ihre Entscheidungen effektiv nützen. Die Kosten dieser Maßnahmen werden jedoch auf die ganze Gemeinschaft abgewälzt, da sie von den Steuereinnahmen finanziert werden. Die Nutznießer dieser Maßnahmen sind hocherfreut. Sowohl sie als auch die Mehrheit der Steuerzahler merken dabei nicht, dass es letztendlich sie selbst sind, die die Kosten dafür in Form von Abgaben tragen müssen.[132] An den realen Geldverhältnissen hat sich jedoch im Endeffekt nichts geändert. Der Staat hat das Geld nur umverteilt.

In Krisenzeiten, wie nun bei Corona geschehen, wurde dies durch die immense Ausdehnung der Geldmenge überdeutlich. Zwar entstand vordergründig der Eindruck, dass alle gleichermaßen an der Güterverteilung beteiligt wurden. Was jedoch in Wirklichkeit geschah, war, dass die Geldmenge ohne eine zuvor im Verkehrsleben real erfolgte Leistung ausgeweitet wurde. Auf diese Weise wird im allgemeinen Falschgeld geschaffen, das die Kaufkraft der anderen Marktteilnehmer erheblich schwächt.[133] Man spricht hier auch von einer Inflation.

Diese »Entwertung des Geldes, also die Multiplikation der Ausgaben trifft [zunächst] die Gesamtheit«.[134] Die Steigerung der Einnahmen komme aber wiederum nur einem Bruchteil der Bevölkerung zugute, vor allem dem Teil, der im Besitz von Kapital in Form von Sachwerten ist. Rentner sowie die geistig und körperlich arbeitenden Klassen würden hingegen nur den Moment der Ausgabensteigerung kennenlernen.[135] Dennoch macht sich mit der Zeit im ganzen Volk, selbst unter den Inflationsgewinnern, das Gefühl breit, vom Staat betrogen worden zu sein. Denn das Recht des Geldes zum Bezug von Gütern wurde vom Staat (den Zentralbanken), »der den Geldwert durch Inflation dezimiert hat, auf das Gröblichste verletzt«.[136]

Laut Statista ist die durchschnittliche, weltweite Inflationsrate im Jahr 2022 übrigens auf etwa 8,7 Prozent gegenüber dem Vorjahr gestiegen.[137] Das bedeutet, dass Sparguthaben von 10 000 Euro im Jahr 2022 870 Euro Verlust gemacht haben. Die Inflation ist somit eine Waffe, die, an einem bestimmten Punkt angekommen, zum Kampf aller gegen alle führen kann und oft genug in der Geschichte ganze Imperien hat auseinanderfallen lassen. Einmal an diesem Punkt angekommen, an dem die Kosten für die Gemeinschaft zu hoch werden, drängen die Wähler die Politiker dazu, »umzudenken und die staatlichen Exzesse und Verirrungen zu korrigieren«.[138] Diese Exzesse der Politik gehen jedoch meistens nicht mit einem Umdenken einher, sondern mit einer exorbitanten Inflation zu Ende. Doch dazu später mehr. Wenden wir uns zunächst wieder der Frage zu, was denn nun eigentlich die Wirtschaft wachsen lässt.

Wie Bankkreditschöpfung Wirtschaftswachstum erzeugen kann

Dem österreichischen Dramatiker, Schauspieler und Bühnenautor Johann Nepomuk Nestroy wird der Ausspruch zugeschrieben: »Die Phönizier haben das Geld erfunden – aber warum so wenig?« Nestroy geht dabei davon aus, dass eine künstlich erzeugte Kaufkraft (sprich »neues« Geld) unweigerlich Wachstum und Reichtum (womöglich für alle) mit sich bringe. Dass das eben nicht so ist, zeigt der wenig empirische Zusammenhang zwischen dem Wachstum des BIP und einem nicht automatisch damit einhergehenden Rückgang der Arbeitslosigkeit. Ebenso wenig vermögen Konsumschecks oder Helikoptergeld das Wirtschaftswachstum maßgeblich zu beeinflussen.

Nach Werners Ansicht liegt daher der wahre Schlüssel für Wirtschaftswachstum nicht in den Zinssätzen, sondern in der Variablen

Geld. Zinsen sind immer nur ein Anreiz, dass ein Sparer sein Geld zur Bank bringt und die Bank aus diesem »neues« Geld schöpft. Wahres Wirtschaftswachstum entstehe laut Werner somit aus der Kreditschöpfung, »welche sich ebenfalls auf die Vermögenswerte und die Zinsen auswirke. Das BIP folgt also dem Kreditwachstum und die Anlagerenditen folgen dem BIP-Wachstum.«[139]

Gibt es also so etwas wie gute Schulden (gute Kredite) und schlechte Schulden (schlechte Kredite)? In der Tat gilt es zwischen einer unproduktiven und einer produktiven Kreditschöpfung zu unterscheiden. Unproduktive Kredite fließen dabei vor allem in den Konsum sowie die Finanzen und heizen auf diese Weise eine Inflation ohne Wachstum und einen fehlenden Beitrag zum BIP an. Produktive Kredite werden hingegen als Investitions- oder Realkredite vergeben und tragen somit dazu bei, dass neue Güter oder Leistungen geschaffen werden, was wiederum zu einer gesteigerten Produktivität führt. Durch eine produktive Kreditschöpfung würde demnach Wachstum ohne Inflation entstehen und die Beschäftigung könnte deutlich erhöht werden.[140] Der deutsche Unternehmensberater und Autor Daniel Stelter stellte auf seinem Blog *Think Beyond the Obvious* bereits 2020 das Problem von unproduktiven Schulden (sprich Krediten) heraus, die sich konkret an den folgenden Punkten festmachen lassen:

1. Ein erforderliches Mehrprodukt bei unproduktiven Krediten bleibt aus. Dabei ist Geld immer der Maßstab, »nach dem sich die vorhandenen Güter auf die Bevölkerung verteilen, und man kann die einzelnen Güter-Portionen nur vergrößern, indem man die Gütermenge erhöht, nicht aber, indem man den Maßstab verlängert«.[141] Fließen hingegen durch das geringe Risiko die meisten Kredite in den Hypothekenmarkt, so wird lediglich die Geldmenge, nicht aber die Güterproduktion ausgeweitet. Eine wahrhafte Erhöhung des Wohlstands bleibt jedoch aus.

2. Noch problematischer wird es bei der Vergabe von unproduktiven Krediten, wenn die Schuldner, die beispielsweise einen Kredit für eine Immobilie aufgenommen haben, auf eine Wertsteigerung hoffen. Ökonomen sprechen hierbei von der sogenannten Ponzi-Finanzierung, bei der die Kreditnehmer weder ihre Kredite zurückzahlen noch die vollständigen Zinszahlungen gewährleisten können. Vielmehr würden die Kreditnehmer darauf spekulieren, dass die Preise der kreditfinanzierten Assets steigen, um mit dem Gewinn die Schulden tilgen zu können.[142] Dieser Umstand erhöht die Krisenanfälligkeit der Wirtschaft. Denn was passiert, wenn die Schuldner ihre Kredite nicht mehr bedienen können?

   Vergegenwärtigt man sich einmal, dass sich allein in Großbritannien seit 1990 die Hypotheken und Kredite an Immobilien- und Finanzunternehmen von 33 Prozent des BIP auf 98 Prozent knapp verdreifacht haben, wird deutlich, dass dem unproduktiven Sektor weitaus mehr Kapital zufließt als dem produktiven Sektor. Denn die Kreditvergabe an den produktiven Sektor blieb mit 25 Prozent des BIP weitgehend stabil. Somit verleihen englische Banken viermal so viel Kapital an den unproduktiven Sektor wie an produktive Wirtschaftssektoren. Und Großbritannien ist damit keinesfalls ein Einzelfall. Auch in Australien, Kanada, den USA, Holland und Schweden sieht es kaum anders aus.[143] Es sollte offensichtlich sein, welche gigantische Finanzblase sich im unproduktiven Sektor aufgebaut hat.

3. Aufgrund dieser Blasenbildung besteht die Notwendigkeit, die Zinsen niedrig zu halten, sodass die Schulden abgetragen werden können. Dies birgt nun die enorme Gefahr einer Inflation. Denn es ist nun mal ein ökonomisches Gesetz, dass neu geschaffenes Geld investiert, das heißt in Wertschöpfung umgesetzt werden

muss. »Geschieht dies nicht, wird dieses Angebot an »neuem« Geld nicht kontrolliert und in ein vernünftiges Verhältnis zum realen Wachstum gesetzt, dann kommt es zur Inflation«,[144] wie es durch die jahrelange Geldschwemme der »Währungshüter« Wirklichkeit geworden ist. Welche Auswirkungen das hat, beschrieb bereits Goethe in *Faust II*. Der bankrotte Kaiser, der Mephisto mit frivoler Leichtfertigkeit befiehlt: »Es fehlt an Geld, nun gut, so schaff es denn«, wird nun geradezu damit überschüttet. Und obwohl das Papiergeld der zerrütteten Wirtschaft des Landes zunächst wieder effektvoll auf die Beine hilft, handelt es sich doch um einen falschen Reichtum, der in unermesslich hohen, ungedeckten Schuldverschreibungen mündet.[145] »Eine solche Geldschöpfung aus dem Nichts, ohne reale Wertschöpfung, ist Trug und Täuschung«[146] und führt unweigerlich zum Verfall der eigenen Währung. Der Verfall der eigenen Währung ist wohl als das größte Unglück zu bezeichnen, das ein Volk treffen kann,[147] wofür letztendlich die Gesamtheit die Zeche zahlt, oder etwa nicht?

Gier ist geil – solange jemand anderes die Zeche zahlt

Der Dichterfürst Goethe brachte das Konzept eines gesunden Finanzsystems folgendermaßen auf den Punkt: »Kredit ist eine durch reale Leistungen erzeugte Idee der Zuverlässigkeit.« Von dieser Idee der Zuverlässigkeit haben wir uns durch unsere Art der Geldschöpfung aus dem Nichts mittels Kredite immer weiter distanziert. Ad absurdum wird die Zuverlässigkeit des Kreditwesens, das gerade darin besteht, zum Wirtschaftswachstum beizutragen, durch die exorbitante Vergabe von schlechten Krediten geführt. Denn das auf diese Weise neu geschaffene Geld kommt keiner Produktivitätssteigerung zugute und bringt somit auch keinen gesamtwirtschaftlich zählbaren Ertrag mit sich.[148] Es entbehrt also, wie Goethe es sagen würde, jeder Zuverlässigkeit.

Der Großteil aller Kredite, die heutzutage vergeben werden, sind Konsumkredite von Privatleuten, aber vor allem auch Kredite für »Spekulationsgeschäfte mit Aktien, Währungen, Immobilien oder Rohstoffen oder [den] daraus abgeleiteten Wetten mit Derivaten oder Zertifikaten«.[149] Nimmt dieser Anteil von Finanzgeschäften gemessen an dem Anteil von guten Krediten überhand, kommt es zu einer Verzerrung der Preise für Rohstoffe, Währungen und/oder andere Güter.[150]

Dank eines jahrelang niedrigen Zinsniveaus war davon bislang kaum etwas zu spüren. Die Schnäppchenpreise des »neuen« Geldes beflügelten den Wert von Anleihen, Aktien, aber auch von Immobilien. Anleger sahen sich infolge der stetig steigenden Preise ihrer Vermögenswerte (zumeist Immobilien) dazu ermutigt, weitere Konsumkredite aufzunehmen. Banken ließen dies trotz mangelnder Sicherheiten seitens des Kreditnehmers oftmals geschehen, da sie an jedem Kredit sprichwörtlich bares Geld verdienten. Gebündelt in Wertpapiere wurden die Schulden an der Börse gehandelt und weltweit weiterverkauft. Das Risiko, dass der Kreditnehmer seine Schulden nicht bedienen kann, lag somit beim Käufer, soll heißen bei der Bank. Niedrige Zinsen, aber auch eine weit verbreitete Euphorie vom vermeintlichen Wirtschaftswachstum täuschten so darüber hinweg, dass es zur Bildung einer der wohl größten Blasen der Geschichte gekommen war. Und diese Blase war durch den weltweiten Wertpapierhandel nicht mehr nur auf Immobilien beschränkt, sondern betraf auch Banken. Als es dann so kam, wie es kommen musste, und diese Blase zunächst im Frühjahr 2008 durch die Schieflage des amerikanischen Investmenthauses Bear Stearns platzte, zeigte sich schnell, dass weder Wertpapiere noch Immobilien so werthaltig waren wie ursprünglich gedacht.

Doch um den Untergang von Bear Stearns und damit einen gefürchteten Dominoeffekt, wie er später bei der Lehman-Brothers-Pleite eintreten sollte, noch zu verhindern, sollte auf die Schnelle ein Käufer für das Unternehmen gefunden werden. Und wie es meistens so ist, ist des einen Leid des anderen Freud. Denn nun hatte die Stunde der Investmentgesellschaft BlackRock geschlagen, die sich im Laufe der Zeit dank ihres Megacomputers Aladdin an die Spitze der Finanzwelt aufschwingen sollte. Doch zunächst galt es für BlackRock einen Käufer für das »vergiftete« Portfolio von Bear Stearns in Höhe von 30 Milliarden Dollar zu finden. Beauftragt vom Chef der New Yorker Notenbank, Timothy Geithner, sollte der CEO von BlackRock, Larry Fink, die Betreuung und Abwicklung von Bear Stearns übernehmen. Als Interessent für die Übernahme verhandelte die Notenbank mit JPMorgan Chase. Der Vorstandschef von JPMorgan Chase, Jamie Dimon, hatte sich wiederum seinerseits bei Fink gemeldet, da er ihm eine Einschätzung hinsichtlich des Wertes von Bear Stearns mitteilen sollte. Entsprechend dieser Einschätzung würde sein Angebot für Bear Stearns ausfallen.[151] Soll heißen, dass BlackRock gleich zweimal als Abwickler für Bear Stearns fungierte: einmal für die Notenbank und einmal für JPMorgan Chase. An diesem Muster, dass BlackRock auf beiden Seiten der Transaktion (bei Käufer und Verkäufer) gleichzeitig aktiv ist, hat sich übrigens bis heute nichts geändert.[152]

Letztendlich übernahm JPMorgan Chase Bear Stearns für einen Spottpreis von 10 Dollar pro Aktie. Von der Notenbank wurden zudem die riskanten Papiere aus dem Giftportfolio übernommen. Unter dem Namen Maiden-Lane-Fond gehörten die gebündelten Papiere fortan der Notenbank, sprich der Allgemeinheit,[153] gerettet aus Steuergeldern. Als dann jedoch im Herbst 2008 auch noch die große Investmentbank Lehman Brothers pleiteging, sollte das die ganze Finanzwelt in eine tiefe Krise stürzen. Für BlackRock leitete die Finanzkrise von 2008 jedoch eine bedeutende Transformation ein:

»Von einem Vermögensverwalter mit einer Vorliebe für Bonds und mit cleveren Analysten zu einem der großen Mitspieler hinter den Kulissen von Hochfinanz und großer Politik.«[154] BlackRock sollte sich während der Krise der toxischen Papiere annehmen, das heißt herausfinden, wie viel diese wert waren und sie nach und nach abwickeln.

Nur durch bislang beispiellose Rettungsaktionen der Staaten durch milliardenschwere Hilfen an die Banken konnte 2008 noch einmal der Kollaps verhindert werden. Zwar kam man in der Studie »Staaten versus Banken: Kredit, Krisen und Folgen« der Universität Bonn, welche die 94 Wirtschaftskrisen der letzten 140 Jahre untersuchte, zu dem Schluss, dass große Finanzkrisen meistens die Folge eines sehr starken Kreditwachstums im privaten Sektor seien und diese nicht aus der Ausweitung der Staatsverschuldung resultieren.[155] Dennoch stiegen infolge der Rettungsaktionen die Staatsschulden auf ungeahnte Rekordniveaus an.[156] Bei der Finanzkrise von 2008 kam im Gegensatz zu den anderen 94 untersuchten Wirtschaftskrisen der letzten 140 Jahre zudem hinzu, dass diese Auswirkungen beinahe auf die gesamte westliche Welt hatte. »Die Situation von 2008 war einmalig. Noch nie zuvor hatten wir eine globale Finanzkrise dieses Ausmaßes. Nicht einzelne Länder, nicht einzelne Sektoren hatten über ihre Verhältnisse gelebt, sondern fast alle. Dies machte die Situation so gefährlich. Es drohte der Kollaps.«[157]

Während in den USA infolge der Finanzkrise 2008 viele Menschen ihre Häuser und/oder einen großen Teil ihrer Ersparnisse verloren, hat die Finanzkrise in Deutschland die Privathaushalte unterm Strich insgesamt 140 Milliarden Euro gekostet.[158] »Bezogen allein auf Aktienanlagen belief sich das Minus aufgrund des Kurseinbruchs an der Börse auf 260 Milliarden Euro.«[159] Trotz gebetsmühlenartiger Beteuerungen, aus der Finanzkrise von 2008 gelernt zu haben, sind Unternehmen bis heute nicht daran gebunden, prozentual mehr positive

Schulden aufzunehmen, indem sie etwa in Sachanlagen oder Investitionskredite investieren. So können sie weiterhin Wettgewinne machen, »weil Kasinoaktivitäten auf den weltweiten Finanzmärkten institutionell nicht unterbunden werden«.[160]

War die Finanzkrise von 2008, die sich »lediglich« auf die westliche Welt bezog, schon brandgefährlich, so sitzt der kleine Mann, der solche Krisen in der Regel ausbaden darf, spätestens seit der Coronakrise auf einem Pulverfass. Laut einem Artikel der *Berliner Zeitung* aus dem Jahr 2023 nimmt die Anzahl der Unternehmensinsolvenzen seit der Pandemie weltweit zu und erreicht in manchen Ländern ein Ausmaß wie seit der Finanzkrise 2008 nicht mehr.[161] Dabei stelle vor allem die Kombination aus schwächerer Nachfrage, einer steigenden Inflation, überschuldeten Bilanzen sowie viel höheren Kreditkosten viele Unternehmen vor große Herausforderungen.[162] Anders als 2008 sind von der massiven Kreditaufnahme dabei nicht nur Privathaushalte, sondern vor allem auch Unternehmen betroffen. Laut Statistiken ist die Anzahl der Firmeninsolvenzen im Februar 2023 verglichen mit 2022 innerhalb eines Jahres um 20,3 Prozent gestiegen.[163] Vor allem stehe dabei der Einzelhandel unter Druck. Doch der Insolvenzverwalter Holger Rhode von der Wirtschaftskanzlei Görg sieht hierin keinen Grund zur Beunruhigung, da vor allem prominente Fälle von Unternehmensinsolvenzen im medialen Fokus stehen, die vielen Menschen bekannt sind. »Sie zählen alle zu kritischen Branchen, die ohnehin in Umbrüchen und Transformationen stecken. Insolvente Mittelständler sehen wir dagegen kaum, das lässt hoffen«,[164] so Rhode. Verglichen mit anderen europäischen Ländern laufe es für deutsche Unternehmen nach wie vor glimpflich ab. »Nach einer Untersuchung der Wirtschaftsauskunftei Creditreform nahmen die Insolvenzen 2022 hierzulande um 3,8 Prozent zu, wohingegen der Anstieg in anderen westeuropäischen Ländern signifikant höher lag. In Spanien notierte Creditreform 16 Prozent mehr Insolvenzfälle, in den Niederlanden knapp 21 Prozent mehr und in Frankreich und Österreich sogar 50 bzw. rund 60 Prozent. Insgesamt macht das einen Anstieg der Firmeninsolvenzen in den westlichen EU-Ländern einschließlich Schweiz, Norwegen und Großbritannien von knapp 140 000. Das entspricht einem Anstieg um 24 Prozent gegenüber dem Jahr davor.«[165]

An dieser Stelle, liebe Leserin, lieber Leser, vergegenwärtigen wir uns einmal kurz mit Blick auf das Finanzsystem und die Tatsache, dass viele der restriktiven Coronabeschränkungen unnötig waren, welcher gigantische Raubzug in der Geschichte stattgefunden hat (und immer noch stattfindet). Alles ist ein Taschenspielertrick, der seinen Ausgangspunkt in den Bilanzen nimmt:

- Nach gültigem Recht sind die Banken dazu verpflichtet, lächerliche 1 Prozent von Spareinlagen als sogenannte Mindestreserve zurückzuhalten. Von 1000 Euro wären das 10 Euro!

- Die Banken dürfen etwa das 10-Fache an Spareinlage verleihen. Von 1000 Euro wären das 10 000 Euro. Die Differenz von 9000 Euro besteht faktisch nicht und wird erst dadurch real, dass der Kreditnehmer seinen Kredit bei der Bank samt Zinsen zurückzahlt. Daher kann man davon sprechen, dass die Banken beziehungsweise der Kreditnehmer Geld aus dem Nichts schöpfen.

- Sollte der Kreditnehmer seinen Kredit samt Zinsen nicht bedienen können, kann die Bank den Kredit als sogenannte Anleihe an Hedgefonds weiterverkaufen. Die Bank könnte somit Geld aus dem Kauf der Anleihe generieren und zudem Sachwerte, die der Kreditnehmer als Sicherheit hinterlegt hat, verkaufen. Somit würde Geld, das zuvor nur rein »hypothetisch« in der Bilanz aufgetaucht ist, real kreiert werden. Der Taschenspielertrick, der seinen Anfang als Papierform nahm, hat am Ende (fast) immer einen realen Gegenwert.

- Durch die angebliche Notwendigkeit, ganze Geschäftszweige durch Lockdownmaßnahmen lahmzulegen, wurden Tausende von bisweilen gut laufenden Unternehmen in diesen Taschenspielertrick, das heißt in die Schuldenfalle getrieben. Die Bank konnte dabei nicht nur Unsummen von Geldern in Form von Krediten samt Zinsen einstreichen, sondern hat sich im Zweifelsfall auch gleich ganzer Unternehmen bemächtigt.

- Zigtausende Unternehmen, aber auch Privatpersonen sind infolge von Corona unverschuldet in Schuld geraten. Staaten, die dieses Problem durch verantwortungslose Entscheidungen erst verursacht haben, wollen sich nun als Retter aufspielen, indem etwa die Einführung eines bedingungslosen Grundeinkommens zur Diskussion gestellt und mancherorts sogar bereits getestet wird. Die finanzielle Abhängigkeit der Menschen vom Staat wird es kinderleicht machen, die Masse zum CBDC zu locken.

Goethes Ausspruch »Kredit ist eine durch reale Leistungen erzeugte Idee der Zuverlässigkeit« wird somit zweimal ad absurdum geführt.

Ist die Inflation gewollt? – Parallelen zu den 1970er-Jahren

Der römische Kaiser Nero sollte nicht nur als größenwahnsinniger Despot in die Geschichte eingehen, ihm wird auch nachgesagt, die erste geschichtlich dokumentierte Inflation ausgelöst zu haben. Um den Wiederaufbau Roms nach dem großen Brand zu finanzieren, reduzierte er den Edelmetallgehalt der Denare. Doch immerhin war der Denar überhaupt noch durch ein Edelmetall gedeckt, was heute mitnichten der Fall ist.

Vor mehr als 50 Jahren, am 15. August 1971, verkündete der damalige amerikanische Präsident Richard Nixon in einer Fernsehansprache, dass die Edelmetalldeckung von Geld nun der Vergangenheit angehöre. Was als sogenannter Nixon-Schock in die Geschichte eingehen sollte, besiegelte das Ende der bisherigen Verpflichtung, den Dollar jederzeit in Gold umtauschen zu können. Laut der *Süddeutschen Zeitung* verlor der Dollar somit »seine Funktion als Anker für die anderen Währungen«,[166] da die Geldvermehrung seit dem 15. August 1971 an keine natürlichen Grenzen (in diesem Fall Gold) mehr gebunden war. Bis zu diesem Zeitpunkt basierte das Währungssystem der Nachkriegszeit auf dem sogenannten Bretton-Woods-Goldstandard. Genau hier, im gleichnamigen Ferienort Bretton Woods, beratschlagten die späteren Siegermächte zwischen dem 1. und dem 22. Juli 1944 über ein zukünftiges Währungssystem.[167] Hierbei setzte sich, angesichts der wirtschaftlichen Überlegenheit der USA, der Vorschlag von Harry Dexter White, dem Leiter der amerikanischen Delegation, durch. Nach White sollten alle Währungen durch einen festen Kurs an den Dollar gebunden werden. Der Dollar sollte zu jedem Zeitpunkt zu einem Preis von 35 Dollar je Feinunze in Gold umgetauscht werden können.[168] Zwar trug dieses System nach dem Krieg zum Florieren des Welthandels bei, die wachsende Wirtschaft verlangte jedoch nach immer mehr Dollar. Die Regierung handhabte es dabei ähnlich wie Nero und gab immer weniger goldgedeckte Dollars aus. Die USA wiesen daraufhin bald eine defizitäre Leistungsbilanz auf, was in eine Vertrauenskrise mündete und sich durch die Attacke von Spekulanten gegen den US-Dollar in den 1960er-Jahren äußerte. Als die Inflation in den USA die 5-Prozent-Marke erreichte, wurden viele sichtlich nervös, zumal die 1960er-Jahre wirtschaftlich ausgesprochen erfolgreich waren.[169]

Der bislang eher unbekannte Ökonom Paul Volcker, der später als Notenbankchef der Federal Reserve Berühmtheit erlangen sollte, arbeitete nun ein Konzept aus, das zum einen die Inflation begrenzen und zum anderen das Vertrauen in den US-Dollar wiederherstellen sollte. Das Konzept bestand aus den folgenden drei Punkten, die Nixon 1971 mit seiner Fernsehansprache umsetzte:

1. Die Aufhebung der Golddeckung des Dollars.

2. Ein allgemeiner Preisstopp für den Zeitraum von 90 Tagen.

3. Die Erhebung eines Importzolls von 10 Prozent zum Ausgleich angeblich unfairer Wechselkurse.

Nach den 90 Tagen Preisstopp kam Nixons Programm krachend zu Fall. Der Preisstopp führte zu einer umso schnelleren Preissteigerung und auch der Importzoll konnte der US-Industrie kaum helfen. Im sogenannten Smithsonian Agreement, das nach dem Gebäude in Washington benannt wurde, in dem die Vereinbarung beschlossen wurde, konnte zwar im Dezember 1971 nach Rücksprache mit den Industrienationen ein erneutes reformiertes Wechselkurssystem auf den Weg gebracht werden. Doch der Erfolg war nur von kurzer Dauer, denn Anfang 1973 wurde erneut gegen den Dollar spekuliert. Nachdem am 1. März 1973 die Deutsche Bundesbank nicht weniger als 1,7 Milliarden Dollar aufnehmen musste, um den Kurs der Währung zu stützen, bat der Vizepräsident der Bundesbank, Otmar Emminger, den damaligen Bundeskanzler Willy Brandt darum, die Stützung des Dollars beenden zu dürfen. Als Brandt einen Tag später einwilligte und die Bundesbank die Aufkäufe einstellte, war das Ende von Bretton Woods besiegelt und eine neue Ära wurde eingeläutet:[170] Aus der Leitwährung des Dollars wurde eine Fiatwährung. Dennoch behielten die USA durch die Einführung des Petrodollars ihre Vormachtstellung als

Leitwährung. Der Petrodollar wurde 1974 aus der Taufe gehoben. Vorangegangen war dem ein Protest der OAPEC-Länder (Organization of Arab Petroleum Exporting Countries; auf Deutsch: Organisation Arabischer Erdöl exportierender Länder) gegen die einseitige westliche Unterstützung zugunsten Israels. Die OAPEC-Länder einigten sich am 17. Oktober auf einen begrenzten Lieferboykott und reduzierten ihre Erdölförderung um 5 Prozent,[171] nachdem allen voran die USA Waffen an Israel geliefert hatten. Israel sollte sich so gegen Ägypten und Syrien verteidigen können, nachdem diese Länder am 6. Oktober 1973, dem jüdischen Feiertag Jom Kippur, Israel angegriffen hatten.

Die Angreifer wollten mit ihrer Aktion die gewaltsame Rückgabe der im Sechstagekrieg besetzten Gebiete erzwingen. Da sich jedoch bereits am 16. Oktober die Länder des Persischen Golfes auf eine Preiserhöhung des Rohöls »Arabian Light« um 70 Prozent geeinigt hatten, und sich nun auch die übrigen Mitglieder der OPEC (Organization of the Petroleum Exporting Countries, auf Deutsch: Organisation erdölexportierender Länder) diesem Vorhaben anschlossen, schossen die Preise in die Höhe.[172]

Nixon schickte daraufhin den neuen Finanzminister William Simon nach Saudi-Arabien. Dieser handelte nach Einschätzung von Bloomberg einen folgenschweren Deal aus. Die USA würden »Öl von Saudi-Arabien kaufen und dem Königreich militärische Hilfe und Ausrüstung zur Verfügung stellen. Im Gegenzug würden die Saudis Milliarden ihrer Petrodollareinnahmen zurück in US-Staatsanleihen stecken und Amerikas Ausgaben finanzieren«.[173] Auf diese Weise konnte nicht nur die Ölkrise beigelegt werden. Vor allem hielt sich der US-Dollar trotz Abkehr vom Bretton-Woods-System als Leitwährung. Denn unter dem Einfluss von Saudi-Arabien wurde innerhalb der OPEC dafür gesorgt, dass Öl fortan weltweit in US-Dollar gehandelt wurde. Auf diese Weise konnte eine nie versiegende Nachfrage nach der US-Währung geschaffen werden. Deswegen stellt der Petrodollar im sprichwörtlichen Sinne das Rückgrat der amerikanischen Wirtschaft dar. Mit Blick auf die aktuellen Entwicklungen rund um die BRICS-Staaten scheint es allerdings so, als wären die Tage des Petrodollars gezählt. Zukünftig, so machen es Schritt für Schritt die BRICS-Staaten vor, sollen wirtschaftliche Transaktionen in CBDC abgewickelt werden.

Der Ökonom Richard A. Werner sieht in einem Gespräch mit Marc Friedrich auffallende Parallelen der Inflation der 1970er-Jahre zu den heutigen Entwicklungen. Beide Male wurden Kriege und daraus resultierende Energiepreisschocks als scheinbare Hintergründe der Inflation herangezogen, um ein neues Finanzsystem zu etablieren. War es 1973/1974 die Ölkrise, so ist es heute der Ukrainekonflikt. Doch beide Male diente die Inflation als Ausgangspunkt für eine umfassende Transformation des Geldwesens. »Damals war es das Ende des Gold-Dollars. Man brauchte etwas Neues. Dann hat man den Petrodollar eingeführt. Dieses Mal ist es das Ende des Petrodollars«,[174] den man benötigt, um das CBDC einzuführen. Warum am Anfang eines solchen Umbruchs immer eine Inflation steht, hat bereits Goethe in *Faust II* beschrieben. Zwar vermag das »neue« Geld, die Wirtschaft des maroden Hofstaats für einige Zeit anzukurbeln, doch die umlaufende Geldmenge wird schnell durch ungedeckte Schuldverschreibungen ins Uferlose ausgedehnt. Eine Inflationskatastrophe ist vorprogrammiert. Und Mephisto sagt diese bereits hämisch voraus: »In jeder Art seid ihr verloren. Die Elemente sind mit uns verschworen, und auf Vernichtung läuft's hinaus.«[175]

Bei der *Tagesschau* liest sich diese Zerstörung wie folgt: »Die öffentliche Verschuldung ist Ende 2021 auf mehr als 2,3 Billionen Euro gestiegen – der höchste je in der Schuldenstatistik gemessene Stand. Grund ist laut Statistischem Bundesamt vor allem die Corona-Pandemie.«[176] (Stand 28. Juli 2022).

3

Vertrauen ist gut, Kontrolle ist besser

Obwohl nach Einschätzung des Historikers Wolfgang Mueller, Professor am Institut für Osteuropäische Geschichte der Universität Wien, Wladimir Putin »sicher kein Kommunist oder Sozialist«[177] sei, so haftet Russland die kommunistische Ideologie nach wie vor nachhaltig an. Die ehemalige Sowjetunion, allen voran Russland, wird dabei als Ursprungsland für ein kommunistisches System betrachtet. Dabei wird jedoch gern übersehen, dass der Kommunismus eine importierte Ideologie ist und mit der ursprünglichen russischen Herrschaftsdynastie des Zarentums so gar nichts gemein hat. Doch wie kam es dann, dass die Bolschewiki in Russland die Macht ergreifen und den letzten russischen Zaren Nikolaus II. samt seiner Familie ermorden konnten?

Wie immer lohnt es sich, vor allem, wenn etwas auf den ersten Blick nicht stimmig zu sein scheint, der Spur des Geldes zu folgen. Und diese beginnt mit der Gründung der russischen Staatsbank unter Zar Alexander II. im Jahr 1860. Gemäß ihrer Satzung befand sich die Staatsbank in staatlichem Besitz und war dafür verantwortlich, »die Wiederbelebung des Handelsumsatzes und die Widerstandsfähigkeit des Währungssystems«[178] zu fördern. Der auf Befehl des Zaren eingesetzten Bankkommission gehörten Ökonomen und Beamte des Kredit- und Finanzsektors an. Ihnen sollten drei Hauptaufgaben zukommen:

1. Schulden reduzieren, indem die Vergabe von Krediten gestoppt wird.

2. Alte Kreditinstitute liquidieren.

3. Ein neues Bankensystem in Russland organisieren.[179]

Als sich Alexander II. zu jener Zeit zu diesem Schritt durchrang, waren die Staatsfinanzen des Russischen Reiches in einem beklagenswerten Zustand. Die Staatsbank sollte daher vor allem die Kreditvergabe unter staatliche Kontrolle bringen. Bislang lag diese bei den verschiedenen Abteilungen von Geschäfts- und Kreditbanken.[180] Und obwohl die Reformen der 1860er-Jahre in wirtschaftlicher Hinsicht Erfolge erzielten,[181] lagen ihnen doch zwei grundlegende Probleme zugrunde: Zum einen sammelte sich das Kapital vornehmlich bei Großunternehmen, die gegenüber Kleinunternehmen oder dem Durchschnittsbürger klar bei der Kreditvergabe bevorzugt wurden.[182] Eine Zweiklassengesellschaft wurde so forciert. Zum anderen konnte die übermäßige Geldschöpfung nicht wesentlich eingeschränkt werden, da es sich beim damaligen Rubel um unser heute bekanntes Fiatsystem handelte, dessen Wert nicht durch ein Edelmetall gedeckt war.

Erst 1897 wurde unter Nikolaus II. das Währungssystem reformiert und unter dem Finanzminister Graf Witte der Goldstandard eingeführt.[183] In seinen Memoiren schrieb Witte: »Die Einführung des Goldstandards war meine größte Leistung als Finanzminister. Dank des Goldstandards konnten wir die Kreditwürdigkeit Russlands festigen und es in den Finanzbeziehungen mit anderen europäischen Großmächten auf eine Stufe stellen.«[184] Etwa ab 1880 hatte sich der Goldstandard zumindest in den Industriestaaten durchgesetzt. Russland konnte durch die Einführung des Goldstandards ausländisches Kapital anziehen. »Im Jahr 1890 wird [das ausländische Kapital] auf 200 Millionen Rubel beziffert und klettert im Jahr 1900 auf 900 Millionen. Mit diesem Geld belebte Witte die stark geschwächte Produktion im Land und entwickelte neue Industriezweige.«[185]

Vor allem den Geschäftsbanken, (zumeist in chasarischer Hand, da es unter ihnen nicht verpönt war, Zinsen zu erheben), war der Goldstandard ein Dorn im Auge. Verständlicherweise, denn schließlich schränkte die Rückkopplung an das Edelmetall eine beliebige Kreditvergabe erheblich ein und verringerte so ihre Zinseinnahmen. Als Russland 1905 nicht nur gegen Japan den Krieg verlor, sondern das Land im Zuge des sogenannten Petersburger Blutsonntags auch von der ersten Russischen Revolution erfasst wurde, dürfte diese Kunde sie daher besonders froh gestimmt haben. Denn obwohl Witte Russland mit einem Kredit von 2,25 Milliarden Franc noch vor dem Staatsbankrott bewahren konnte,[186] hatte das Ansehen des ihnen verhassten Zaren schon stark gelitten. Der Augenblick war günstig, um Pläne auszuhecken sowie Nikolaus II. und das Zarentum endgültig zu beseitigen.

Doch zunächst sollte der Ausbruch des Ersten Weltkriegs den Bankern erneut in die Hände spielen. Viele europäische Staaten schafften den Goldstandard wieder ab, um den Krieg überhaupt finanzieren zu können. Und so ein Weltkrieg bot nun obendrein auch eine äußerst günstige Gelegenheit, Nikolaus II. endgültig zu Fall zu bringen. Der britische Ökonom und Historiker Antony C. Sutton beschreibt dies in seinem Buch *Wall Street and the Bolshevik Revolution: The Remarkable True Story of the American Capitalists Who Financed the Russian Communists* (auf Deutsch: »Wall Street und die bolschewistische Revolution: Die bemerkenswerte wahre

Geschichte der amerikanischen Kapitalisten, die die russischen Kommunisten finanzierten«). Demnach bedienten sich die schwerreichen, einflussreichen Geldkreise gleich zwei Revoluzzern, die im Exil lebten, um sie mit einem Haufen Gold im Gepäck zurück nach Russland zu holen und sie dort das Kunststück der Revolution vollbringen zu lassen. Zu diesem Zweck nahm Leo Trotzki in New York dankend 10 Millionen Dollar von Jakob Schiff, dem Hauptaktionär des Bankhauses Kuhn, Loeb & Co. und Mitbegründer der Federal Reserve, entgegen. Wladimir Iljitsch Lenin wiederum erhielt über den Bankier Max Warburg etwa 6 Millionen Dollar »Finanzhilfe« für die Revolution, welche Lenin durch den Mittelsmann Alexander Parvus ausgehändigt wurden, als dieser im plombierten Eisenbahnwaggon seinen Weg zurück nach Russland fand. Besonders erwähnenswert, da die Zufälle schon fast unglaubwürdig scheinen, ist an dieser Stelle auch die Tatsache, dass Max Warburgs Bruder, Paul Warburg, der Chef der Federal Reserve Bank werden sollte. Vetternwirtschaft, wie sie leibt und lebt!

Neben Sutton kann als zuverlässige Quelle der Finanzierung der Russischen Revolution übrigens auch das Werk *Zarismus und die Revolution* des weißrussischen Generals Arsène de Goulévitch herangezogen werden. Hierin heißt es: »Die wichtigsten Geldgeber für die Revolution waren jedoch weder die verrückten russischen Millionäre noch die bewaffneten Banditen Lenins. Das ›echte‹ Geld kam hauptsächlich aus bestimmten britischen und amerikanischen Kreisen, die die Revolution schon vor langer Zeit unterstützt hatten.«[187] Doch warum das Ganze? In einem Interview aus dem Jahr 1987 äußerte sich Professor A. Sutton diesbezüglich folgendermaßen: »Ich vermute, dass es darum geht, einen Plan zur Kontrolle der Weltgesellschaft zu verwirklichen«,[188] so Sutton. »Haben sich diese damaligen Machthaber tatsächlich eine Eine-Welt-Regierung vorgestellt, die sozialistisch sein würde?«,[189] wollte die Moderatorin daraufhin von Sutton wissen, der dies bejahte.

Die Vertreter der Federal Reserve, die nun auch die Oktoberrevolution von 1917 finanzierten, taten dies, da bereits Marx und Engels in ihrem Kommunistischen Manifest in Punkt 5 des Zehn-Punkte-Programms die Gründung einer Zentralbank gefordert hatten, wie sie durch eben jene Bankiers schon 1913 in den USA installiert worden war. Die »Zentralisation des Kredits in den Händen des Staats durch eine Nationalbank mit Staatskapital und ausschließlichem Monopol«[190] nach Marx und Engels bestimmt seitdem, wer das legale Zahlungsmittel an die Bevölkerung herausgeben darf. Alle darauffolgenden geschichtlichen Ereignisse verdeutlichen, was all jenen Staatschefs drohen sollte, die versuchten, ihre finanzielle Souveränität gegenüber der Zentralbank zu behaupten. Fiel bereits Zar Alexander II. einem Attentat zum Opfer, so wurde Nikolaus II. samt seiner Familie von den Kommunisten hingerichtet; kurz nach deren Tod wurde der Goldstandard wieder abgeschafft und die Banken enteignet. Die durch Zar Alexander II. gegründete Staatsbank wurde nun durch die Volksbank der Russischen Sowjetrepublik ersetzt, die als Vorgängerin der russischen Gosbank (der Zentralbank der Sowjetunion) und der heutigen Zentralbank der Russischen Föderation, der Bank Rossii, gilt.

Jetzt darf man sich fragen, warum ausgerechnet die Sozialisten, die das Eigentum zur gerechten Verteilung in die Hände des Staates legen wollten, die Staatsbank abgeschafft und eine Zentralbank ins Leben gerufen haben. Eine Zentralbank übrigens, die zur Zeit der Sowjetunion nicht nur faktisch die alleinige Bank in Russland war, sondern ausgerechnet jenen (privaten Bankiers-)Kräften unterstand, die die Russische Revolution finanziert hatten. Diese Fragestellung bringt uns nun wieder zurück auf die eingangs ausgeführte Erkenntnis des Osteuropa-Historikers Mueller, dass Putin keinesfalls ein Kommunist sei. Warum Russland dennoch gern mit den symbolischen Versatzstücken aus der Sowjetzeit spiele, erklärt sich Mueller dadurch, dass Russland die Welt in zwei Blöcke gespalten sehe und sich in dieser Welt behaupten müsse.[191]

Diese Lesart entspricht haargenau der Entstehung der BRICS-Staaten, die nun im Begriff stehen, den Petrodollar durch die Einführung einer goldgedeckten BRICS-Währung (CBDC) zu stürzen. Warum es den Staatschefs der BRICS-Länder im Gegensatz etwa zu Nikolaus II. dennoch vergönnt ist, sich bester Gesundheit und politischen Ansehens zu erfreuen, sollte für den aufmerksamen Leser auf der Hand liegen: Dadurch, dass das CBDC immer an ein Zentralbankkonto gekoppelt ist, wird an den kommunistischen Kräften im Hintergrund nicht ansatzweise gerüttelt. Im Gegenteil, es scheint doch nur das einzutreten, was Sutton 1987 bereits angedeutet hat, nämlich die Etablierung einer Eine-Welt-Regierung, die unter Vorherrschaft des CBDC sozialistisch sein wird. Mit gut florierenden Banken im Nacken scheint es nicht nur möglich zu sein, so manch geschichtliches Ereignis zu seinen Gunsten zu beeinflussen; auch das Aufdrücken des Stempels einer Ideologie, die so gar nichts mit den Ursprüngen der eigenen Nation zu tun hat, ist machbar. Putin ist wahrlich kein Kommunist und die Russen sind keine Kommunisten. Jedoch stehen sie (wie die meisten anderen Nationen) unter der Herrschaft der Zentralbanken, die in ihren Machtbestrebungen wie Kommunisten agieren.

Wunsch nach Macht – der Griff zur Herrschaft

Zum eigenen Machterhalt scheint Täuschung ein legitimes Mittel zu sein. Die Täuschung ist subtiler als eine glatte Lüge und kreiert lediglich falsche Vorstellungen, indem man sich (bewusst) falscher Assoziationen oder Halbwahrheiten bedient, um im Dunstkreis einer illusionistischen Wirklichkeit seine ganz eigenen Pläne verfolgen zu können. Doch kann dieser Machterhalt, der auf einer Täuschung beruht, ewig anhalten? Nach Meinung des ehemaligen deutschen Bundespräsidenten Joachim Gauck schon, sofern bestimmte Elemente von Machtstrukturen neu erfunden werden. Wie genau dies funktioniert, führte Gauck anhand von Lenins Grundsätzen zum Machterhalt in der Sendung *Markus Lanz* vom 13. Juli 2022 folgendermaßen aus:

1. »Lenin hat gelehrt, wenn du die Macht einmal hast, gib sie nie wieder auf.

2. Um das zu erreichen, schaffe die Herrschaft des Rechts ab und mache dir das Recht untertänig. Das Recht als Gehilfe der Macht.

3. Erlaube keine kritische Öffentlichkeit. Das freie Wort und die freien Medien und die freie Forschung, das muss runtergedimmt werden und muss einstimmig werden.

4. Verschaffe denjenigen, die um ihre Rechte kämpfen, etwa als Arbeitnehmer, keine eigenständigen Kampforganisationen, sondern zähme die Gewerkschaftsbewegung. Mach sie zu einem Organ der Staatsmacht oder der Interessen des Staates.

5. Wenn das nicht ausreicht, schaffe ein System, das jederzeit bereit ist, großflächig Angst zu verbreiten. Dazu brauchst du einen Angstapparat, einen Geheimdienst, der den Leuten Angst machen kann und so ihre potenziellen Möglichkeiten runterdimmt.«[192]

Gauck bezog sich dabei auf das Vorgehen des nicht kommunistischen Putins, welcher sich dieser kommunistischen Möglichkeiten bediene, um seinen Machterhalt zu sichern. Nun kann man sich wiederum fragen, wie es tatsächlich um diese Macht steht, wenn ein nicht kommunistisches Land wie Russland ausgerechnet unmittelbar vor dem eigenen Regierungssitz das Mausoleum des kommunistischen Diktators Lenin beherbergen muss? Ein Diktator, der dazu beigetragen hat, dass das eigene Stück Geschichte mit Zar Nikolaus II. sprichwörtlich zu Grabe getragen wurde.

Bis heute gelten Lenins Grundsätze zum Erhalt der Macht in Russland. Doch liegt diese eben nicht, wie Gauck es den Zuschauern fälschlicherweise weismachen will, in den Händen des Staatschefs, sondern bei den Mächten dahinter. Und das sind in Russland (ebenso wie andernorts auf der Welt) die mächtigen Zentralbanken. Einmal in den Ländern etabliert, leiten sie fortan die Staatsgeschicke hinter den Kulissen, indem sie das Recht in Form ihres legitimen Herrschers durchsetzen. Durch ihren berüchtigten Marsch durch die Institutionen vereinnahmen sie die öffentliche Meinungsbildung und bestimmen durch großzügige Geldspenden darüber, was eine Zeitung drucken darf oder nicht. Ebenso verhält es sich mit den Gewerkschaften, die von den philanthropischen Nichtregierungsorganisationen (NGOs) unterlaufen werden. Um das Volk jedoch vollends über die wahren Pläne zu täuschen, nämlich die ultimative Einführung des digitalen Zentralbankgeldes, werden Nebelkerzen wie eine Pandemie, ein Kriegsszenario oder der Klimakollaps gezündet. Die Menschen werden auf diese Weise nicht nur ständig mit Ängsten konfrontiert, sondern die scheinbar zufälligen Ereignisse erwecken glatt den Eindruck, dass es nicht anders hätte kommen können. Gauck beschreibt das als »eine Kontinuität der organisierten Ohnmacht der vielen«.[193] Mit jeder neuen Begründung »kannst du im Grunde diese Dauer-Aufrechterhaltung der Ohnmacht der vielen und der Macht der wenigen fortsetzen«.[194]

Als Aladdin, nunmehr ein reicher Mann, seinen Dschinni um seinen zweiten Wunsch bat, wollte er zum Zentralbanker aufsteigen. Als Geldschöpfer hatte er die Macht durch die Täuschung perfektioniert. Im Dunstkreis von Halbwahrheiten würde er jetzt eine vollends illusionistische Wirklichkeit erschaffen und seinen eigenen Machterhalt ausbauen.

Wie sich mit dem nötigen Kleingeld selbst Regierungen schmieren lassen

Einer, der schon zur damaligen Zeit verstand, groß zu denken, war ohne Zweifel der Augsburger Jakob Fugger – das deutsche Pendant zur florentinischen Bankiersfamilie Medici. Fugger verfügte nicht nur in ganz Europa über Handelsniederlassungen, wodurch er in vielen Ländern seine Geschäfte mit zahlreichen Kaufleuten abwickeln konnte. Er verstand es insbesondere, einflussreiche Personen mit erheblichen Geldsummen zu bedenken, wodurch er sich Annehmlichkeiten sicherte. Im Gegensatz zu den anderen schwerreichen Bankiersdynastien stieg Jakob Fugger jedoch auch in den Bergbau ein. Ein florierendes Geschäft, schließlich wurde Silber dringend benötigt, um den steigenden Bedarf an Münzgeld zu decken. Blei und Kupfer waren außerdem für die Waffenproduktion unabdingbar. Zusammen mit seiner finanziellen Beteiligung am ostindischen Gewürzhandel hatte Fugger somit in zwei Boombranchen investiert, die es ihm durch seinen nie versiegen wollenden Geldfluss ermöglichten, seine Macht und seinen Einfluss als Kreditgeber auszuweiten.

Fugger verhalf so mit seiner Finanzspritze dem Erzbischof von Mainz sowie Albrecht von Brandenburg, sich ihre Titel mit dem nötigen Kleingeld zu erkaufen. Denn, liebe Leserin, lieber Leser, wer meint, dass solche Vorgehensweisen damals unüblich waren, der irrt. Zwar ändern sich die Zeiten, doch die Praktiken bleiben dieselben. Zugegebenermaßen musste Fugger im Laufe der Jahre immer größere Bestechungssummen aufbringen: Waren es für die Wahl des Habsburgers Maximilian I. zum König im Jahre 1509 noch 171 000 Gulden, so stieg die Summe bei Karl V. noch einmal beträchtlich an. Doch auch Fuggers Privilegien wuchsen gemessen an seiner Ausgabe an Bestechungsgeldern. So wurde Jakob Fugger 1514 zum Reichsgrafen erhoben, »1530 erhielt die Familie die Landeshoheit für ihre Güter, wenig später folgte das Münzprivileg«.[195]

Doch Jakob Fuggers Geschäftsgebaren, das durch seinen Leitspruch »Ich will Gewinn machen, solange ich lebe« geprägt war, kam nicht überall gut an. 1523 kam es sogar zu einer öffentlichen Anklage, da Fugger seine Monopolstellung dazu nutzen wollte, seine Konkurrenz durch künstlich niedrig gehaltene Preise in den Ruin zu treiben. Da Karl V. nicht so dumm war, die Hand, die ihn fütterte, zu beißen, wurde das Verfahren gegen Fugger niedergeschmettert. Die reiche Kaufmannsfamilie sollte vielmehr in ihrer Heimatstadt Augsburg als wahre Philanthropen in die Geschichte eingehen. Zu Lebzeiten errichteten sie nämlich eine Armensiedlung, die sogenannte Fuggerei, die es sicherlich nicht hätte geben müssen, wäre es damals unmöglich gewesen, dass einzelne Familien zu wahren Geldkartellen aufsteigen.

Dass sich auch im Laufe der Jahrhunderte an diesen Praktiken nichts geändert hat, zeigt der Dokumentarfilm *HyperNormalisation* des britischen Filmemachers Adam Curtis aus dem Jahr 2016. Der Begriff der »Hypernormalisierung« ist dabei auf den Anthropologen Alexei Yurchak zurückzuführen und beschreibt als Theorie, warum unfähige Staatsmänner an der Macht bleiben und ein Staatssystem trotz seines offensichtlichen Scheiterns fortbesteht. Yurchak erklärt sich dies damit, dass der Machterhalt immer »über ein manipulatives Management von Wahrnehmung und Wirklichkeit«[196] erfolge. Curtis beschreibt mit dem Begriff der »Hypernormalisierung«, dass wir uns in einem ähnlichen Zustand wie die späten Sowjetbürger befinden: »Unsere Realität ist auf absurde Weise dysfunktional. Aber wir alle tun so, als ob die Dinge funktionieren – weil jede Alternative zum gegenwärtigen System undenkbar geworden ist. Und das ist genau das, was die Mächtigen von uns wollen.«[197]

Wie weit der Machteinfluss der Bankiers dabei schon in die Politik reicht, zeigt Curtis gleich zu Beginn seines Films auf, der im Jahr 1975 beginnt. Zu jener Zeit stand New York am Rande des Bankrotts, da die Politiker ihrerseits zu viele Kredite aufgenommen hatten und der Stadt durch die Abwanderung der Mittelschicht hohe Summen an Steuereinnahmen entgingen. Die Banken sollten nun als Gegenleistung für die Kreditaufnahmen, Anleihen (also Schuldscheine) kaufen, doch sie weigerten sich, dies zu tun. Stattdessen beharrten sie darauf, die Stadt zu übernehmen, um die Zahlung ihrer Kredite zu schützen. Dieser Vorgang führte mit der Gründung eines Komitees, das fast ausschließlich aus Bankern bestand, zu einer erheblichen Machtverschiebung. Einmal an der Macht, entzogen die Finanzinstitute den Politikern die Herrschaft, kümmerten sich selbst um die Stadtverwaltung und zwangen New York zu radikalen Sparmaßnahmen. Gleichzeitig wurden auch Kapitalisten wie Donald Trump auf den Plan gerufen, die es sich nun zunutze machten, dass zum Beispiel keine staatlichen Gelder mehr für den Wohnungsbau vergeben wurden.[198] Stattdessen verstanden es diese Kapitalisten, durch immense Steuererleichterungen und die problemlose Aufnahme von Unsummen an Bankkrediten Profit aus der Sanierung alter Gebäude zu ziehen. Sprich, es kam zu einer Privatisierung der Stadt New York, an der unter anderem Größen wie Trump enorm profitierten.

Wie sehr diese Privatisierung heutzutage, vor allem auch in der Politik, fortgeschritten ist, ist allgegenwärtig. Aktuellstes Beispiel ist hierbei wohl die US-amerikanische Politikerin Dianne Feinstein, die am 27. Juli 2023 im Senat begann, eine Rede zu halten, und dann von ihrem »Berater« die Anweisung erhielt, bei einer Abstimmung einfach »Ja« zu sagen.[199] Obwohl spätestens seit dem senilen Joe Biden klar sein sollte, dass ganz offensichtlich hinter den Politmarionetten ganz andere Machthaber die Strippen ziehen, bedarf es dennoch dieses Spektakels, um die Masse von den wahren Hintergründen abzulenken und vor allem in zwei (politische) Lager zu spalten. Doch bei Tage betrachtet tun sowohl Kommunisten als auch Kapitalisten das Gleiche. Beide schaffen eine Verfügungsgewalt über das Geld und monopolisieren die Macht, indem sie sich zu den absoluten Verteilern der Ressourcen und des Geldes aufschwingen. Sobald man also beginnt, Geld in die Hände einiger weniger zu legen, führt dies unwiederbringlich in eine Diktatur. Die Einführung von digitalem Geld unter der Verfügungsgewalt der Zentralbanken steht dem in nichts nach!

Das Treffen auf Jekyll Island und die Entstehung der Fed

Der britische Schriftsteller und Autor des Werkes *Schöne neue Welt*, Aldous Huxley, sagte einmal, »Macht ist immer korrumpierend, und keinem Menschen und keiner Gruppe darf man zu viel davon und auf lange Zeit anvertrauen«. Als 1913 jedoch die Zentralbank der USA, die Federal Reserve, kurz Fed, gegründet wurde, ist genau dies geschehen. Als eine der wichtigsten Notenbanken der Welt sitzt die Fed auch über ein Jahrhundert nach ihrer Gründung immer noch fest an den Schalthebeln der Macht. Die Illusion darüber, dass es sich bei der Fed um eine staatliche Einrichtung handle, die dementsprechend vom Staat reguliert werde, täuscht dabei über den immensen Machtanspruch der US-Zentralbank hinweg.

Die Bezeichnung »federal«, was so viel wie föderativ bedeutet, ist dabei ein Meisterwerk der Suggestion hin zu einer pseudo-staatlichen Einrichtung. Denn in Wahrheit verbirgt sich hinter der Fed nichts anders als ein Bankenkartell, das aus den weltweit führenden Bankhäusern JPMorgan Chase, Rockefeller, Rothschild, Warburg sowie Kuhn, Loeb & Co. hervorgegangen ist. Der amerikanische Autor G. Edward Griffin beschreibt in seinem Werk *Die Kreatur von Jekyll Island*, wie in einer geheimen Versammlung auf der abgelegenen Insel vor der Küste Georgias, ausgerechnet auf dem Landsitz von John Pierpont Morgan, im Jahr 1910 die Crème de la Crème den Grundstein für die Illusion des Jahrhunderts legte: »Das geheime Treffen auf Jekyll Island in Georgia, wo die Zentralbank ersonnen wurde; die Geburt eines Bankenkartells zum Schutz seiner Mitglieder vor Wettbewerb; die Strategie zur Überzeugung des Kongresses und der Öffentlichkeit, dass dieses Kartell eine Dienststelle der Regierung der Vereinigten Staaten sei.«[200]

Griffin bewegt sich damit keinesfalls im Bereich der Mythen. Denn mittlerweile gibt es zahlreiche Quellen, die dieses Geheimtreffen bestätigen. Darunter kein Geringerer als Bertie Charles Forbes, der Begründer der Zeitschrift *Forbes*. Er berichtete bereits 1916 in einem Artikel der *Leslie's Weekly* und ein Jahr später in einer Sammlung von Kurzbiografien prominenter Unternehmer unter dem Titel *Men Who Are Making America* (auf Deutsch: »Männer, die Amerika erschaffen«) über das Geheimtreffen im November 1910 auf Jekyll Island.[201] Unter größter Geheimhaltung diskutierten hier knapp 9 Tage lang die Vertreter der größten US-amerikanischen Privatbanken unter höchster Vertraulichkeit darüber, wie man das Finanzwesen neu ordnen und krisenfester machen könne. Dabei einigten sie sich auf den sogenannten Federal Reserve Act, einen Gesetzentwurf, der den Grundstein für die spätere Fed legte. Er besiegelte, dass, ähnlich wie später in Russland durch die Kommunisten, die

Nationalbank durch eine private Notenbank ersetzt und alle Macht demnach in die Hände einiger weniger »Herrscherdynastien« gelegt wurde.

Doch um wen genau handelte es sich hierbei? Auf Jekyll Island kamen sechs Männer zusammen: der spätere Politiker und Wirtschaftsprofessor an der Harvard University, Abram Piatt Andrew, der US-Senator Nelson Wilmarth Aldrich aus dem Finanzministerium sowie dessen Privatsekretär Arthur Shelton.[202] Aldrich fungierte dabei nicht nur als Politiker, sondern auch als Gesellschafter von J. P. Morgan sowie als Schwiegervater von John D. Rockefeller, Jr. – also wieder einmal Vetternwirtschaft par excellence! Der amerikanische Banker Henry Pomeroy Davison, Frank Arthur Vanderlip sowie der deutsch-amerikanische Bankier Paul Warburg, welcher sowohl die Warburg Bank als auch die Dynastie der Rothschild-Banken vertrat, rundeten den Kreis der illustren Herrschaften ab.

Warburg soll dabei der Ideengeber der Zentralbank gewesen sein, dessen Grundgedanke durchaus nicht neu war. Bereits Anfang des 17. Jahrhunderts übernahmen durch die Abwicklung des bargeldlosen Zahlungsverkehrs unter Kaufleuten die sogenannten Girobanken eine wichtige Funktion der heutigen Zentralbanken. Als Vorläufer der ersten Zentralbank gilt hingegen die Amsterdamer Wechselbank (Wisselbank), welche 1609 gegründet wurde und auch Geld in diversen Währungen akzeptierte.[203] Als ehemalige Kolonie Großbritanniens wollte man sich jedoch ein Beispiel an der Bank of England nehmen, welche 1694 gegründet worden war.

Warum nun diese Herrschaften eine Zentralbank gründen wollten, liegt auf der Hand. Doch wie wollte man diese Notwendigkeit an Dritte, vor allem an das Volk verkaufen? Hier kam wieder einmal Väterchen Zufall ins Spiel. 1907 erschütterte eine heftige Finanzkrise die USA. Kurzfristig fielen die Aktien um knapp 50 Prozent und brachten nicht nur die Wall Street, sondern das gesamte Bankensystem gefährlich ins Straucheln.[204] Sollte so etwas zukünftig noch mal vorkommen, könne die Zentralbank angeschlagene Geldinstitute retten – das war ein gutes Argument.

Die Furcht vor einem sogenannten Bank Run, einem Bankansturm, war damals um einiges höher und ging zuletzt seit dem Silicon-Valley-Bank-Crash im Jahr 2022 wieder verstärkt um. Doch Anfang des 20. Jahrhunderts genügten bereits bloße Gerüchte über eine scheinbare Bankenpleite, um Panik auszulösen und die betreffenden Geldinstitute zu zwingen, ihre Geschäftstätigkeit einzustellen. Solche landesweiten Paniken kamen etwa alle 15 Jahre vor und waren in der Regel mit einer Rezession verbunden.[205] Die Krise von 1907 war solch einer Panik geschuldet, jedoch noch mehr dem Erdbeben von San Francisco im April 1906, bei dem etwa 80 Prozent der Stadt zerstört worden waren. Der Schaden belief sich auf knapp 2 Prozent des Bruttoinlandsprodukts.[206] Doch obwohl der Dow-Jones-Index dabei etwa 8 Prozent verlor, setzte noch keine echte Panik ein. Diese wurde erst ausgelöst, als Fritz Augustus Heinze, der mit seinen Brüdern eine kleine Brokerfirma betrieb, im großen Stil Aktien der United Copper Company auf Pump kaufte. In der Annahme, dass andere Börsianer auf die fallenden Kurse des Unternehmens setzten, indem sie Leerverkäufe mit Anteilen von United Copper tätigten, wollte Heinze den Preis der Aktie durch große Anteilskäufe hochtreiben. Dadurch sollten andere Spekulanten gezwungen werden, sich bei ihm zu einem gestiegenen Preis zu bedienen. Doch Heinze irrte sich. Der erhoffte aufgeblähte Leerverkauf blieb aus, da viel mehr »echte« Papiere des Unternehmens an der Börse gehandelt wurden. Als die Spekulation aufflog und Heinze die Aktien nicht bezahlen konnte, fiel der Kurs der United Copper Company binnen Stunden ins Bodenlose.[207]

Durch die Pleite der Heinze-Brüder wurde eine Kettenreaktion in Gang gesetzt, die nicht nur die Geldinstitute, bei denen sich die Brüder Geld geliehen hatten, in den Ruin trieb. Auch kleinere Geldinstitute, die ursprünglich nichts mit der Spekulation zu tun hatten, waren von Bankanstürmen betroffen. In der Not wandte man sich nun an J. P. Morgan, der im Oktober 1907 die Banker in seinem Büro zusammenrief. Durch das Kapital der Banker gelang es nun, die gesunden Banken zu retten. Um eine Wiederholung der Ereignisse zu vermeiden, wurde der Ruf nach einer Zentralbank immer dringlicher. Dabei warnte der amtierende US-Präsident Theodore Roosevelt bereits im Mai 1907 vor den großen Industriekonglomeraten und ihrem Hang zum Monopol.[208] Laut Roosevelt sei das Eigentum der Bürger »weniger von Sozialisten oder Anarchisten bedroht als vom räuberischen reichen Mann«.[209] Doch davon wollte man in der Finanzkrise 1907 freilich nichts hören. Es galt das Vertrauen in den Finanzsektor wiederherzustellen, und J. P. Morgan war der Mann der Stunde. Da es sich freilich nicht gebührt, die Macht in die Hände eines einzigen Mannes zu legen, fing man jetzt emsig an, konkrete Pläne für die Gründung einer Zentralbank auszuarbeiten.

Allen voran wurde der republikanische Senator Nelson Aldrich als Vorsitzender des Finanzausschusses durch die Krise von 1907 aufgerüttelt und arbeitete zusammen mit dem republikanischen Vertreter Edward Vreeland einen Gesetzentwurf aus. Das sogenannte Aldrich-Vreeland-Gesetz hob hierzu eine nationale Währungskommission aus der Taufe. Diese sollte die Probleme des amerikanischen Bankwesens untersuchen und dem Kongress Vorschläge unterbreiten, wie das Geldwesen stabilisiert werden könnte. Laut Griffin war diese Kommission, deren Vorsitz Senator Nelson Aldrich übernahm, eine einzige Täuschung. Offiziell setzte sie sich zwar aus neun Abgeordneten zusammen, die jedoch fast 2 Jahre nicht zusammentrafen. Stattdessen besprach sich Aldrich mit den Vorsitzenden der Zentralbanken von

England, Frankreich und Deutschland und war, bis es zum Treffen auf Jekyll Island kam, mehr denn je von der Notwendigkeit einer Zentralbank überzeugt.[210]

Der Jekyll-Island-Plan sollte ursprünglich von Aldrich verfasst werden. Da dieser jedoch krank wurde, schrieben ihn Frank Vanderclip und Benjamin Strong.[211] Der Entwurf wurde trotzdem als Aldrich-Vorlage bekannt. Obwohl Warburg aus strategischen Gründen die Bezeichnung »National Reserve Bill« oder »Federal Reserve Bill« vorzog, wollte Aldrich, dass sein Name in der Gesetzesvorlage erschien. Aldrich begründete dies damit, dass er der Vorsitzende der nationalen Währungskommission und somit für Vorschläge zuständig sei, die eine Reform des Bankwesens betreffen. Warburg riet hiervon ab, da Aldrichs Name in der Öffentlichkeit eng mit den Interessen der Wall Street verbunden sei.[212] Es kam, wie es kommen musste, und der Entwurf wurde abgelehnt. Allen voran ging Charles Lindbergh mit seinen Worten »Der Aldrich-Plan ist ein Wall-Street-Plan« in die Geschichte ein. Als die Republikaner 1910 ihre Mehrheit erst im Repräsentantenhaus und später dann auch im Senat verloren und Präsident Woodrow Wilson 1912 zum Präsidenten gewählt wurde, war zunächst alle Hoffnung verloren, die Gesetzesvorlage zu verabschieden.[213]

Doch die führenden Vertreter der Demokraten, darunter auch Präsident Wilson, wollten das Bankensystem reformieren. Die Aufgabe, einen neuen Plan zu formulieren, kam dabei dem Senator Carter Glass zu, der zugab, selbst überhaupt keine Kenntnisse vom Bankwesen zu haben. Deswegen wurde der Wirtschaftsdozent aus Washington von der Lee University, Henry Parker Willis, angeheuert.[214] Willis war ein früherer Student des Wirtschaftsprofessors Laurence J. Laughlin von der University of Chicago, eine Universität, die durch großzügige finanzielle Zuwendungen im Verdacht steht, zu einer

Rockefeller-Universität zu gehören.[215] Dementsprechend vertrat Laughin die passende Ideologie und glaubte an die Vorzüge des Jekyll-Island-Plans. Um diesen doch noch in die Realität umzusetzen, war er mit Warburg zu der Vereinbarung gekommen, dass ein neues Bankgesetz nicht mit Aldrich in Verbindung gebracht werden sollte.[216] Der neue Entwurf wurde dann von Glass präsentiert, war geschrieben von Willis und ausgelöst von Laughin. Somit handelte es sich hierbei nach Griffin »wie der aus der Versenkung geholte Leichnam des alten Aldrich-Planes [...], der nur frisch parfümiert und in einen neuen Anzug gesteckt worden war«.[217] Da Glass' Vorlage letztendlich mit einem ähnlichen Vorschlag von Senator Robert L. Owen verschmolzen wurde, ging er als Glass-Owen-Vorlage in die Geschichte ein. Warburg ließ die Glass-Owen-Vorlage mit der von Aldrich vergleichen und kam zu dem Schluss: »Lässt man die äußeren Unterschiede bezüglich der ›Verpackung‹ beiseite, entdecken wir, dass sich die ›Kernaussagen‹ sehr stark ähneln.«[218]

Im Kern arbeitete man in der Glass-Owen-Vorlage mit derselben Illusion, die die Fed bis heute umgibt, nämlich dem Glauben, dass sie die Macht der Banken eindämmen könne. Zudem hält sich bis heute die Annahme, dass die Zentralbank dem amerikanischen Staat gehöre. Tatsächlich aber gehört die Zentralbank mehrheitlich den Besitzern ihrer Mitgliedsbanken. Hierbei handelt es sich um die sogenannten zwölf Federal Reserve Banks, die wiederum im Besitz der Geschäftsbanken sind. Die Geschäftsbanken sind dazu verpflichtet, Aktienanteile an der Notenbank ihres Distrikts zu kaufen, die sie allerdings nicht weiterveräußern dürfen. Konkret bedeutet das: »Die Eigentümer der Fed sind die privaten Banken, 100 Prozent der Eigentümer der Fed sind private Banken. Keine einzige Aktie an der Fed gehört dem Staat. Welche Banken genau die Eigentümer sind und wie groß ihr Anteil an der jeweiligen regionalen Notenbank ist, ist aber streng geheim.«[219]

Als dann doch am 22. Dezember 1913 der Federal Reserve Act noch vor der Weihnachtspause vom Kongress durchgewunken wurde, übertrug der damalige US-Präsident Woodrow Wilson die Kontrolle über die Geldmenge auf wenige Familien. Wurde die Fed vordergründig mit dem Ziel aus der Taufe gehoben, zukünftige Finanzkrisen durch eine einheitliche Zinspolitik der Zentralbanken zu verhindern, so handelt es sich bei Tage betrachtet doch um nichts anderes als eine Planwirtschaft durch die Notenbanken. Die Fed vollbringt damit ein Zauberkunststück par excellence. Denn in der Hand der Notenbanken kommen aufgrund ihrer beiden zentralen Funktionen Macht und Reichtum zusammen, die da wären:

1. dass nur eine Notenbank Bargeld schaffen kann und
2. dass Geschäftsbanken bei der Notenbank Reserven halten müssen.

Sowohl Bargeld als auch Bankeinlagen bestimmen die sogenannte Notenbankgeldmenge. Durch Leitzinsen, welche die Kosten bestimmen, die die Banken durch Kreditvergabe verlangen können, legen die Notenbanken auch die Bedingungen dafür fest. Während bei hohen Zinsen die Geldmenge (Kreditvergabe) in der Regel geringer ist, steigt die Geldmenge (Kreditvergabe) mit tiefen Zinsen. Auf diese Weise beeinflussen die Notenbanken indirekt die Geldmenge.[220]

Durch die Hoheit über die Erschaffung von Bargeld können die Notenbanken überdies nicht gerade mickrige Seigniorage-Einkünfte »erwirtschaften«. Der Ausdruck »Seigniorage« stammt aus der Zeit der sogenannten Münzherren, den Seigneuren, die das Recht innehatten, Münzen zu prägen.[221] Wie die Gewinne aus der Seigniorage heutzutage genau zustande kommen, beschreibt der Wirtschaftswissenschaftler Prof. Dr. Franz Hörmann folgendermaßen: Die Druckkosten für Geldscheine betragen zwischen 50 und 70 Cent. Die Notenbanken verkaufen einen Geldschein nun für den Nennwert des

Scheins an den Staat, der wiederum seine Kosten mit Staatsanleihen, das heißt einem Schuldschein begleicht. Staatsanleihen sind nicht nur verzinst und werfen insofern wiederum Profite für die Banken ab, sondern werden auch von der Bevölkerung über Steuerabgaben gestemmt. Zusammenfassend hält Hörmann also fest: »Die Schöpfung von Geld in einer privaten Institution für einen öffentlichen Raum, für einen Staat, ist deshalb so ein geniales Geschäftsmodell, weil es das einzige Geschäftsmodell der Welt ist, wo man etwas fast Wertloses, vom Materialwert her, zu irren Gewinnaufschlägen gleichzeitig verkaufen und vermieten kann.«[222]

Jetzt kann man sich fragen, warum die Zentralbanken durch die Einführung digitaler Währungen auf diese Seigniorage-Einkünfte verzichten sollten. Präsident Wilson drückte seinerzeit mit den folgenden Worten tiefe Reue darüber aus, den Federal Reserve Act überhaupt verabschiedet zu haben – und genau hierin lässt sich auch die Antwort auf die zuvor gestellte Frage ablesen: »Unwissentlich habe ich mein Land ruiniert. Eine große Industrienation wird kontrolliert von ihrem Kreditsystem. Dieses System ist hoch konzentriert. Das Wachstum der Nation und alle unsere Aktivitäten befinden sich in den Händen einiger weniger Menschen. Wir haben uns zu einer der am schlechtesten geführten, am meisten überwachten und beherrschten Regierungen der zivilisierten Welt entwickelt.« Den mächtigen Bankdynastien ging es mit der Gründung der Fed gar nicht um Macht oder Reichtum. Sowohl das eine als auch das andere besaßen sie bereits. Es ging ihnen nunmehr um nichts anders als die totale Kontrolle über die Menschheit, die nun mit der Einführung des CBDC nur noch einen Federstreich entfernt liegt.

BlackRock – wie ein Vermögensverwalter zum »Berater« von Zentralbanken wird

Friedrich Nietzsche sprach in seinem Werk *Vom Nutzen und Nachteil der Historie für das Leben* (1874) von einem historischen Sinn, der uns lehren sollte, wie wir mit unserer Geschichte umzugehen haben. Nach Nietzsche gäbe es demnach eine Dreiheit von Arten der Historie: eine monumentalistische, eine antiquarische sowie eine kritische. Während die monumentalistische Historie die vergangene Größe glorifiziert und in der Bestrebung, diese wiederzuerlangen, die gegenwärtigen Errungenschaften ausblendet, hält die antiquarische Historie die alte Größe für unwiederbringlich und sieht sich als Bewahrer von Werten, Werken und Traditionen.[223] Ganz anders hingegen verhält es sich mit der kritischen Historie, die verhasste Denkmäler, Systeme, aber auch Dynastien zum Einsturz bringen will. Frühere Generationen werden so pauschal für ihre Verbrechen und Fehler abgestraft, ohne dass man bedenkt, dass sie maßgeblich die Gegenwart mitgeformt haben. Um Geschichte jedoch sinnstiftend für sich in Anspruch zu nehmen, müsse man nach Nietzsche eine Kombination aus allen drei Geschichtsbegriffen anwenden. »Es gilt, die Vergangenheit zu ehren, ohne sich vor ihr zu verneigen, aus ihrer Mangelhaftigkeit zu lernen, ohne sich über sie zu erheben, sich von früherer Blüte inspirieren zu lassen, ohne ihr zu verfallen.«[224]

Dass sich bezogen auf die Historie des Geldwesens solch eine kollektive Sinnstiftung herausbildet, scheint wohl eher unwahrscheinlich. Das liegt nicht nur daran, dass die Mehrheit gar nicht begreift, was es mit diesem System überhaupt auf sich hat und wie es funktioniert. Schlimmer noch als das wird es für die meisten als gottgegeben hingenommen und kaum hinterfragt. In einem Artikel stellte der Chefökonom Thorsten Polleit bereits 2010 heraus, dass sich ein Geldsystem, das auf Papiergeld (also auf einem Fiatsystem) beruht, beliebig von Staats wegen beziehungsweise durch die Zentralbanken vermehren lässt.[225] Dabei schade der freien Markt- und Gesellschaftsordnung nach Polleits Ansicht wohl kaum etwas so sehr wie eben dieser Eingriff von oben in das Kredit- und Geldsystem. Daraus resultierende Wirtschafts- und Finanzkrisen werden gegenüber einer breiten Öffentlichkeit gerne dem Kapitalismus angelastet. Dadurch wiederum würden sich die Gesellschaften immer tiefer im Gestrüpp des Interventionismus verfangen, der zuletzt (spätestens mit der Einführung des CBDC) in die Befehls- und Staatswirtschaft führe.[226]

Einen Ausweg aus dieser Misere hat bereits der Ökonom und Nobelpreisträger Friedrich August von Hayek in seinem 1976 erschienen Werk *Die Entnationalisierung des Geldes* aufgezeigt. Hierin spricht sich Hayek für einen Wettbewerb der Währungen aus und fordert das Ende des staatlichen Geldangebotsmonopols.[227] Hayek geht dabei davon aus, dass sich durch eine natürliche Marktbereinigung nur jene Geldanbieter dauerhaft im Wettbewerb behaupten könnten, die zur Zufriedenheit der Marktteilnehmer (der Kunden) agieren.[228]

Solch ein freies Marktgeld, wie es Hayek vorschwebte, würde einen Schutz »gegen die Unbeherrschbarkeit und Willfährigkeit des staatlichen Papiergeldmonopols«[229] bieten. Der amerikanische Ökonom Murray Newton Rothbard ergänzte diese Idee dadurch, dass Banken dazu verpflichtet werden sollten, ihre Verbindlichkeiten durch ein festes Umtauschverhältnis an Gold zu binden und dass der Besitzer jederzeit die Möglichkeit hätte, diese in das Edelmetall einzutauschen. Auch könnten die Geschäftsbanken wie bislang Kredite vergeben, ohne dabei jedoch die Geldmenge zu überschreiten, da diese an den Goldstandard gebunden ist. Auf diese Weise, so Hayeks Vorstellung, würden die Zentralbanken die Hoheit über die Geldmenge verlieren und könnten beispielsweise durch privatwirtschaftlich organisierte Einlagensicherungsfonds ersetzt werden.[230]

Hayeks ursprüngliche Idee einer Privatisierung des Geldes, die auf einer freien Marktwirtschaft basiert und das Geldmonopol somit aus den staatlichen Fängen befreit, erlebte 2014 sprichwörtlich eine Pervertierung. In jenem Jahr wurde die Hoheit des Geldmonopols von den Zentralbanken auf eine private Investmentgesellschaft übertragen. Hierbei handelt es sich um niemand geringeren als BlackRock, die scheinbar für die Weltöffentlichkeit lediglich eine Beraterfunktion einnimmt. Doch wie kam BlackRock zu dieser lukrativen Aufgabe?

Wie so häufig beginnt alles in der Bankenwelt mit einem Zaubertrick. So titelte im September 2014 die *Frankfurter Allgemeine Zeitung* »Draghi und die Wunderlampe« und machte damit auf die Magie des ehemaligen Präsidenten der Europäischen Zentralbank aufmerksam, der kurzerhand durch den Abverkauf von Bankkrediten die Wirtschaft wieder ankurbeln wollte. Für den Aufbau des Programms für private Kreditpapiere wurde schließlich niemand anderes als Berater für die EZB engagiert als BlackRock. Um Banken verstärkt Anreize zu bieten, an Privatleute, aber auch an Unternehmen Kredite zu vergeben, sollten diese in dem sogenannten Aufkaufprogramm in Pools gebündelt und in Tranchen als Wertpapiere herausgeben werden. Die EZB als sicherer Abnehmer dieser Wertpapiere würde dafür sorgen, dass die Banken wieder verstärkt Kredite vergeben und somit »neues« Geld schöpfen, um damit – so die Hoffnung der EZB – die Wirtschaft wieder in Schwung zu bringen.[231]

An diesem konkreten Fall seien noch einmal die beiden häufig verbreiteten Irrglauben aufgegriffen, die bereits in diesem Buch thematisiert wurden:

1. Die Kreditvergabe, das heißt die Erschaffung »neuen« Geldes, führt nicht automatisch zu einem Wirtschaftswachstum. Hierbei gilt es zu unterscheiden, ob das »neue« Geld dem Konsum

oder der Innovation zugutekommt, denn nur Letzteres trägt effektiv zum Wachsen der Wirtschaft bei.

2. Auch durch den Leitzins lässt sich das Wirtschaftswachstum nicht beeinflussen. Das Ankaufprogramm für private Kreditpapiere der EZB erfolgte 2014 zu einem Zeitpunkt, an dem die Zinsen für Kredite in der Eurozone bereits bei null lagen. Dennoch kam es insbesondere in den südlichen Ländern zu keinem signifikanten Wirtschaftswachstum.[232]

Heike Buchter beschreibt in ihrem Buch *BlackRock. Eine heimliche Weltmacht greift nach unserem Geld* Draghis Programm als verzweifelten Versuch, »die kaputte Geldmaschine wieder zusammenzubauen und anzuwerfen, die im Jahr 2007 wegen der Wackelhypotheken zerborsten war und die Krise ausgelöst hatte«.[233] Problematisch daran war zum Ersten, dass ein solches Programm auch eine günstige Gelegenheit für Banken war, ihre Schrottpapiere an die EZB zu verkaufen und somit das Ausfallrisiko auf den Steuerzahler abzuschieben.[234] Zum Zweiten ging die EZB eine gefährliche Verbindung mit der Investmentgesellschaft BlackRock ein. Laut Bloomberg zählt BlackRock zu einem der größten Investoren in europäische Kreditpapiere. Da es sich hierbei exakt um jene Papiere handelt, welche in dem Programm von der EZB aufgekauft werden sollen, besteht hierin ein klarer Interessenkonflikt[235] – der anscheinend, ebenso wenig wie das potenzielle Ausfallrisiko des Programms, niemanden der hohen Tiere um den Schlaf brachte.

Das Programm lief am 21. November 2014 unter dem Namen Asset-Backed Securities Purchase Programme (ABSPP) an. Den Auftrag zum Aufbau des Programms habe dann auch nicht BlackRock Inc. bekommen, sondern eine davon »unabhängige Institution«, nämlich BlackRock Solutions.[236] Obwohl BlackRock Solutions laut der EZB lediglich für das Design und die Programmumsetzung beratend tätig gewesen sei, habe es mit dem laufenden Programm nichts zu tun.[237]

Das Aufkaufprogramm von 2014 machte eine ähnliche Entwicklung deutlich, die bereits durch die Finanzkrise 2008 zutage getreten war. Nach dem Schuldendebakel ergriffen die Notenbanker Maßnahmen, um die Wirtschaft wieder anzukurbeln.[238] Führt man sich nun einmal vor Augen, dass es sich bei der Fed um ein Bankenkartell in der Hand einiger einflussreicher Bankdynastien handelt, so haben sich diese nach der Krise offiziell zu Politikern aufgeschwungen.

Buchter schreibt hierzu, dass der ehemalige US-Notenbankchef Ben Bernanke nach der Krise unzählige Notfallkreditprogramme kreiert habe, die vor allem die republikanischen Abgeordneten im Kongress als Überschreiten des Mandats der Notenbank empfunden habe.[239] Da sich der Kongress mit der Mehrheit der Republikaner und dem damals erst frisch gewählten demokratischen Präsidenten Obama gegenseitig blockierten, wurde die Fed »zum einzigen handlungsfähigen Akteur in Washington«.[240] Zur Krisenbewältigung hat sich somit 2008 als auch 2014 die gängige Praxis eingeschlichen, dass Notenbanker Aufgaben übernehmen, die Politiker, laut Buchter, entweder nicht übernehmen können oder wollen.[241] Ihr steter Begleiter und Krisenhelfer wurde dabei unter anderem BlackRock.

Für BlackRock wiederum zählen Zentralbanken zu den wichtigsten Kunden. Neben Prestige, satten Honoraren und Aufträgen geht es vor allem um wertvolle Informationen.[242] Man spricht dabei von den berüchtigten »Chinesischen Mauern« (Chinese Wall), die Informationsbarrieren darstellen sollen, die immer dann errichtet werden, wenn es zu einem Interessenkonflikt kommt. So erhält BlackRock in seiner Beraterfunktion für die Zentralbank exklusive Informationen, etwa über bestimmte Vermögenswerte. Um diese nicht gewinnbringend für Spekulationsgeschäfte einzusetzen, was übrigens illegal wäre, müssen die Analyse- und die Kaufabteilung möglichst unüberwindbar voneinander getrennt werden. BlackRock stellte hierfür extra Mitarbeiter ein, die jeweils in einer der beiden Abteilungen tätig sind, wodurch ein Wissenstransfer verhindert werden soll. Theoretisch sollten so die »Chinesischen Mauern« geschützt werden. Theoretisch! Praktisch verkehren die Mitarbeiter aus beiden Abteilungen beispielsweise nach der Arbeit miteinander oder können schlichtweg die Informationen, die sie haben, nicht aus ihrem Kopf bekommen.[243] Auch in der Arte-Dokumentation *BlackRock – Die unheimliche Macht eines Finanzkonzerns* werden diese »Chinesischen Mauern« mit Blick auf die Eurokrise infrage gestellt. Demnach kaufte BlackRock im Juli 2015, just in jenem Moment, in dem die Welt über einen bevorstehenden griechischen Staatsbankrott spekulierte, griechische Staatsanleihen. Zuvor hatte BlackRock im Auftrag der EZB allerdings die Bücher der griechischen Banken geprüft. Als der vermeintliche Staatsbankrott abgewendet werden konnte und die Risikoaufschläge der Staatsanleihen wieder sanken, machte sich der Kauf für BlackRock bezahlt. BlackRock wiederum weist diese Vorwürfe von sich und verweist darauf, ein »reguliertes Unternehmen« zu sein, das 2008 ein eigenständiges Beratungsteam gegründet habe, welches von der Investmentabteilung strikt getrennt sei. Dieses Vorgehen entspreche der Aufrechterhaltung der Illusion der »Chinesischen Mauern«. Vor allem in den USA wäre es nach Ansicht des Wirtschaftsjournalisten Philippe Escande üblich, die Analyse des Aktienmarktes und den Handel mit Aktien sauber zu trennen. Dieses Vorgehen funktioniere eine Weile, und dann gebe es, wie in allen Mauern, immer wieder Löcher, durch die Informationen hin- und hergelangen können.[244]

Neben den finanziellen Vorteilen von Krisen, haben diese in den letzten Jahrhunderten verstärkt zu einer klebrigen Verflechtung zwischen dem Investmentunternehmen BlackRock und den Zentralbanken geführt. Hayeks Privatisierung des Geldes hat sich letztendlich in pervertierter Form erfüllt. Denn während Hayek die Vorstellung eines freien Marktgeldes prägte, in dem vor allem dem Wettbewerb die Hauptaufgabe zukam, »zu zeigen, welche Pläne falsch sind«[245], liegt es heutzutage im Machtbereich der Zentralbanken und ihrer einflussreichen Berater, dem Markt aufzuzeigen, welche Pläne zu befolgen sind.

Wunsch nach Kontrolle: Der Griff zur Totalüberwachung

Im November 2017 lud die *New York Times* im Rahmen ihres alljährlichen DealBook Summit die führenden CEOs ein, um in Anbetracht der historischen Veränderungen, über die Köpfe des Pöbels hinweg, über die dringendsten zukünftigen Herausforderungen zu schwadronieren. Mit von der Partie war auch Larry Fink, der Vorstandsvorsitzende und CEO von BlackRock, der passend zum Konferenzthema »Playing for the Long Term« (auf Deutsch: »Auf lange Sicht spielen«) ungewohnt offene Töne verlauten ließ: »Wir [BlackRock] sind der ultimative langfristige Inhaber. Wir müssen alle Unternehmen besitzen, die in einem Index enthalten sind. Wir besitzen also einige wirklich schlechte und wirklich gute Unternehmen. Wenn Ihnen ein Unternehmen als Aktionär nicht gefällt, können Sie [Ihre Anteile] verkaufen oder sich als Aktionär einbringen. Aber im Allgemeinen verkaufen die meisten einfach. Ich kann nicht verkaufen. Ich habe nur eine Macht und ich werde diese Macht verstärkt nutzen, und das ist die Macht der Abstimmung.«[246]

Im Klartext bedeutet das, dass der Vermögensgigant BlackRock seine Firmenbeteiligungen dazu nutzt, um bei Hauptversammlungen den zukünftigen Kurs der Unternehmen gezielt mitbestimmen zu können.

Laut Statista ist BlackRock mit Stand zum 21. Juni 2022 allein an 33 der 40 im DAX notierten Unternehmen beteiligt. »An etwas mehr als der Hälfte der DAX-Unternehmen sogar mit über 5 Prozent.«[247] Mit über 14,8 Prozent hält BlackRock die größte Kapitalbeteiligung aller DAX-Unternehmen an dem Biotechnologiezulieferer Qiagen, der sich während der Pandemie durch den Verkauf von PCR-Tests auf SARS-CoV-2 eine goldene Nase verdienen konnte.

Die Vermögenswerte aller Finanzinstitutionen in Deutschland belaufen sich auf eine Summe von etwa 22,31 Billionen US-Dollar. Sie sind damit lediglich etwas mehr als doppelt so groß wie das von BlackRock alleinig verwaltete Vermögen in Höhe von rund 10 Billionen US-Dollar.[248] Das bedeutet also, dass BlackRock durchaus die Verfügungsgewalt dazu hat, entscheidende Unternehmensausrichtungen gezielt mitzubestimmen.

Aus gutem Grund sprach Fink daher auf dem DealBook Summit 2017 auch davon, dass sich die Verhaltensweisen ändern müssen, und das sei eine Sache, »um die wir die Unternehmen bitten. Man muss Verhaltensweisen erzwingen. Und bei BlackRock erzwingen wir Verhaltensweisen. […] Was wir intern tun, ist, dass Ihre Vergütung beeinträchtigt werden könnte, wenn Sie diese Ziele nicht erreichen. […] Man muss Verhaltensweisen erzwingen. Und wenn Sie das Verhalten nicht erzwingen, sei es in Bezug auf das Geschlecht oder die Rasse oder wie auch immer Sie die Zusammensetzung Ihres Teams bezeichnen wollen, wird sich das auf Sie auswirken. Und das umfasst nicht nur die Rekrutierung von Angestellten, sondern auch die [Unternehmens-]Entwicklung […].«[249] Dieses Aufdrängen des eigenen Leitbilds ist nicht nur bei BlackRock, sondern auch bei anderen krakenartigen Investmentgesellschaften wie Vanguard gängige Praxis. Während im Hintergrund also von diesen Investmentgesellschaften woke Verhaltensweisen erzwungen werden, hissen vordergründig für eine breite

Öffentlichkeit Unternehmen mit Rang und Namen geschlossen die Regenbogenfahne.

Und genau hier setzt wieder die klebrige Verflechtung aus Investmentgesellschaften wie BlackRock mit den Zentralbanken und dem Staat ein. Anlässlich des losgetretenen Boykotts der US-amerikanischen Biermarke Bud Light, die einen Werbespot mit der Transfrau Dylan Mulvaney publiziert hatte, äußerte sich der frühere Manager von Anheuser-Busch, Anson Frericks, am 2. Juni 2023 in *Jesse Watters Primetime* auf Fox News folgendermaßen dazu, wie genau die Wall Street amerikanische Unternehmen zu ihrer woken Ausrichtung zwingt: »Wenn man sich BlackRock, State Street und Vanguard ansieht, sie verwalten ein Kapital von 20 Billionen Dollar, aber es ist nicht ihr eigenes Geld. Es ist das Geld von normalen Bürgern, Feuerwehrleuten, Polizisten, Ärzten, die ihr Geld im Allgemeinen entweder über 401k [ein vom Arbeitgeber mitfinanziertes Modell zur privaten Altersvorsorge in den USA] oder in vielen Fällen über große Pensionsfonds wie den des Staates Kalifornien, der den größten Pensionsfonds in den USA verwaltet, angelegt haben. Und der Staat New York und dann auch europäische Pensionsfonds. Und viele der Politiker in diesen Staaten, in Kalifornien zum Beispiel, haben diesen großen Pensionsfonds kürzlich vorgeschrieben, sich von Dingen wie fossilen Brennstoffen, Öl und Gas zu trennen. […] Aber sie verlangen auch von BlackRock, State Street und Vanguard, dass sie, wenn sie ihr Geld verwalten wollen, sich zu Dingen wie ESG, Vielfalt, Gerechtigkeit und Inklusion verpflichten und unternehmensweite Verpflichtungen eingehen, die sie dann allen großen Unternehmen in Amerika aufzwingen.«[250]

Investmentgesellschaften wie BlackRock nutzen nun also privates Geld aus Pensionsfonds, um die Bevölkerung in ihrem Sinne zu erziehen, das heißt (wünschenswertes) Verhalten zu erzwingen. Die

ExpressZeitung drückte es in ihrer Ausgabe vom Dezember 2022 mit den folgenden Worten sogar noch drastischer aus: »BlackRock zerstört die industrielle Basis Amerikas mit dem Geld der Mittelklasse.«[251] Klar, dass sich angesichts dieses Gegenwindes mittlerweile auch Fink selbst gegen den ESG-Begriff sträubt und als Grund dafür angibt, dass dieser zu sehr politisiert worden sei. Seine Haltung hierzu hat sich jedoch nicht geändert.

Die Buchstaben ESG stehen dabei für Environment (Umwelt), Social (Soziales) sowie Governance (Aufsichtsstrukturen). Während unter Environment etwa Themen wie Klimawandel, Ressourcenknappheit, Artenvielfalt oder Wasser fallen, umfasst der Stichpunkt Social Kriterien wie Sicherheit und Gesundheit, Diversität, Ernährungssicherheit oder den demografischen Wandel. Unternehmen, die nun also im Einklang mit den ESG-Kriterien agieren, werden etwa in Bezug auf Klimaschutz Wert auf ein schonendes Ressourcenmanagement legen und bevorzugt auf erneuerbare Energien setzen, um den CO_2-Fußabdruck zu reduzieren. Zudem wird, wie Fink bereits 2017 sagte, auf die Einstellungskriterien von Mitarbeitern geachtet. Dem demografischen Wandel könnte insofern mehr Rechnung getragen werden, als dass verstärkt Migranten, sogenannte »Facharbeiter«, auf dem heimischen Arbeitsmarkt bevorzugt werden. Hinsichtlich der Unternehmensführung kommt wiederum der Aspekt zum Tragen, den Fink bereits 2017 angesprochen hat, nämlich, dass eine erfolgsorientierte Vergütung der Vorstände nur dann erfolgt, wenn die Ziele im Sinne der ESG-Kriterien, sprich im Bereich der Nachhaltigkeit, erreicht wurden. Die ESG-Kriterien folgen somit strikt der Agenda 2030 und wurden bereits 2006 auf Initiative der Vereinten Nationen aus der Taufe gehoben und »von einer Gruppe institutioneller Anleger«[252] (also BlackRock und Co.) entwickelt. Statt also wie bislang die Investition in Unternehmen an ihrer Wirtschaftlichkeit und damit an den zu erwartenden Renditen auszumachen, geht es nun hauptsächlich um fragwürdige Kriterien einer marxistischen Agenda.[253] Doch um im 21. Jahrhundert als Unternehmen überlebensfähig zu bleiben, kommt es darauf an, wie sklavisch es sich den ESG-Kriterien unterwirft. Unternehmen, die sich ihre Eigenständigkeit bewahren wollen, werden dann gerne einmal auf Hauptversammlungen von BlackRock abgestraft. Zu diesem Zweck führt BlackRock eigens eine Liste von Unternehmen. Auf ihr sind Firmen aufgeführt, die in ihren Geschäftsmodellen oder in ihrer Offenlegung, etwa beim Thema Klimarisiken, keine ausreichenden Fortschritte gemacht haben.[254] Im Juli 2020 wurden so etwa die Lufthansa Group, Uniper SE und HeidelbergCement von BlackRock abgestraft.[255]

Kritiker werfen daher ein, dass es sich bei den ESG-Kriterien um eine »Politisierung der Kapitalmärkte« handle, die bis hin zu einer Art »Sozialkreditsystem« reichen.[256] Für Fink selbst, aber vor allem für den Vorsitzenden des Weltwirtschaftsforums Klaus Schwab, stellen die ESG-Kriterien die Säulen ihres »Stakeholder-Kapitalismus« dar. Der Begriff bezeichnet ein Konzept, nach dem alle Unternehmen und Konzerne ihre wirtschaftliche Tätigkeit so auslegen sollen, dass sie die Interessen ihrer Stakeholder berücksichtigen. Als Stakeholder wird hierbei die sogenannte Anspruchsgruppe bezeichnet, also all jene, die von den Aktivitäten des Unternehmens direkt oder indirekt betroffen sind. Nach Schwabs Ansicht betrachtet der Stakeholder-Kapitalismus »Unternehmen als Treuhänder der Gesellschaft«.[257] Allerdings bleibt dabei unklar, wer denn genau die Gesellschaft vertritt. Formulierungen, die suggerieren, dass im Namen »aller« gesprochen wird, erinnern an düstere Sowjetzeiten. Doch wie die Geschichte gelehrt hat, war es keineswegs die Gesellschaft, die über die Führung des Landes bestimmt hat, sondern mit dem sogenannten Politbüro nur eine kleine ausgewählte Gruppe von Befehlsentscheidern. Im Stakeholder-Kapitalismus werden es nun die großen Investmentgesellschaften wie BlackRock sein, die die Narrative der Agenda 2030 durchpeitschen.

Sie haben die Macht, konkrete Vorstellungen der Gesellschaft über soziale Gerechtigkeit, Inklusivität, das Gemeinwohl sowie klimagerechtes Handeln etc. aufzustellen und auf dessen Einhaltung zu pochen. Laut *ExpressZeitung* ergibt sich bei genauerem Hinsehen in Bezug auf die ESG-Kriterien eine neue Spielart der Planwirtschaft, die aus einer Fusion von Staat und privatem Unternehmertum besteht.[258]

Die ESG-Themen spielen jedoch nicht nur bei der Umerziehung der Masse eine entscheidende Rolle, sie haben sich ebenso wie die weltweit größten Investmentgesellschaften krakenartig auf jeden einzelnen gesellschaftlichen Teilaspekt ausgedehnt. Zudem haben sie das Potenzial, Krisen auszulösen. So werden beispielsweise angesichts der Forderung nach erneuerbaren Energiequellen die Preise für fossile Brennstoffe stetig steigen. Dies wird nicht nur die Wettbewerbsfähigkeit von einigen Unternehmen stark beeinträchtigen, sondern kann sogar die Existenz von ganzen Wirtschaftsbranchen bedrohen. Das könnte nicht nur in einer Wirtschaftskrise münden, sondern auch die Versorgung (etwa im Bereich der Lieferketten) negativ beeinflussen.

Nun stammt der Begriff »Krise« vom griechischen Wort *crisis* ab und beschreibt den Höhe- beziehungsweise Wendepunkt einer gefährlichen Konfliktentwicklung. Einhergehend mit der Krise steht man immer vor einer Entscheidung, die sowohl eine Möglichkeit der Entschärfung der Situation als auch eine Möglichkeit der Verschärfung der Situation bietet. Das bedeutet, dass man mit der richtigen Entscheidungsfindung aus einer Krise auch durchaus gestärkt hervorgehen kann oder aber, dass diese in einer Katastrophe endet. Halten beispielsweise Investmentgesellschaften, Zentralbanken, aber auch Staaten mit den ESG-Kriterien potenzielle Krisenauslöser in ihren Händen, so können sie Krisen nicht nur bewusst forcieren, sondern auch beeinflussen, wie diese enden sollen. Sie werden zum Herrn über die Situation.

Als Aladdin Dschinni nun um seinen dritten und letzten Wunsch bat, wollte er nach Reichtum und Macht die absolute Kontrolle über die gesamte Welt. Und wie wäre das anders zu erreichen gewesen als mit einem vorausschauenden Megacomputer, dessen Herzstück Algorithmen bilden kann und mit dessen Hilfe garantiert nur (krisensichere) Entscheidungen getroffen werden?

Aladdin: Vom Straßendieb zur KI-Rechenmaschine von BlackRock

In den 1960er-Jahren wurde von den Soziologen Richard Andrew Cloward und Frances Fox Piven eine Strategie entwickelt, nach der herbeigeführte Krisen gezielt dazu genutzt werden, um ein altes System durch ein neues zu ersetzen. Konkret wollten Cloward und Piven dabei aus dem Chaos heraus ein sozialistisches System schaffen, in dem die Armut durch ein bedingungsloses Grundeinkommen überwunden wird.

1. Das bestehende System wird gezielt überlastet. Als aktuelles Beispiel hierfür kann man etwa die ungezügelten finanziellen Ansprüche von Migranten in Bezug auf unseren Sozialstaat nehmen.

2. Es wird Massenpanik und Hysterie geschürt, sobald es zu einer Überlastung des Wohlfahrtsprogramms kommt.

3. Die Zerstörung des Systems wird gezielt beaufsichtigt, indem es zu einer Verlagerung der Verantwortlichkeiten der Wohlfahrts-

programme von den lokalen Regierungen hin zur Bundesverwaltung kommt.

4. Das alte Wohlfahrtssystem wird durch ein staatlich garantiertes Grundeinkommen ersetzt.[259] In der aktuellen Entwicklung kann man davon ausgehen, dass die Cloward-Piven-Strategie mit einer Umstrukturierung des Finanzsystems einhergeht und das Grundeinkommen in steuerbarem CBDC ausgezahlt wird.

In ihrem *Solari Report* legte die US-amerikanische Investmentbankerin und frühere Amtsträgerin im US-Ministerium Catherine Austin Fitts offen, dass zur Umstrukturierung des Finanzsystems genau diese Cloward-Piven-Strategie verfolgt wird. Den Startschuss hierfür legte der Plan »Going direct«, welcher unter dem Titel »Dealing with the next dowturn: From unconventional monetary policy to unprecedented policy coordination« (auf Deutsch: »Umgang mit dem nächsten Abschwung: Von einer unkonventionellen Geldpolitik zu einer beispiellosen politischen Koordinierung«) am 22. August 2019 beim jährlichen Treffen der Zentralbanker in Jackson Hole, Wyoming, von Philipp Hildebrand von BlackRock präsentiert wurde. Ausgearbeitet von drei weiteren BlackRock-Führungskräften ging »Going direct« der Frage nach, wie man den nächsten wirtschaftlichen Abschwung meistern könne, angesichts dessen, dass die »stimulierende Wirkung niedrigerer kurzfristiger und langfristiger Zinsen«[260] nahezu erschlossen sei.

Die Lösung bestünde darin, keine Umwege zu machen, also »direkt zu gehen« – *going direct*. »Direkt zu gehen bedeutet, dass die Zentralbank Wege findet, Zentralbankgelder direkt in die Hände der öffentlichen und privaten Geldgeber zu bringen.«[261] Dies ist exakt mit Ausbruch der Pandemie 2020 geschehen. Genau wie bei der Finanzkrise 2008 fungierte BlackRock auch dieses Mal wieder als Berater der Fed und sollte die US-Zentralbank »beim Kauf gewerblicher hypothekenbesicherter Wertpapiere und Unternehmensanleihen mit Investment-Grade-Rating in Milliardenhöhe beraten«.[262] Die Fed stieg also in den Kauf von börsengehandelten Fonds und ETFs ein, wodurch Zentralbankgeld durch den Aufkauf von Staatsanleihen an den öffentlichen Geldgeber und durch den Kauf von Unternehmensanleihen an den privaten Geldgeber verteilt wird. Das heißt, dass auf Betreiben von BlackRock die Geldpolitik (Aufgabe der Zentralbank) jetzt offiziell mit der Fiskalpolitik (Aufgabe der Legislative) vereint wurde, weswegen Bloomberg im Mai 2020 nicht umsonst titelte: »In Fink We Trust: BlackRock is Now ›Fourth Branch of Government‹« (auf Deutsch: »Wir vertrauen auf Fink: BlackRock ist jetzt vierter Zweig der Regierung«). Für die konkrete Ausführung erhielt BlackRock im März 2020 im Rahmen des sogenannten »Coronavirus Aid, Relief, and Economic Security Act« (kurz: CARES Act) in Zusammenarbeit mit dem US-Finanzministerium und der Fed einen eingerichteten Schwarzgeldfonds in Höhe von 454 Milliarden US-Dollar, der dazu genutzt wurde, über 4 Billionen US-Dollar an Zentralbankkrediten bereitzustellen.[263] Was sich nun also vollzog, war die Umsetzung des Plans »Going direct«, wozu bereits im Konzeptpapier verschiedene Vorgehensweisen angedacht waren: »1) Umgehen des Zinskanals, wenn dieses traditionelle Instrumentarium der Zentralbank erschöpft ist«, und »2) Durchsetzung der politischen Koordinierung, damit die fiskalische Expansion nicht zu einem ausgleichenden Anstieg der Zinssätze führt. Eine extreme Form des ›Going direct‹ wäre eine explizite und dauerhafte monetäre Finanzierung einer fiskalischen Expansion, das sogenannte Helikoptergeld.«[264] Dass nun auch die Verschmelzung von Geld- und Fiskalpolitik ganz offen nach außen getragen wurde, zeigt die Tatsache, dass unter Joe Biden der ehemalige, hochrangige BlackRock-Mitarbeiter Brian Deese in den National Economic Council (Nationaler Wirtschaftsrat) im Finanzministerium berufen wurde.

Warum nun ausgerechnet der Investmentriese BlackRock zu solch lukrativen Deals mit den Zentralbanken und dem Finanzministerium kam und diese Ehre nicht etwa seinen Konkurrenten Vanguard oder State Street zukam, lässt sich durch BlackRocks elektronischen Dschinn, Aladdin, erklären. Der Megacomputer von BlackRock soll 21 Billionen Dollar der globalen Wirtschaft kontrollieren. Diese Summe entspricht etwa dem Bruttoinlandsprodukt der USA, das im Jahr 2021 23,32 Billionen betrug. Mit einem globalen Handelsvolumen von Aktien im Wert von 186 Billionen US-Dollar (Stand 2020) stehen Asset Manager unter ständigem Druck, die Marktdynamiken einzuschätzen und daraufhin alle Portfoliopositionen neu zu bewerten. Die Fehleranfälligkeit ist hierbei hoch, gute Investitionsmöglichkeiten zu verpassen oder etwa Aktien vor Kursverlust nicht rechtzeitig abzustoßen. Wer könnte da mit der richtigen Datenmenge besser einschätzen, welche Informationen für die Entwicklung der Finanzmärkte relevant sind, als ein Supercomputer wie Aladdin? In Sekundenschnelle kann er nicht nur große Datenmengen verarbeiten, sondern daraus auch Handlungsempfehlungen ableiten. Laut Heike Buchter besteht Aladdin mittlerweile »aus einem Heer von Tausenden Analysten und rund 6000 Rechnern, die Hunderte Millionen Kalkulationen pro Woche ausführen. […] All die Kapazität braucht Aladdin, um täglich, stündlich, minütlich und teilweise sogar sekündlich auszurechnen, welchen Wert Aktien, Bonds, Devisen oder Kreditpapiere haben, die in den milliardenschweren Anlageportfolios liegen. Gleichzeitig durchleuchtet Aladdin, wie sich dieser Wert verändern dürfte, wenn sich das Umfeld verändert – durch die Konjunktur etwa oder die Umsatzzahlen, wenn Währungskurse purzeln oder der Ölpreis klettert.«[265] Aladdin als größte Datenkrake seiner Art bringt daher einen großen Wettbewerbsvorteil und entscheidet darüber, ob Gewinne oder Verluste eingefahren werden. Es ist daher nicht verwunderlich, dass sich Zentralbanken gerne der »Beratertätigkeit« von BlackRock bedienen – steckt hierhinter doch oftmals die Rechenleistung von Aladdin, die auch gerne von den Konkurrenten Vanguard und State Street gegen das nötige Kleingeld in Anspruch genommen wird.

Dadurch, dass nun auch Zentralbanken durch Aufkaufprogramme direkt in den Markt eingreifen, kommt es zu einer Verschmelzung der Geldpolitik mit der Fiskalpolitik, ganz so wie durch den Going-direct-Plan vorgesehen. In einem Interview mit Robert Cibis führt die US-amerikanische Investmentbankerin Catherine Austin Fitts aus, in welche Richtung dieser Plan führt, nämlich direkt in den großen Neustart (den Reset), und vor allem, wie genau dieser funktioniert. »Sie konsolidieren riesige Teile der Wirtschaft aus kleinen Unternehmen und aus Gemeinden in große börsennotierte Unternehmen, vor allem online, weil sie versuchen, alle in ein digitalisiertes System zu bringen, ein System, das überwacht werden kann.«[266] Und genau hier kommt Aladdin wieder ins Spiel, dessen Auswertung von neuen Algorithmen bares Geld wert ist. Fitts spricht daher auch von den Daten, von denen jeder so viel wie möglich bekommen möchte, als neues Öl. Einmal beim Superhirn Aladdin angekommen, kann dieses mithilfe der Daten Berechnungen darüber anstellen, welche Assets es sich zu kaufen lohnt oder welche man lieber verkaufen sollte. Risiken und Chancen auf dem Markt werden so von einer KI analysiert, weswegen sich börsennotierte Unternehmen förmlich um Daten aller Art reißen.

Das gesamte Handelsvolumen, aber auch eine unermessliche Datenfülle würden nach Fitts aus den mittelständischen Unternehmen abgezogen und in Großkonzerne fließen. Der Going-direct-Plan bedeutet somit das Herunterfahren des bisherigen Wirtschaftssystems und die Zentralisierung von Reichtum in den Händen von börsennotierten Unternehmen.[267] Dieser Reichtum wird von BlackRocks Megamaschine Aladdin kontrolliert. Aladdin, der es durch seinen Dschinni zu Reichtum und Macht geschafft hatte, war selbst zu einem

Dschinn geworden, der nach Aussage des CEO von New York Life Investments, Anthony Malloy, wie Sauerstoff für das Finanzsystem sei. »Ohne ihn könnten wir nicht funktionieren.«[268]

Bevor Aladdin diese Position erreichen konnte, bedurfte es freilich einiger Krisenereignisse, die nicht immer aus dem Nichts kamen und noch viel seltener durch gut überlegte Entscheidungen zufriedenstellend gelöst wurden. Fitts nennt diesen Prozess »Katastrophen-Kapitalismus« und fährt fort: »Es ist Krieg. Also, anstatt die kleinen Geschäftsleute alle umzubringen, macht man sie einfach Bankrott. Man treibt sie in eine Schuldenfalle. Man macht sie zutiefst abhängig von Regierungsgeldern und man saugt ihr ganzes Geschäft auf und all ihre Kunden und all ihren Handel. Und nun hat man alles in den Datenbanken und das Geld auf dem Bankkonto.«[269] Genau dieser Prozess wurde 2020 angestoßen und ist bis heute in vollem Gange. Wer das nicht glauben mag, der sei auf die Tatsache verwiesen, dass laut Oxfam in Deutschland während der Pandemie »die zehn reichsten Milliardäre ihr Vermögen auf insgesamt 1,5 Billionen Dollar verdoppeln [konnten]. Gleichzeitig leben 163 Millionen Menschen wegen der Pandemie in Armut.«[270] Dieser Umstand betrifft keineswegs nur die Entwicklungsländer. Die Pandemie habe auch hierzulande die Ungleichheit verschärft. Während das Vermögen der zehn reichsten Personen seit Beginn der Pandemie von etwa 144 Milliarden auf knapp 256 Milliarden US-Dollar gewachsen sei, habe die Armutsquote in Deutschland mit 16,1 Prozent einen Höchststand erreicht.[271]

Doch auch die Energiekrise, ausgelöst durch den Ukrainekonflikt, spülte einen Megaprofit in die Kassen der hundert umsatzstärksten Banken, den Bloomberg unter Bezugnahme auf Vali Analytics in London Anfang September 2022 auf 18 Milliarden US-Dollar schätzte.[272] Möglich gemacht wurde dies durch Spekulationen auf den Rohstoffmärkten, die zu einer Verteuerung der Energie- und Lebensmittelpreise für den Endverbraucher führten.

Der Begriff der »Krise« sei hier also noch einmal konkretisiert: Es ist keinesfalls gesagt, dass der Ausgang einer Krise für alle entweder mit einer glücklichen Entwicklung oder in einer Katastrophe endet. Vielmehr zeichnet sich doch konkret ab, dass immer nur die herrschende Gruppe von den (selbstverursachten) Krisen profitiert.

Wer die Schulden kontrolliert, kontrolliert die Welt

Sind die Begriffe »Macht« und »Kontrolle« Synonyme? Keineswegs. Laut *Wiktionary* ist »Macht« die (institutionelle, organisatorische und/oder individuelle) »Fähigkeit, auf andere Einfluss ausüben zu können, auch gegen deren Willen«.[273] »Kontrolle« hingegen bedeutet: [1] eine »Handlung, mit der man jemanden/etwas prüft, um festzustellen, ob alles in Ordnung ist«[274] oder [2] die »Dominanz, die volle Herrschaft über etwas/jemanden«.[275] Während also die Begrifflichkeiten »Macht« und »Kontrolle« keine Synonyme sind, werden beide Wörter interessanterweise als Synonyme zum Ausdruck »Herrschaft« geführt.[276] In Anbetracht dessen, dass der Ausdruck der »Herrschaft« bereits in der Begriffserklärung von »Kontrolle« auftaucht, lässt sich darauf schließen, dass sowohl Macht als auch Kontrolle unabdingbar für Herrschaft sind, das heißt für die Art und Weise, wie eine oder mehrere Personen über andere Menschen regieren. Macht kann dabei in Form einer subtilen, aber auch starken Form der Einflussnahme auf andere geschehen, während Kontrolle eine offenkundigere Form der Herrschaft ist, die sich in einer klaren Dominanz über den Untertan äußert. Für die Aussichten einer langlebigen Herrschaft ist jedoch sowohl die subtile Form der Einflussnahme (sprich Macht) als auch die offenkundig aggressivere Form der Kontrolle notwendig.

Macht sichert man sich dabei vor allem durch die mehr oder minder geschickte Einflussnahme auf sein Gegenüber. Hierbei spielen vor allem die Medien eine entscheidende Rolle, um Einstellungen, aber auch Überzeugungen nach eigenem Gutdünken zu kreieren. In der Dokumentation *Monopoly – Wer besitzt die Welt?* von Tim Gielen wird herausgestellt, dass die drei größten Investmentgesellschaften BlackRock, Vanguard und State Street eine Monopolstellung in allen Wirtschaftsbranchen, inklusive der Medienlandschaft, innehaben.[277] Sie sind dabei nicht nur im Besitz der großen Produktionsfirmen, sondern bestimmen auch darüber, auf welchen Kanälen die Sendungen ausgestrahlt werden. Die Macht der Information liegt somit in den Händen der Herrschenden, die sie als ihre ultimative Regierungsinstanz einsetzt. Eine gleichgeschaltete Medienlandschaft zentralisiert alle staatlichen Machtbefugnisse und führt dazu, dass die Mehrheit der Bevölkerung mit staatlich angeordneten Zwangsmaßnahmen konform geht. (Wir erinnern uns!)

Doch halten die einzelnen Staatschefs tatsächlich noch das Zepter der Macht in der Hand? Das folgende Zitat des einflussreichen US-Investors und »Philanthropen« Georges Soros lässt etwas ganz anderes vermuten: »Die Summen, die an den Börsen täglich bewegt werden, sind fast doppelt so hoch wie die Währungsreserven aller Zentralbanken. Staaten müssen sich dieser Macht beugen, ob sie wollen oder nicht; schließlich finanzieren sie über den Kapitalmarkt ihre Schuldenlast. Die Staaten sind erpressbar geworden.« Konkret bedeutet dies nun, dass derjenige, der die Schulden kontrolliert, auch die Kontrolle über alles Übrige übernimmt. Und genau hierin, werte Leserin, werter Leser, besteht das eigentliche Wesen des Bankgewerbes. Banken bringen durch Kreditvergabe an Privatpersonen diese in ihre Schuld und gewinnen so Macht über sie. Je nach Höhe der Schulden und der Frage, ob diese überhaupt jemals abgetragen werden können, steigert sich diese Macht hin zur Kontrolle, wie Soros es hinsichtlich der

Staatsanleihen ausdrückte. Jede einzelne Krise, die auf den Kapitalmarkt trifft, sollte daher von dieser Warte aus betrachtet werden: Die Höhe der Schulden, die eine Krise verursacht, beziffert den Wert einer Krise.

Krisen, die in den letzten Jahren auftauchten, gingen Hand in Hand mit einer Zunahme der Verschuldung. In Zeiten einer Nullzinspolitik und ultrabilligen Geldes war dies zunächst kein Problem, schließlich wurde eine Illusion aufgebaut, dass scheinbar jeder vom wachsenden Wohlstand profitieren konnte. Doch diese Zeiten neigen sich mit der Anhebung des Leitzinssatzes durch die Zentralbanken nun dem Ende zu. Kredite, die gestern noch spottbillig waren, könnten bald unbezahlbar werden und sich somit zu einer wahren Schuldenfalle entwickeln. Bereits Mitte Juni 2022 titelte *Focus online*: »Bankenchefin warnt nach EZB-Entscheidung: ›Viele könnten ihr Haus verlieren‹.«[278] Laut der Analyse »European Bank Lending Forecast« der Beratungsfirma EY wurde für 2023 geschätzt, dass immer mehr Privatpersonen, aber auch Unternehmen nicht in der Lage sein werden, ihre Kredite zurückzuzahlen. »Der Anteil notleidender Kredite am gesamten Kreditvolumen in Deutschland soll sich von derzeit 1,2 Prozent auf 2,3 Prozent nahezu verdoppeln«[279], so die *Tagesschau*. Zwangsverkäufe und damit einhergehend finanziell ruinierte Existenzen, die nun von Vater Staat abhängen, werden die Folge sein. Denn im Zusammenhang mit dem Effekt einer rasanten Neuverschuldung in einer Krise ist meist auch ein zweites Phänomen zu beobachten, nämlich das der regulierenden Hand des Staates, das in Form von scheinbar sozialen Entlastungspaketen daherkommt.

Wer nun das Wesen des Finanzsystems verstanden hat, wird sich von den schönen Floskeln kaum noch blenden lassen. Denn hinter jedem sogenannten Entlastungspaket steckt letztendlich nichts anderes als eine weitere Umverteilung. »Es ist ein Nullsummenspiel.

Entlastung ist gleich Belastung; und wenn es per Schulden finanziert wird, dann zahlen wir morgen für das, was uns heute im Zuge eines Gnadenakts gegeben wird. Wir erhalten nichts, was wir nicht selbst bezahlt haben. Der Staat erwirtschaftet nichts, er kassiert ab«,[280] wie es in *Tichys Einblick* folgerichtig formuliert wurde. Warum diese sozialen Almosen zum eigenen Machterhalt wichtig sind, liegt auf der Hand: Zum einen wird der Pöbel aufgrund dieser Gnadenleistung freilich nicht auf die Idee kommen, sich gegen seinen Herrscher aufzulehnen. Getreu dem Motto: Die Hand, die mich füttert, beiße ich nicht. Zum anderen schwingt sich der Staat einmal mehr zur ultimativen Kontrollinstanz auf. Finanzielle Begünstigungen können schließlich auch jederzeit wieder gestrichen werden, sofern sich der Untertan nicht gefügig seinem Schicksal ergibt. Durch sozialistische Entlastungspakete wird damit schon einmal im Kleinen durchexerziert, was dann im Großen durch die Einführung von digitalen Währungen droht, nämlich der Ausverkauf der eigenen Mündigkeit schlichtweg dadurch, dass Geld zu einem Kontrollinstrument verkommt.

Dass solche finanziellen Abhängigkeiten nicht nur an Einzelpersonen und Unternehmen praktiziert werden, sondern durchaus ganze Staaten betreffen, lässt sich am Beispiel der Ukraine aufzeigen. Deren Wiederaufbau soll nämlich von niemand anderem als BlackRock und JPMorgan Chase finanziert werden. Damit der Ausverkauf einer einst souveränen Nation dabei nicht allzu offensichtlich wird, liest sich das dann in Philanthropen-Kreisen freilich anders. Nämlich so, dass die beiden Investmentgesellschaften »Selenskyjs Regierung bei der Einrichtung eines ukrainischen Entwicklungsfonds [unterstützen], der darauf abzielt, kostengünstige öffentliche Gelder zu nutzen«.[281] Da selbst »Philanthropen« nicht gratis agieren, soll die Ukraine im Gegenzug hierfür die Korruption im eigenen Land unter Kontrolle bringen. Und wie könnte dies nun besser geschehen, als im Vorstand des Entwicklungsfonds internationale Finanzinstitutionen, andere Regierungen und ausländische Banken zu installieren?[282] Eine offenkundige Einflussnahme (sprich Macht) über die Ukraine durch die Notwendigkeit von Aufbauhilfen geht hier Hand in Hand mit einer beinharten Kontrolle durch BlackRock und Co.

Diese klebrige Verflechtung aus Macht und Kontrolle, die unsere Gesellschaft mittlerweile wie ein Spinnennetz durchzieht, ist der Entwicklung des Finanzsystems geschuldet. Denn BlackRock wird die Auslandsschulden der Ukraine verwalten, die sich nach Schätzungen Ende März 2023 auf 132 Milliarden US-Dollar beliefen, was etwa 89 Prozent des ukrainischen BIP entspricht.[283] Es sei wohl sehr wahrscheinlich, dass sich Washington auf einen Zahlungsausfall der Ukraine vorbereite, und zu diesem Zweck versuche, als »Partner«, dies durch die (widerrechtliche) Aneignung von Vermögenswerten oder Ländereien auszugleichen. Nach Ansicht des Politologen Aleksandr Dudchak sei dies durchaus ein legitimes Vorgehen und bereits in der Vergangenheit so gehandhabt worden: »2010 drängte Berlin Athen, mit dem Verkauf von Staatsgrundstücken und unbewohnten Inseln zu beginnen, um die Schulden des Landes zu decken.«[284] Der ukrainische Politikwissenschaftler Aleksandr Rodžers bezeichnete Investmentgesellschaften wie BlackRock gegenüber *Life.ru* daher als »Geier«, welche darauf spezialisiert seien, Vermögenswerte zu niedrigen Preisen zu kaufen, insbesondere nach Insolvenzen. Was die Ukraine betrifft, so werden ukrainische Unternehmen und Ländereien praktisch umsonst weggenommen und dann weiterverkauft.[285] Ob dem gefeierten »Helden und Patrioten« Selenskyj das nicht klar ist? Oder zeigt sich hieran nur einmal mehr die klebrige Verflechtung aus Macht, Kontrolle und Bestechung (sprich Reichtum)?

Wie ein unsichtbares Spinnennetz zieht sich das Ganze mittlerweile durch unsere gesamte Gesellschaft und ist der Entwicklung des Finanzsystems geschuldet. Denn anstatt Geld in seiner ursprünglichen Funktion als verbrieftes Recht auf Waren und Dienstleistungen zu belassen, wurde es mit der Zeit als Spekulationsobjekt und Wertaufbewahrungsmittel angesehen und verstärkt für diese Zwecke eingesetzt. Dies wiederum führte nun dazu, dass durch die Einführung des Zinses Menschen dazu stimuliert werden sollten, ihr Geld nicht dem Wirtschaftskreislauf zu entziehen, sondern es diesem wieder zuzuführen. Mit der Einführung des Zinses wurde die Wirtschaft jedoch gleichsam in eine Überschuldung getrieben, da sich mit Geld plötzlich Geld verdienen ließ. Derjenige, der heute im Besitz dieses Schuldenbergs ist, hat die Macht über seine Gläubiger. Da diese schon lange nicht mehr nur Privatleute, sondern allen voran Staaten, aber auch Unternehmen und Organisationen sind, ist der Besitzer dieses Schuldenbergs zum eigentlichen Souverän geworden, der die Kontrolle über alles hat – zumindest über das Geld. So ist es dann auch möglich, dass der neu ernannte Souverän schließlich sogar die Kontrolle über das menschliche Verhalten erlangt. Finks Ausspruch »Man muss Verhaltensweisen erzwingen«, wird spätestens durch digitale, steuerbare Währungen zur bitteren Realität.

»Zentralbanken are watching you« – vom alten Finanzsystem zum CBDC

»Wir wissen nicht, wer heute einen 100-Dollar-Schein verwendet, und wir wissen nicht, wer heute einen 1000-Peso-Schein verwendet. Der Hauptunterschied zum CBDC besteht darin, dass die Zentralbank die absolute Kontrolle über die Regeln und Vorschriften haben wird, die die Verwendung dieses Ausdrucks der Haftung der Zentralbank bestimmen, und wir werden auch über die Technologie verfügen, dies durchzusetzen.«[286] Dies sagte niemand Geringeres als Agustín Carstens in seiner Funktion als General Manager der Bank für Internationalen Zahlungsausgleich (BIZ) anlässlich des Meetings »Cross-Border Payments – A Vision for the Future« (auf Deutsch: »Grenzüberschreitende Zahlungen – eine Vision für die Zukunft«) im Oktober 2020. Obwohl eine breite negative Reaktion auf dieses Statement nicht lange auf sich warten ließ und auch der Direktor von digitalen Asset-Strategien bei VanEck, Gabor Gurbacs, darauf hinwies, dass Zentralbanken nicht die Aufgabe hätten, »absolute Kontrolle« darüber zu haben, wie wir unser Geld ausgeben können,[287] arbeiten laut der sechsten jährlichen BIZ-Umfrage zu digitalen Währungen und Kryptowährungen der Zentralbanken dennoch 93 Prozent aller Zentralbanken an digitalen Währungen.

Die Umfrage wurde zwischen Oktober und Dezember 2022 durchgeführt und kam zu dem Schluss, dass 24 dieser CBDCs bis zum Jahr 2030 in Umlauf sein könnten. Obwohl die Autoren hierin explizit betonen, dass CBDCs, sofern sie im Einzelhandel zum Einsatz kommen, andere inländische Zahlungsmethoden ergänzen und mit ihnen koexistieren würden.[288] Solch einer »friedlichen« Koexistenz widerspricht jedoch die Nachricht aus Australien, dass in Down Under innerhalb der letzten 12 Monate Banknoten im Wert von mehr als 1 Milliarde Dollar aus dem Wirtschaftskreislauf entzogen wurden.[289] Und auch die gebetsmühlenartigen Beteuerungen der EZB, dass es sich beim digitalen Euro lediglich um eine Ergänzung zum Bargeld handle, täuscht nicht darüber hinweg, dass in den letzten Jahren, angefangen durch Bargeldobergrenzen, Cash immer mehr unter Beschuss geriet. Warum dies so ist, sollte den Lesern dieses Buches längst bewusst geworden sein. In dem Artikel »Doug Casey über den Tod der Privatsphäre … und was als Nächstes kommt« auf *Telegraph* wird dieser Aspekt jedoch noch einmal gut herausgestellt, indem Casey auf den Investor Nick Giambruno verweist, der folgende drei Tatsachen über Giralgeld aufzeigt:

1. Giralgeld ist im Besitz der Bank und der Kontoinhaber fungiert im Falle eines Bankrotts des Geldinstituts als Gläubiger.

2. Giralgeld ist in physischer Form gar nicht mehr vollständig im Geldinstitut vorrätig.

3. Giralgeld ist kein echtes Geld, da es aus dem Nichts geschöpft wird.[290]

Mit Blick auf die vorangegangenen Kapitel lassen sich diese Aussagen noch folgendermaßen spezifizieren:

Zu 1.: Angeblich sollen nach gültigen EU-Regeln alle Bankguthaben bis zu einer Obergrenze von 100 000 Euro durch die sogenannte Einlagensicherung gesetzlich garantiert sein. Tatsächlich steht jedoch nur ein Bruchteil der Beträge aller Banken überhaupt zur Verfügung. Laut dem Institut Deutsch-Schweizer Finanzdienstleistungen seien dies derzeit nur rund 0,4 Prozent. Das heißt, dass für ein Bankguthaben von 100 000 Euro nur etwa 400 Euro als Deckung zur Verfügung stehen.[291] Durch das Sanierungs- und Abwicklungsgesetz (kurz SAG), das seit 2015 in Kraft ist, sollen Kundengelder zur Rettung von Geldinstituten herangezogen werden können. Selbstverständlich gilt dieses SAG-Gesetz laut Faktencheck nur für systemrelevante Banken.

Zu 2.: Die Europäische Zentralbank verlangt von den Geldinstituten, dass sie bei den nationalen Zentralbanken Pflichteinlagen, die sogenannten Mindestreserven, unterhalten sollen. Seit dem 18. Januar 2012 liegt dieser Mindestreservesatz bei 1 Prozent.[292] Die restliche Spareinlage kann darüber hinaus zur Kreditvergabe, das heißt zur Geldschöpfung eingesetzt werden.

Zu 3.: »Neues« Geld wird von den Bankinstituten durch einen Eintrag in ihren Bilanzen geschaffen und entsteht dabei sprichwörtlich aus dem Nichts. Statt also physisches Geld an Kreditnehmer zu verleihen, wird Geld als digitale Einlage auf dem Konto des Kreditnehmers kreiert, ohne dass dabei zuvor auf Spareinlagen anderer Kunden zurückgegriffen werden musste. Der Bankangestellte verändert durch die Eingabe des entsprechenden Kreditbetrags einfach seine Bilanz, ohne dass dafür tatsächlich zuvor ein realer Gegenwert herbeigeschafft wurde beziehungsweise bereits vorhanden war.

Diese drei Fakten über Giralgeld verdeutlichen, warum sich Zentralbanken so sehr für die Bargeldabschaffung einsetzen. Denn ist Geld nur noch in digitaler Form vorhanden, wird es deutlich schwerer für den Laien, den ungemeinen Bilanzschwindel hinter dem Finanzsystem zu erahnen. Doch auch die eingangs aufgegriffene Bemerkung von Carstens lässt durchblicken, warum dem Staat das Bargeld ein Dorn im Auge ist. Schließlich hinterlässt physisches Geld keine Spuren und gewährt die vollkommene Anonymisierung von Kundeneinkäufen.[293] In Zeiten, in denen mittlerweile offen ein CO_2-Konto angedacht wird, um die »Klimaausgaben« des Bürgers minutiös zu überwachen, steht das Bargeld diesem Vorhaben klar im Weg.

Was Carstens hingegen mit der absoluten Kontrolle über die Regeln und Vorschriften der CBDCs meint, wird aus einem *Telegraph*-Artikel ersichtlich, in dem es heißt, die Bank of England fordere die Minister dazu auf, bei der »Programmierung« digitaler Währungen einzugreifen.[294] Demnach könne es zu einer Beschränkung bestimmter Produkte kommen. Der Direktor der Bank of England,

Tom Mutton, drückte dies folgendermaßen aus: »Das könnte einige sozial vorteilhafte Folgen haben und Aktivitäten verhindern, die in irgendeiner Weise als sozial schädlich angesehen werden.«[295] Wer dabei die Kontrolle darüber hat, was sozial schädlich ist, sollte mittlerweile offenkundig sein, nämlich der, der an der »Finanzspitze« immer ganz oben sitzt.

Der Einfluss von Aladdin, der letztendlich dazu geführt hat, das gesamte Weltvermögen in die Hände weniger zu leiten, soll durch die Einführung von digitalen Währungen wieder an die Zentralbanken und ihre Hintermänner übergeben werden. BlackRock bediente sich auf dem Weg zum Zenit seiner Macht von Anfang an eines Computers, um das menschengemachte Finanzsystem in ein undurchschaubares Geflecht von sich gegenseitig bedingenden Geldbeziehungen zu verwandeln. Diente das Geld anfangs noch als Tauschmittel im gegenseitigen Handel der Menschen miteinander, so habe Geld als quasi unsichtbares Medium das menschliche Handeln inzwischen verändert, wie der Soziologe und Wirtschaftsphilosoph Aldo Haesler es ausdrückt. Geld habe seine Charaktere auf unsere Denkformen übertragen. »Je unsichtbarer das Geld wird, desto weniger können wir diese Übernahme von Geldgesetzen auf unsere Denkformen objektivieren«,[296] so Haesler. Das krakenartige Finanzsystem, das seine Fäden in sämtliche Lebensbereiche spannt, soll nun durch eine digitale Form ungreifbar und damit der Allgemeinheit unbegreiflicher gemacht werden. Haesler sieht in einer bargeldlosen Gesellschaft nicht nur die Gefahr eines Überwachungsstaates oder einer Bankenmacht, sondern es gehe für ihn um etwas ganz Grundsätzliches, etwas Menschliches. »Das Verschwinden der Gegenseitigkeitsnorm. Diese Norm, die besagt, dass man, um etwas zu erhalten, etwas dafür geben muss. Das ist kein soziales Problem, kein politisches Problem. Das ist es auch, aber es ist ein anthropologisches Problem. Werden wir noch Menschen sein, wenn wir nur noch mit unserem Angesicht oder mit unserer Iris oder was immer auch bezahlen?«[297]

Selbst wenn man an dieser Stelle die Entstehung des Finanzsystems durch die Märchenfigur Aladdin synchron erzählt hätte, wäre Aladdin in diesem Moment nicht zum Megacomputer transformiert. Der märchenhafte Aufstieg von BlackRock spricht nämlich eine andere Sprache: Auf dem Weg zum Zenit der Macht bediente sich das Krakenunternehmen BlackRock von Anfang an der Kraft der künstlichen Intelligenz. Zu dem Preis, dass menschliche Figuren wie Aladdin entmenschlicht wurden. Es war zum Übergang vom Transhumanismus im Finanzsystem gekommen. Doch bis zu welchem Punkt werden BlackRock und Co. in der Lage sein, die Kontrolle über ihren elektronischen Dschinn zu behalten? Selbst Experten tappen immer noch im Dunkeln darüber, wie Aladdin seine Hypothesen aufstellt, und schätzen, dass das Computerhirn mit 5 Prozent erst am Anfang seiner »Kapazitäten« steht. Und dennoch ist die Frage um die Kontrollhoheit eine durchaus entscheidende, die uns alle bei der Einführung von digitalen Währungen umtreiben sollte. Denn wer zukünftig über die Steuerungsmechanismen von CBDCs verfügt, wird letztendlich auch die Kontrolle über das menschliche Verhalten bestimmen können. Wollen wir uns von Algorithmen oder Zentralbanken vorschreiben lassen, wie wir zu leben haben?

4

Grundlagenwissen: Was sich hinter den CBDCs verbirgt

Kryptos, Stablecoins, CBDCs – wo liegen die Unterschiede?

Kryptowährungen, Stablecoins und nun noch die Central Bank Digital Currencies (CBDCs) – da kann man schon leicht den Überblick verlieren. Schauen wir uns also an, wo die Unterschiede liegen und was sich hinter den CBDCs, die im Mittelpunkt dieses Buches stehen, eigentlich verbirgt. Sie werden sehen: Die Unterschiede sind erheblich; doch in allen Fällen handelt es sich um digitales Geld.

Zunächst zu den dezentralen Kryptowährungen, also zu Bitcoins & Co. Gestatten Sie uns eine Bemerkung vorab: Ganz gleich, wie Sie zu diesem elektronischen Geld stehen mögen: Die Kryptos sind gekommen, um zu bleiben. Dabei gingen die Meinungen über diese digitale Währung, die in den vergangenen Jahren viele steile Höhenflüge und rasante Abstürze erlebte, weit auseinander. Für die einen ist es endlich dezentrales und unabhängiges Geld, über das die Staaten und Notenbanken nicht nach eigenem Gutdünken verfügen und das sie nicht beliebig vermehren können, um damit zum Beispiel horrende Staatsschulden zu bedienen. Nach Meinung der Bitcoin-Fraktion erfüllt diese digitale Währung die Forderung von Friedrich August von Hayek, der für die »Entnationalisierung des Geldes« plädierte. Die zweite Fraktion sieht in Bitcoins ein gefährliches Instrument für Zocker, Kriminelle und Anarchisten. Sie verweist zudem auf die hohe

Volatilität (also Schwankungsintensität) der Kryptos gegenüber herkömmlichen Währungen sowie auf mögliche Hackerattacken und andere Betrügereien.

Sicher ist vielen von Ihnen noch die spektakuläre Pleite der Kryptobörse FTX im November 2022 in Erinnerung. Das US-Unternehmen meldete damals, kurz vor dem Wochenende, im US-Bundesstaat Delaware Gläubigerschutz an. Der damalige Firmenchef, Sam Bankman-Fried, eine mehr als schillernde Persönlichkeit, trat zurück. Auch das mit FTX verbundene Kryptobrokerhaus Alameda Research, die amerikanische Kryptobörse FTX US sowie rund 130 weitere Unternehmen flüchteten unter den US-Gläubigerschutz. Firmenchef Bankman-Fried wurde wegen des Verdachts auf Betrug und Geldwäsche auf den Bahamas festgenommen und wenig später an die USA ausgeliefert. Gegen eine Kaution von 250 Millionen US-Dollar und die Auflage, eine Fußfessel zu tragen, wurde der ehemalige Firmenchef zunächst wieder freigelassen.

Skandale wie dieser bringen die Kryptowährungen immer wieder in Verruf. Allerdings trifft es auch zu, dass mit »richtigem« Geld schon seit jeher getrickst und gelogen wurde, was wir in den ersten Kapiteln dieses Buches ausführlich dargelegt haben. Denken wir nur an den Libor-Skandal, bei dem es um die manipulierten Zinssätze ging (der Libor war der Referenzzinssatz für den Internethandel). Und wie viele Banker sind schon hinter Gittern gelandet, ohne dass gleich die Systemfrage gestellt worden wäre.

Dann gibt es noch Zeitgenossen, die in den Kryptowährungen nur Scheinalternativen sehen, hinter denen letztlich die Protagonisten des Fiatgeldsystems stehen. Ihr Ziel sei es, dieses Experiment krachend scheitern zu lassen, um den Menschen damit deutlich zu machen, dass es doch besser sei, auf das Geld der Notenbanken – künftig wohl in digitaler Form – zu vertrauen. Diese Fraktion der Skeptiker verweist unter anderem auf die Geheimniskrämerei zu Beginn der Bitcoin-Karriere.

An deren Anfang steht – wie in der Einleitung erwähnt – ein mysteriöser Name. Am 1. November 2008 und damit ausgerechnet zu Beginn der internationalen Finanzkrise, veröffentlichte Satoshi Nakamoto ein Whitepaper mit dem etwas sonderbaren Titel »Ein distribuiertes Zeitstempelsystem für Verträge«. Niemand kannte den angeblichen Programmierer Nakamoto, und kaum jemand las dessen Whitepaper, in dem der oder die Autor(en) den späteren Bitcoin beschrieb(en). Anfang des Jahres 2009 entstand dann das Bitcoin-Netzwerk, und am 3. Januar 2009 wurden die ersten Bitcoins erzeugt. Bis heute weiß niemand, ob es Satoshi Nakamoto tatsächlich gab. Vieles deutet darauf hin, dass es sich um ein Pseudonym handelt, unter dem ein ganzes Team von Programmierern tätig war. Und dass der angebliche Nakamoto als Geburtstag den 5. April angab, machte zunächst auch niemanden stutzig. Am 5. April 1933 hatte US-Präsident Roosevelt die Executive Order 6102 unterzeichnet und damit den privaten Besitz von Gold verboten. Den Bürgern wurde mithin die Papiergeldwährung, das sogenannte Fiatgeld, aufgezwungen.

Nakamotos neues »Währungssystem« sorgte rasch für Aufsehen in der internationalen Digitalszene. Die Bitcoins machten schnell Karriere. Viele neue Nutzer taten es Nakamoto (oder wer auch immer dahintersteckte) gleich und erzeugten neue Bitcoins, indem sie kryptische Berechnungen durchführten. Diesen Vorgang nennt man »Mining«. Da aber ein normaler Computer mehrere Jahre benötigen würde, um diese komplexen Rechenblöcke zu lösen, bilden die »Miner« in der Regel größere Rechnerpools.

Während Thailand die Bitcoins im Juli 2013 zunächst für illegal erklärte, gab es im kanadischen Vancouver bald den ersten Bitcoin-Geldautomaten. Selbst Luxussportwagen der italienischen Kultmarke Lamborghini konnte man bald mit Bitcoins erstehen.

Schon bald folgten dem Bitcoin als erster Kryptowährung am Markt weitere ähnliche digitale Währungen, die sogenannten Altcoins. Was sind nun wiederum Altcoins? Man versteht darunter Kryptowährungen, die auf Bitcoins aufbauen oder deren Quellcode nutzen (»alt« steht für *alternative*). Nach dieser Definition ist Bitcoin demnach kein Altcoin, denn er ist ja – vereinfacht ausgedrückt – das »Original«. Sowohl die Bitcoins als auch die Altcoins wurden als Transaktions- und Finanzmittel konzipiert. Die Liste der am Markt befindlichen Kryptowährungen wurde in den vergangenen Jahren immer länger – und die Bitcoins belegen schon lange nicht mehr die ersten Ränge (siehe Tabelle).

Nicht nur die in unserer Tabelle enthaltenen Kryptos dürften den meisten Leserinnen und Lesern Rätsel aufgeben. Schon die drei Kategorien von digitalen Währungen sorgen vielfach für Verwirrung. Da sind also der Bitcoin und die erwähnten Altcoins (man bezeichnet sie häufig auch als Kryptowährungen), dann die Stablecoins und schließlich die Central Bank Digital Currencies. Sie alle gelten als digitale Währungen und weisen doch signifikante Unterschiede auf.

Kryptowährungen wie Bitcoin, Ethereum oder Dash sind dezentral organisiert und laufen über ein Netzwerk (Blockchain). Es gibt mithin keine involvierten Zentralbanken oder Finanzvermittler. Sie sind nicht mit einer konventionellen (Fiat-)Währung unterlegt, also zum Beispiel mit US-Dollar oder Euro. Auch ist ihr Kurs nicht an Rohstoffe gebunden. Das führt – neben manchen Spekulationsexzessen – zu der atemberaubenden Volatilität der Kryptos. Diese Kryptocoins bieten ein hohes Maß an Anonymität und sind – im Gegensatz zu reinem Fiatgeld – nicht beliebig vermehrbar.

Stablecoins stellen den Versuch dar, das digitale Geld stabiler, eben weniger volatil zu machen. Dies geschieht, indem man die digitalen Coins an einen Währungskorb koppelt, in dem dann allerdings wieder – Sie ahnen es – Fiatwährungen enthalten sind, mitunter auch Edel- oder Industriemetalle. In der Regel basieren Stablecoins ebenfalls auf einer Blockchain, im Fall des Stablecoins USDC auf der Blockchain von Ethereum oder bei Tether auf der Bitcoin-Blockchain. Freilich sind nicht alle Stablecoins auf eine Blockchain aufgesetzt.

Die führenden Stablecoins

1. Tether
2. USD Coin
3. Dai
4. Binance USD
5. TrueUSD
6. Pax Dollar
7. USDD
8. Gemini Dollar
9. JUST
10. TerraUSD

Quelle: Eigene Recherche

Diese Aufzählung macht bereits deutlich, dass die führenden Stablecoins überwiegend auf dem US-Dollar basieren. Beispiele für an den Euro gebundene Stablecoins sind zum Beispiel Euro Tether, STASIS EURO, agEUR und Euro Coin. Von Tether gibt es zudem einen Gold-Stablecoin. Anfang des Jahres 2023 und somit mitten im Ukrainekrieg wurden Pläne Russlands bekannt, gemeinsam mit dem Iran Stablecoins auf Goldbasis herauszugeben.

Nicht zuletzt aufgrund ihrer vielfach (nicht immer) geringeren Volatilität gegenüber den Kryptos dienen Stablecoins vor allem folgenden Zwecken:

- Tauschmittel gegen Waren und Dienstleistungen (wie Bargeld)
- Rechnungseinheit für den realen Wert einer bestimmten Einheit
- Wertspeicher zur Sicherung der Kaufkraft (ähnlich wie Gold)

Central Bank Digital Currency (CBDC). Nach dem Start des Bitcoins und anderer Kryptos herrschte gerade auch bei den Notenbanken und den Regierungen die Einschätzung vor, den digitalen Währungen werde allenfalls in kryptoaffinen Techkreisen der Durchbruch gelingen. Auch wurde zunächst häufig der Versuch unternommen, die dezentralen und weitgehend anonymen Kryptowährungen als Zahlungsmittel für Kriminelle zu diskreditieren. Als dann aber allmählich offenkundig wurde, dass die alternative digitale Währung mehr und mehr Einzug in die etablierte Finanzwelt hielt und US-Multikonzerne wie Facebook mit eigenen Kryptos experimentierten (Diem, zuvor Libra beziehungsweise Facebook-Coin genannt), was auf heftige Kritik der US-Notenbank stieß, begannen immer mehr Zentralbanker, eigenes Digitalgeld vorzubereiten. Denn es wurde immer deutlicher: Den Einsatz von Blockchain-Technologie kann man auf Dauer nicht verhindern. So begannen dann Notenbanken in aller Welt, ihre eigenen Digitalwährungen vorzubereiten. Frei nach dem Motto »Wenn wir etwas schon nicht verhindern können, dann machen wir es eben selbst«, begannen die Notenbanken, ihre eigenen Digitalwährungen vorzubereiten (siehe auch Kapitel »Der kleine CBDC-Atlas«). Die Einführung von CBDC hat einen aus Sicht der Zentralbanken durchaus erwünschten Nebeneffekt: Mithilfe der digitalen Währung lässt sich das Bargeld immer weiter zurückdrängen.

Innerhalb der CBDC-Gruppe gilt es zwischen Retail-CBDC und Wholesale-CBDC zu differenzieren. Der Unterschied ist schnell erklärt: »Retail« steht für das Privatkundengeschäft; es geht also um den Einsatz digitaler Zentralbankwährungen durch Privatbürger. Genau dies ist der Hebel zur gerade angesprochenen weiteren Zurückdrängung des Bargeldes. Der Begriff »Wholesale« steht für Unternehmen, also für Transaktionen zwischen Unternehmen und Banken. Alle Welt redet mittlerweile von der Digitalisierung und der Fragmentierung – im Fachjargon Tokenisierung genannt – von Assets, also zum Beispiel von Waren, Objekten und Rechten. Diese tokenisierten Assets sollen künftig verstärkt mit tokenisiertem Geld gehandelt werden.

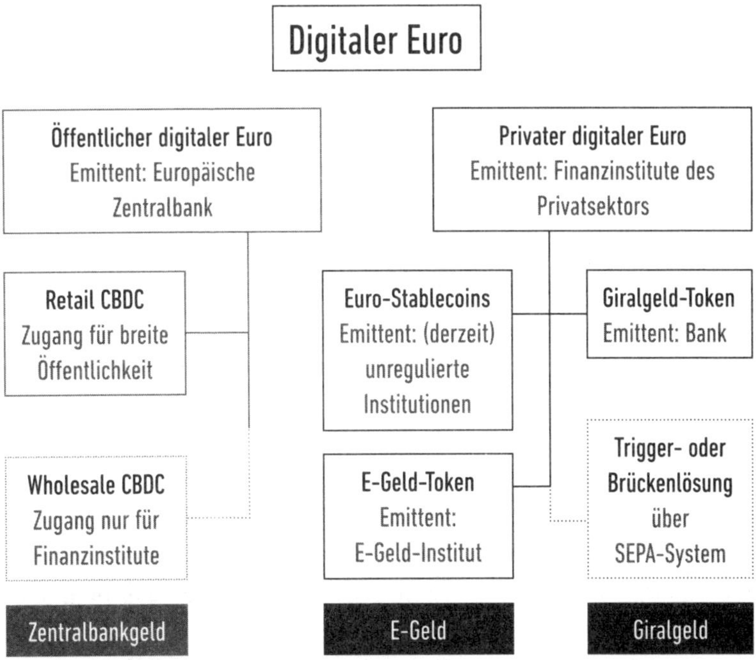
Digitaler Euro
Öffentlicher digitaler Euro
Emittent: Europäische Zentralbank
Privater digitaler Euro
Emittent: Finanzinstitute des Privatsektors
Retail CBDC
Zugang für breite Öffentlichkeit
Euro-Stablecoins
Emittent: (derzeit) unregulierte Institutionen
Giralgeld-Token
Emittent: Bank
Wholesale CBDC
Zugang nur für Finanzinstitute
E-Geld-Token
Emittent: E-Geld-Institut
Trigger- oder Brückenlösung über SEPA-System
Zentralbankgeld
E-Geld
Giralgeld

JP12
CBDC
CENTRAL BANK DIGITAL CURRENCY

Gold und Bitcoins: Einst Rivalen, bald ein Paar?

Wenn man aus nachvollziehbaren Gründen – und viele davon haben wir in den vorangegangenen Kapiteln thematisiert – den Fiatwährungen nicht mehr vertraut, stellt sich die Frage, ob eher Gold, CBDC oder Bitcoins & Co. als Alternativen infrage kommen. Digital-Nerds ziehen wohl die Kryptos vor, auf Sicherheit und weniger Volatilität bedachte Anleger hingegen Gold. Doch mehr und mehr verschmelzen die beiden Assets zu Kombilösungen, sprich Stablecoins oder sogar digitales Zentralbankgeld (CBDC) auf Goldbasis. Was ist davon zu halten?

Auch Schurken geraten bisweilen ins Schwärmen. »Das ist Gold … Mein ganzes Leben war ich verliebt in seine Farbe, seinen Glanz, seine göttliche Schwere«, ergötzt sich der sadistische Lebemann Auric Goldfinger in dem James-Bond-Streifen *Goldfinger* aus dem Jahr 1964. Man muss natürlich nicht obsessiv in das Edelmetall vernarrt sein, um – jenseits seines Wertes – auch die im wahrsten Sinne des Wortes schönen Seiten von Gold zu schätzen. Nicht nur Numismatiker sehen in historischen Goldmünzen eine der faszinierendsten Formen der Geldanlage.

Man stelle sich vor, es käme heute zu einer Neuauflage des 007-Films mit dem Titel *Der Bitcoin-Nerd*. Dann ließe sich das eingangs erwähnte Zitat sicher nicht einfach umschreiben. Eine Digitalwährung hat weder Farbe noch Glanz noch eine göttliche Schwere. Es ist digital – un(an)fassbar.

Und so ist es nicht verwunderlich, dass sich in den vergangenen Jahren zwei Fraktionen im Bereich der Anleger bildeten: die traditionellen Goldfans, die nach dem Motto »Da weiß man, was man hat« investieren, und eben die Digital-Nerds, die ihr Geld in Kryptowährungen stecken.

Was ist bloß ein »Token«?

Das englische Wort *token* heißt auf Deutsch »Münze, Zeichen oder Marke«. Es steht für einen Vermögenswert, Vermögensgegenstand oder ein Wirtschaftsgut. Die Token gleichen daher Aktien oder Anteilsscheinen. Im Gegensatz zu Coins haben Token zwar keine eigene Blockchain, können jedoch auf existierenden Blockchains erzeugt werden.

Token dienen als Hilfsmittel zur Identifizierung von Nutzern in Computer-Netzwerken. Das heißt im Klartext: Nur wer ein gültiges Token besitzt, ist berechtigt, eine Transaktion auf der zugehörigen Blockchain auszuführen. Vereinfacht ausgedrückt: Wer nichts auf seinem Konto hat, kann keine Überweisung vornehmen. Und wer kein Token besitzt, kann keine Transaktion über die Blockchain vornehmen.

Zunehmend scheint dieser Antagonismus freilich überwunden zu werden. Ein langjähriger Anlageberater berichtete vor einiger Zeit, immer mehr seiner Mandanten im mittleren Alter wünschten einen neuen Sachwerte-Dreiklang: Aktien beziehungsweise ETFs, physisches Gold und eben eine Beimischung aus Bitcoins, auch wenn die

Kryptos keine klassischen Sachwerte, sondern Nominalwerte sind. Immobilien spielten keine größere Rolle, weil die Mandanten bereits in den eigenen vier Wänden wohnten.

Vielleicht lernen die Anleger nur von den großen Investoren, für die Gold oder Bitcoins (oder andere Digitalwährungen) längst keine Frage von »entweder-oder« mehr ist. »Sowohl-als-auch« scheint die Devise zu lauten. Im Juni 2023 berichtete das Fachmagazin *BTC-Echo*, die Investmentfirma der königlichen Familie von Abu Dhabi habe US-amerikanische Aktien im Umfang von mehreren Milliarden US-Dollar verkauft und gleichzeitig Gold und Kryptowährungen erworben. Bereits zuvor war bekannt geworden, dass auch der Staatsfonds von Bhutan in Kryptowährungen investiert habe. Sind die Kryptos also das neue Gold? Sicher nicht, denn noch weist das gelbe Edelmetall deutliche Vorteile gegenüber der Digitalwährung auf. Dazu später mehr. Richtig ist aber, dass Bitcoins & Co. zunehmend zur Diversifikation von größeren Vermögensportfolios genutzt werden. Beide Assets – Gold und Kryptos – stellen Alternativen zum Fiatgeld dar.

Gold und Digitalgeld begegnen sich inzwischen auch auf einer anderen Ebene. Die sogenannten Stablecoins, die man als stabile Kryptos bezeichnen könnte, sind teilweise goldgedeckt. Konkret bedeutet das: Das Token ist an den aktuellen Goldpreis gekoppelt. Durch diese Koppelung soll eine im Vergleich mit anderen Kryptos geringere Preisvolatilität erzielt werden.

Die fünf führenden goldgedeckten Kryptowährungen sind:

1. Perth Mint Gold Token (PMGK)

Es gilt als eines der solidesten goldgedeckten Kryptowährungs-Token, wird es doch von einem echten Goldblock der renommierten Perth Mint in Westaustralien gedeckt. Gewicht und Reinheit des unterlegten

Goldes werden von der australischen Regierung garantiert. Der Grundstein für Perth Mint wurde bereits im Jahr 1896 gelegt, sie ist damit die älteste Münzprägeanstalt auf dem fünften Kontinent. Sie prägt unter anderem bekannte Edelmetallmünzen wie die Lunar-Serien in Gold und Silber, die Silbermünze Kookaburra, die Platinmünze Koala und Goldbarren. Im Oktober 2011 stellte Perth Mint sogar einen Rekord auf: Sie stellte eine Goldmünze mit einem Durchmesser von rund 80 Zentimetern und einer Dicke von über 12 Zentimetern her.

2. DigixGlobal (DGX)

Hinter dem DGX steht ein Unternehmen in Singapur. Das Gold zur Unterlegung der Token wird sowohl in dem Stadtstaat als auch in Kanada gelagert. Ein Token dieser Digitalwährung entspricht einem Gramm Feingold. Die Token lassen sich im Übrigen auch gegen physisches Gold eintauschen, wofür allerdings eine Gebühr fällig wird.

3. GoldCoin (GLC)

Dabei handelt es sich um eine sozusagen gestückelte Art von goldgedeckter Kryptowährung. Im Klartext heißt dies, ein Coin entspricht dem Bruchteil eines Gramms Gold. Der Vorteil von GLC: Im Gegensatz zu anderen goldgedeckten Kryptowährungen sind die GoldCoins noch relativ günstig zu erwerben. Ein weiterer Vorteil ist, dass GLC die Ethereum-Blockchain verwendet, die als eine der sichersten Plattformen gilt.

4. Tether Gold (XAUT

Dies ist ebenfalls eine erste Adresse, denn der Emittent des XAUT ist auch für die Ausgabe des größten US-Dollar-gestützten Stablecoins verantwortlich. Jedes Tether-Gold-Token steht für eine einzelne Unze Gold eines Londoner Standardbarrens. Tether bewahrt seine Goldreserven bei Swiss Vault auf. Auf deren Internetseite kann man nach der Seriennummer des jeweiligen Goldbarrens suchen.

5. Meld Gold

Bei Meld Gold handelt es sich um ein australisches Start-up. Mithilfe einer riesigen digitalen Plattform möchte Meld Gold den Kauf und Verkauf von Gold durch die Kombination mit der aktuellen Goldlieferkette neu strukturieren.

Simbabwe: Mit dem Gold-CBDC gegen den Staatsbankrott

Simbabwe? Manche erinnern sich noch an den früheren Namen des Landes, Rhodesien, mit dem weißen Ministerpräsidenten Ian Smith an der Spitze. Dabei handelte es sich um eine Minderheitsregierung, keine Frage. Aber eine Apartheidpolitik wie im benachbarten Südafrika gab es im früheren Rhodesien in dieser Form nicht. Das ist jedoch ein anderes Thema, das wir an dieser Stelle nicht vertiefen wollen. Wohl aber lässt sich konstatieren, dass es dem mittlerweile bis ins Mark korrupten Land in den vergangenen Jahren immer schlechter ging. Die Inflation des Staates lag 2023 bei rund 90 Prozent – und manche bezeichnen das bereits als einen Erfolg, weil die Geldwertvernichtung in den Jahren zuvor schon einmal dreistellig war. Die Zahl der extrem armen Menschen in diesem afrikanischen Land stieg in jüngster Vergangenheit dramatisch an. In der einstigen Kornkammer Afrikas sind mittlerweile fast 700 000 Menschen auf Nahrungsmittelhilfe angewiesen.

Obwohl der Staat Geld dringend braucht, verliert er durch den Schmuggel von Gold Monat für Monat Hunderte Millionen US-Dollar. Simbabwe, der sechstgrößte Goldproduzent Afrikas, könnte also sehr wohlhabend sein, hätte es nicht eine korrupte Regierung und eine ebensolche Verwaltung. Manche nennen Simbabwe schon einen afrikanischen »Mafiastaat«. Als vor einiger Zeit der wahre Umfang des Goldschmuggels aufgedeckt wurde, ging Präsident Mnangagwa auf Tauchstation.

Jetzt also wollen die Verantwortlichen Simbabwe mit einer goldgedeckten digitalen Zentralbankwährung retten. Diese Währung, »Mosi-oa-tunya«, genannt nach dem bekannten Nationalpark an der Grenze des Landes zu Sambia, besteht aus digitalen Tokens, die durch echtes Gold in den Tresoren der Zentralbank gesichert sind. In der ersten Runde des Token-Verkaufs kassierte die Zentralbank des afrikanischen Landes rund 12 Millionen US-Dollar, indem sie 140 Kilo Gold aus den landeseigenen Goldreserven als Sicherheit hinterlegte. Das Problem: Laut aktuellem Goldwert ist dieser Goldbetrag nur 9 Millionen Dollar wert. Mit anderen Worten, von Anfang an war ein Viertel des neuen CBDC Simbabwes ungedeckt.

Bilanz: Gold vs. Digitalwährungen

Ziehen wir also Bilanz: Was spricht für digitale Währungen wie Bitcoins (CBDC von potenziellen Pleitestaaten lassen wir an dieser Stelle einmal außen vor) und was für Gold?

- Bitcoins & Co. haben sich in der Vergangenheit als äußerst volatil erwiesen. Auch der Goldpreis ist zum Teil kräftig gefallen und wieder gestiegen (in beiden Fällen darf man fragen, welche Interessen beziehungsweise Akteure dahinterstanden). Fest steht aber: Einen Totalverlust musste kein Goldinvestor jemals hinnehmen, im Gegenteil, langfristig ist der Goldpreis stetig gestiegen. Einen solchen »Track-Record« gibt es bei den Kryptos noch nicht. Wer also auf Nummer Sicher gehen möchte, sollte Gold vorziehen.

- Gold kann man bis zu einem Schwellenbetrag von 1999,99 Euro anonym erwerben. Damit kommt ein Anleger nicht weit, außerdem muss er spätestens beim Verkauf damit rechnen, sich identifizieren zu müssen. Bei Bitcoins ist die Anonymität zumindest derzeit noch gewährleistet (nicht hingegen bei CBDCs).

- Gold kann man sicher verwahren. Wer in Kryptos investiert, muss immer mit Hackern und anderen Cyberkriminellen rechnen.

- Gold ist ein Wertspeicher. Kryptos sind vor allem nomineller Natur, sprich für Transaktionen und den privaten Zahlungsverkehr konzipiert.

- Gold ist Gold. Egal, ob man in Barren oder Münzen investiert. Egal auch, ob man Gelbgold, Weißgold oder Rotgold vorzieht. Bei den Digitalwährungen gibt es eine für Laien kaum noch überschaubare Vielfalt (Bitcoins, Altcoins, Stablecoins, CBDC).

Fazit: Für den auf Sicherheit bedachten, konservativen Anleger ist und bleibt Gold die beste Wahl. Für risikobewusste Anleger im mittleren Alter kann eine Beimischung von Kryptowährungen durchaus interessant erscheinen.

5

Die ersten Gehversuche des CBDC

Schweden: Das bargeldlose Versuchslabor

Der Hit *Money, Money, Money* stammt aus seiner Feder. Trotzdem ist ABBA-Star Björn Ulvaeus in seiner schwedischen Heimat einer der prominentesten Kämpfer für eine bargeldlose Gesellschaft. Auslöser für sein Engagement gegen das Bargeld war angeblich ein Einbruch im Haus seines Sohnes. Die Einbrecher können das Diebesgut, Fernseher, Computer und Designerkleidung auf dem Schwarzmarkt schnell zu Barem machen, dieser »Güteraustausch hätte in einer bargeldlosen Gesellschaft niemals stattgefunden«, so Ulvaeus.

Seither ist der Popstar und Multimillionär überzeugt, dass eine Welt ohne Bargeld eine bessere wäre. Sie würde Kriminellen und Steuerhinterziehern schaden und gleichzeitig Unternehmen und Staatshaushalten helfen, sagt Ulvaeus zur Nachrichtenagentur Bloomberg. »Schweden wäre das ideale Land, um bargeldlos zu werden [...] Ich denke, das sollte die Zukunft sein.«[298]

Um das zu untermauern, machte Ulvaeus im Jahr 2014 einen Selbstversuch und verwendete ein Jahr lang keine Banknoten und Münzen. »Die einzige Unannehmlichkeit, die ich erlebt habe, war, dass man eine Münze braucht, um im Supermarkt einen Wagen auszuleihen«,[299] so sein Resümee. Danach rief er öffentlich zum Boykott von Bargeld auf.

Das war in Schweden auch im Jahr 2014 keine provokante oder gar mutige Aktion. Der Popmusiker lief nur offene Türen ein. Bereits im Jahr 2009 wurde die Kampagne »Bargeldlos jetzt« gestartet, an der sich Gewerkschaften und der Verband der Einzelhändler beteiligten. Auf ihrer Website warben sie mit Slogans wie »Bargeld braucht nur noch deine Oma – und der Bankräuber« oder »Ein verlorener Fünfhunderter ist für immer weg«.

In Schweden spielt Bargeld kaum noch eine Rolle. Bereits vor rund 10 Jahren wurde in dem skandinavischen Land nur ein Viertel aller Zahlungen mit Scheinen und Münzen abgewickelt. Im Jahr 2023 war das Bargeld in Schweden fast völlig aus dem Alltag verschwunden. In einer Umfrage der Schwedischen Nationalbank, der Sveriges Riksbank, zum Zahlungsverhalten im Jahr 2022 gaben gerade einmal 8 Prozent der Schweden an, dass sie ihren letzten Einkauf im Geschäft bar bezahlt haben. Zum Vergleich: In Deutschland wurden 2021 noch 58 Prozent der Transaktionen mit Scheinen oder Münzen getätigt.

Die Bargeldmenge ist in Schweden Ende 2022 auf etwa 1 Prozent des Bruttoinlandprodukts (BIP) gesunken. Die Bargeldmenge in der Eurozone betrug im gleichen Jahr hingegen mehr als 12 Prozent und in der Schweiz 11 Prozent des BIP. Bereits 2012 haben schwedische Banken gemeinsam eine Zahlungs-App für Smartphones namens Swish eingeführt. Swish ermöglicht digitale Sofortzahlungen zwischen Konten bei verschiedenen Banken und ist insbesondere für Zahlungen zwischen Privatpersonen beliebt. Wer sich Geld von einem Freund leiht, macht das mit Swish. Von den über 10 Millionen Schweden haben rund 8 Millionen[300] oder 95 Prozent der 15- bis 65-Jährigen die Swish-App auf ihrem Mobiltelefon installiert.

Immer mehr Geschäfte und Banken akzeptieren keine Scheine und Münzen mehr, dafür kann bei jedem Marktstand mit Karte oder App bezahlt werden, obdachlose Zeitungsverkäufer sind mit Kartenlesegeräten ausgestattet, und sogar in der Kirche kann bargeldlos gespendet werden. Selbst die Gebühr für die öffentliche Toilette wird elektronisch entrichtet. Schweden ist de facto schon jetzt eine bargeldlose Gesellschaft. In den vergangenen Jahren haben alle großen Banken die Bargeldabwicklung am Schalter eingestellt. Dass die schwedische Währung, die Krone, in Form von Münzen und Scheinen noch nicht ganz verschwunden ist, liegt an einer Bevölkerungsgruppe, die nach Schätzungen rund 5 Prozent der erwachsenen Gesamtbevölkerung ausmacht. Es sind oftmals Menschen, die zumeist gar keine digitalen Zahlungen tätigen, weil sie damit überfordert sind. Das trifft auf sehr alte Menschen oder Menschen mit einer geistigen Beeinträchtigung zu. Vom digitalen Zahlungsverkehr sind auch jene ausgeschlossen, denen die Eröffnung eines Bankkontos verweigert wird oder die sich nicht ausweisen können. Die Gruppe, die aus Prinzip, aus politischen und datenschutzrechtlichen Gründen mit Bargeld bezahlt, ist in Schweden eine Mikrominderheit. Anders als etwa in Deutschland oder Österreich.

Bargeld spielt in Schweden also nur noch als Zahlungsmittel für »digitale Außenseiter« eine Rolle. Das sind ideale Voraussetzungen für die Einführung eines digitalen Zentralbankgeldes (CBDC), da die Bevölkerung längst an bargeldloses Bezahlen gewohnt ist und die Einführung einer digitalen Zentralbankwährung auf keinen nennenswerten politischen oder gesellschaftlichen Widerstand stoßen würde. Das hängt auch damit zusammen, dass die Schweden trotz aktueller gesellschaftlicher Umwälzungen und Fehlentwicklungen – Bandenkriminalität, hohe Vergewaltigungsraten, Ausbreitung von No-go-Areas etc. – nach wie vor großes Vertrauen in den Staat und die Regierung(en) haben. Laut Eurobarometer 2022 vertrauen 53 Prozent der Bevölkerung der Regierung und 57 Prozent dem Parlament. Das liegt deutlich über dem EU-Schnitt von jeweils 34 Prozent.

Entsprechend schlecht ist das Image von Bargeld in Schweden, wer noch immer mit Banknoten und Münzen zahlt, ist ein Außenseiter und irgendwie verdächtig. Sinkt der Bargeldumlauf unter ein gewisses Niveau, verschwinden auch die Bargeldinfrastruktur und damit die Möglichkeiten, überhaupt noch mit Banknoten und Münzen zahlen zu können, auch wenn sie nach wie vor ein gesetzlich gültiges Zahlungsmittel sind.

Der schwedische Staat sorgt seit Jahren mit verschiedenen Gesetzen und Maßnahmen dafür, dass das Bargeld nicht völlig verschwindet. Im Jahr 2021 trat ein Gesetz in Kraft, das bestimmte Großbanken dazu verpflichtet, Bargeldabhebungen anzubieten und Bargeldeinzahlungen von Organisationen und Unternehmen entgegenzunehmen. Seit Januar 2023 verpflichtet ein Gesetz die Schwedische Nationalbank zu mehr Verantwortung bei der Sicherstellung der Bargeldversorgung im Großhandel und bei der Überwachung der Bargeldversorgungskette. Cash steht in Schweden quasi unter Artenschutz und findet nur noch in Ausnahmefällen und Randbereichen Verwendung. Es hat hier einen ähnlichen Status wie Pferdekutschen: Es gibt sie noch, sie sind aber weitgehend bedeutungslos, zu einem Kuriosum geworden.

Es verwundert deshalb nicht, dass Schweden Vorreiter bei der Einführung einer digitalen Zentralbankwährung ist beziehungsweise war. Die schwedische Zentralbank hat bereits 2017 die ersten Schritte für die Einführung der E-Krone (e-krona) gesetzt. 2016 sagte Cecilia Skingsley, Vizechefin der Schwedischen Nationalbank, der *Financial Times*, man wolle innerhalb von 2 Jahren entscheiden, ob und wann die E-Krone herausgegeben werde. »Ich persönlich würde es gern so gestalten, dass es Banknoten und Münzen am nächsten kommt«, so Skingsley damals über die Ausgestaltung des digitalen Zentralbankgeldes. Wie die E-Krone konkret konzipiert werden sollte, war damals aber noch nicht klar, nur eines stand fest: Die Zentralbankwährung dient vor allem dazu, die Bürger besser kontrollieren und steuern zu können. Skingsley betonte, dass der Staat kein Interesse daran habe, illegale Aktivitäten zu unterstützen, sprich jede Transaktion mit der schwedischen Zentralbankwährung soll nachvollziehbar sein, die Anonymität beim Zahlungsverkehr komplett abgeschafft werden.

2 Jahre später, also 2018, gab es noch keine Entscheidung über die Einführung der E-Krone, zumal man erst 2020 die erste Pilotphase startete. Seither hat dieses Projekt drei Pilotphasen durchlaufen, in denen auch die Praxistauglichkeit der digitalen Währung erprobt wurde, eine Entscheidung über die Einführung der E-Krone ist aber noch immer nicht gefallen. Sie wurde auf 2024 verschoben, zumal noch viele Fragen offen sind, so zum Beispiel über die der zugrundeliegenden Technologie. In der Pilotphase setzte man auf die Distributed-Ledger-Technologie (DLT), also auf dezentral geführte Kontobücher oder Transaktionsdatenbanken.

Das bedeutet, dass die Währung durch Token in einer Blockchain repräsentiert wird. Wie bei Banknoten und Münzen kann aber nur die Schwedische Nationalbank E-Kronen schaffen oder vernichten. Jedes Token ist eine eindeutig identifizierbare digitale Einheit mit einem Zertifikat, das beweist, dass es von der Nationalbank ausgestellt wurde. Jedes Token hat einen bestimmten Geldwert, der von Token zu Token variieren kann. Benutzer können E-Kronen lokal speichern und benötigen eine digitale Geldbörse. Für Zahlungen ist eine Kommunikation mit dem E-Kronen-Netzwerk erforderlich. Jedes Token kann nur einmal verwendet werden. Sobald es eingesetzt wird, wird es als verbraucht erfasst, und der durch das Token dargestellte Geldbetrag wird in Form eines oder mehrerer neuer Token erneut angezeigt.

Der Vertrieb des digitalen Zentralbankgeldes folgt einem zweistufigen Modell. Die Nationalbank verteilt die E-Kronen an andere am Netzwerk teilnehmende Parteien, an Banken und Zahlungsdienstleister. Diese verteilen die Währung wiederum an die breite Öffentlichkeit. Jeder Netzwerkteilnehmer verfügt über einen eigenen Netzwerkknoten, mit dem er die E-Kronen bei der Nationalbank anfordert. Anschließend erstellt die Nationalbank den entsprechenden Betrag an digitaler Währung, verteilt ihn an den Knoten des Teilnehmers und bucht den Betrag von einem mit dem Teilnehmer verknüpften Verrechnungskonto ab. Anschließend können die Banken und Zahlungsdienstleister die E-Kronen über eine mobile App oder eine Karte weiter an die digitale Geldbörse der Endnutzer verteilen. Diese können dann die E-Kronen für Zahlungen nutzen und bei teilnehmenden Banken gegen Guthaben eintauschen.

Die Argumente, die schwedische Politiker für die Einführung der E-Krone ins Feld führen, sind dieselben wie die von allen Bargeldgegnern: weniger Kriminalität, Terrorbekämpfung, Kosteneffizienz, Sicherheit etc. Mit der Herausgabe der E-Krone und der Abschaffung des Bargeldes bekommt der Staat die totale Kontrolle über die finanziellen Transaktionen in seinem Hoheitsgebiet, denn das E-Kronen-Netzwerk ist, anders als bei den meisten Kryptowährungen, kein freies, sondern ein geschlossenes System, in dem die Nationalbank die zwei wichtigsten Knotenpunkte betreibt. Dadurch wird die Zentralbank zur allmächtigen monetären Kontrollinstanz.

Im März 2023 wurde die dritte Pilotphase ohne eindeutige Empfehlung abgeschlossen. Die von der Nationalbank beauftragten Studienbetreiber stellten fest, dass es »derzeit kein ausreichendes gesellschaftliches Bedürfnis« für eine E-Krone gäbe. Trotzdem will man weiter an der Einführung arbeiten. Begründung dafür sind vor allem die engen wirtschaftlichen und finanzpolitischen Verflechtungen Schwedens mit der Eurozone, wo man mit Hochdruck an der Herausgabe des E-Euros arbeitet. Der digitale Euro »könnte längerfristig dazu führen, dass der Euro in Schweden in größerem Umfang für Zahlungen verwendet wird«, heißt es im Untersuchungsbericht. Die Nationalbank wurde deshalb angewiesen, im Jahr 2024 eine konkrete Empfehlung zur Einführung der E-Krone vorzulegen.

Dass Schweden trotz langer Vorlaufzeit und mehrerer Praxistests zögert, hat wenig mit den Sorgen und Bedenken der Bürger bezüglich Datenschutz zu tun. Dass Schweden zu einem Überwachungs- und Kontrollstaat werden und die Behörden Innovationen wie das digitale Zentralbankgeld und Datensammlungen missbrauchen könnten, ist in der öffentlichen Debatte kein großes Thema. Die Etablierung solch neuer Technologien wird in Schweden oftmals von der Bevölkerung und der Wirtschaft, nicht vom Staat, vorangetrieben. Vor allem die jungen Schweden sind technikaffin und sehen in der Digitalisierung der Gesellschaft in erster Linie die Vorteile und weniger die Missbrauchsmöglichkeiten. Für sie haben Bequemlichkeit und Praktikabilität einen höheren Stellenwert als Privatsphäre. Daher ist es kaum verwunderlich, dass Schweden auch internationaler Vorreiter beim sogenannten Chippen, also beim Implantieren von Mikrochips ist.

Tausende Schweden haben sich in den vergangenen Jahren solche Chips – freiwillig – implantieren lassen, zumeist in den Unterarm oder zwischen Daumen und Zeigefinger. Der Eingriff dauert wenige Minuten, kann von jedem Piercingstudio durchgeführt werden, und die Kosten für die Mikrochips sind mit Preisen zwischen 100 und 400 Euro überschaubar. Zum Einsatz kommen passive NFC- (Near Field Communication) und RFID-Chips (Radio Frequency Identification). Das sind simple, winzige Geräte mit einem kleinen Datenspeicher, die ohne eigene Stromversorgung ein Funksignal senden können. Dazu müssen sie von einem Lesegerät angefunkt werden. Der Chip nutzt die eingestrahlte elektromagnetische Energie für das Echosignal. Die implantierten Chips können per Handy-App vom Benutzer individuell konfiguriert werden.

Was für viele Menschen in Deutschland wie Science-Fiction oder nach einer Dystopie klingt, ist für zahllose Schweden längst Alltag. Tausende zumeist junge Schweden benutzen ihre unter der Haut befindlichen Chips als Schlüsselkarten, Bahntickets, zum bargeldlosen Zahlen, Entsperren ihres Computers, Speichern medizinischer und anderer persönlicher Daten etc. Während der Coronapandemie haben sich viele Schweden auch ihren Impfpass implantieren lassen. Mit dem Handy konnte der Impfstatus vom Mikrochip ausgelesen werden. Das sind simple Funktionen, die Chips sollen aber schon bald wesentlich mehr können, etwa Körperfunktionen wie etwa Blutzuckerwerte, Puls oder Körpertemperatur messen und überwachen.

Für die meisten Schweden ist das kein wahr gewordener Albtraum, nichts, wovor sie sich fürchten würden. Im Gegenteil. Man sieht diese technischen Entwicklungen, die Digitalisierung aller Lebensbereiche und den Transhumanismus als gesellschaftlichen Fortschritt und als Erleichterung des Alltags. Dass die Daten, die man mit diesen Chips im Körper gespeichert hat, vom Staat, von Konzernen, Organisationen (WHO etc.) oder Kriminellen missbraucht werden könnten, dieses Bewusstsein ist in Schweden kaum vorhanden, obwohl sich ein solches Vorgehen zur Erreichung machtpolitischer oder wirtschaftlicher Ziele geradezu anbietet.

Es gilt die Devise: Man habe ohnehin nichts zu verbergen. Man vertraut den Behörden, dem Staat und der EU. Die Schweden gehen mit ihren persönlichen Daten generell sehr freizügig um. Auf Websites wie *hitta.se* findet man eine Vielzahl privater und persönlicher Informationen über so gut wie jeden Schweden. Neben Adresse und Telefonnummer erfährt man auf solchen Seiten auch, welchen Wert die Immobilie hat, in der der Betreffende wohnt, wann er sich welches Auto gekauft hat, wo er arbeitet, wer in seiner Nachbarschaft lebt etc. Was für Deutsche oder Österreicher unvorstellbar ist, ist für Schweden keine große Sache. Der skandinavische Staat ist also ein idealer Ort, um solche neuen Technologien und Strategien zu erproben und zu etablieren.

Der kleine CBDC-Atlas

Rund um den Globus wird an einer der vielleicht gravierendsten Veränderungen in der Geschichte des Geldes gearbeitet. Regierungen und Notenbanken wollen ihre Bürger mit digitalem Zentralbankgeld zwangsbeglücken. Wo das sogenannte Central Bank Digital Currency (CBDC) bereits eingeführt wurde, fehlt es aber oft an Akzeptanz. Dann pflegen Regierungen mit massivem Druck »nachzuhelfen«.

Es ist schon sonderbar: In 87 Staaten der Erde (Stand Sommer 2023) arbeiten Regierungen und Notenbanken an digitalem Zentralbankgeld, in manchen Staaten wurde dieses neue elektronische Fiatgeld bereits eingeführt. Es droht nicht weniger als eine Revolution auf den Finanzmärkten – und für die Konsumenten genau das, was sich viele Politiker seit Jahren wünschen: der langsame Abschied vom Bargeld. Doch die meisten Menschen scheint das wenig zu interessieren, ein umfassender und tiefgreifender Diskurs jedenfalls fand bisher noch nicht statt. Lediglich die – gemessen an der Gesamtzahl der Verbraucher – überschaubare kryptoaffine Szene beschäftigt sich mit der Zukunft unseres Geldes. Dabei erwirtschaften jene Länder, die bereits CBDC eingeführt haben oder die dessen Einführung in den nächsten

Jahren planen, schätzungsweise mehr als 90 Prozent des globalen Bruttoinlandsprodukts.

Wahr ist allerdings auch, dass die Regierungen und Notenbanken von zum Teil ganz unterschiedlichen Konzepten ausgehen. Europäer setzen andere Schwerpunkte als Staaten in der Karibik, deren CBDCs unterscheiden sich wiederum von jenen in Afrika. Im Folgenden einige ausgesuchte Beispiele für Staaten, die bereits digitales Zentralbankgeld eingeführt haben oder aber in den nächsten Jahren entsprechende Pläne umsetzen dürften.

Jamaica als Vorreiter

Die zu den großen Antillen gehörende Karibikinsel Jamaica wird von der linken Jamaica Labour Party (JLP) regiert, die bei den Parlamentswahlen im Jahr 2020 einen Erdrutschsieg verzeichnen konnte. Jamaica zählt rund 3 Millionen Einwohner. Seine Wirtschaft basiert zum einen auf dem Bauxitbergbau und zum anderen auf dem Tourismus. Die letztgenannte ökonomische Säule brach während der Coronakrise fast vollständig zusammen. Dennoch stellt sich die wirtschaftliche Lage des Landes im Vergleich zu den anderen karibischen Nationen relativ stabil dar. Nach wie vor ein ungelöstes Problem ist freilich die hohe Kriminalität auf der Karibikinsel.

Im Juni 2022 führte Jamaica den JAM-DEX ein – ein CBDC, das fortan als gesetzliches Zahlungsmittel galt. Allerdings handelt es sich um ein vergleichsweise einfaches Geld, das zum Beispiel bislang nicht für den grenzüberschreitenden Zahlungsverkehr geeignet ist. Im Gegensatz zu den CBDCs der Bahamas (Sand Dollar) und D-Cash (Eastern Caribbean Central Bank) arbeitet JAM-DEX nicht auf Basis einer Blockchain.

Regierung und Notenbank von Jamaica wollen mit der digitalen Währung jährlich rund 7 Millionen US-Dollar für die Lagerung und

Handhabung von Bargeld sparen. Der Nutzen für Regierung und Notenbank liegt also auf der Hand. Die Menschen des Landes indessen sind offenbar noch nicht überzeugt. In den Monaten nach Einführung des JAM-DEX luden nur etwa 3 Prozent der Bevölkerung die erforderliche App herunter. Seither wird von Regierungsseite mehr oder minder sanfter Druck auf die Menschen ausgeübt, die ungeliebte Digitalwährung zu akzeptieren.

Sand Dollar auf den Bahamas

Wenn es um die Bahamas geht, geraten nicht nur Reisejournalisten ins Schwärmen, sprechen oder schreiben von einem Traumziel und vergleichen die Inselgruppe mit kostbaren Juwelen – denn sie ist ein wahres Dorado, nicht nur für Taucher und Segler. Geografisch fast gleich weit von Florida und Kuba entfernt, herrschen in diesem pittoresken Inselstaat höchst angenehme Temperaturen, die im Jahresdurchschnitt nur selten unter 25 °C fallen.

Auch das Steuerklima scheint auf den Bahamas recht angenehm zu sein, jedenfalls, wenn man der EU Glauben schenken darf (womit man bekanntlich vorsichtig sein sollte). Aber wie dem auch sei, im Herbst 2022 setzten die Brüsseler Eurokraten die Bahamas, Anguilla sowie die Turks- und Caicosinseln auf die Liste der sogenannten Steueroasen, auf der sich zu diesem Zeitpunkt bereits Amerikanisch-Samoa, Fidschi, Guam, Palau, Panama, Samoa, Trinidad und Tobago, die Amerikanischen Jungferninseln sowie Vanuato befanden.

Vor einigen Jahren sorgten die Bahamas allerdings weniger als angebliches oder tatsächliches Steuerparadies für Aufsehen, vielmehr brachte der Inselstaat 2020 die erste digitale Zentralbankwährung an den Start. Der kleine Inselstaat war damit das erste Land, das ein CBDC für die Öffentlichkeit freigab – der Sand Dollar, eine digitale Version des bahamaischen Dollars, erblickte das Licht der

Finanzwelt. Doch der Stolz der Verantwortlichen währte nicht lange. Durch den Zusammenbruch der Kryptowährungsbörse FTX geriet die digitale Währung in eine prekäre Situation. Immerhin hatte FTX – einst die drittgrößte Kryptobörse der Welt – ihren Sitz auf den Bahamas.

Doch auch schon zuvor hatte es im CBDC-Gebälk geknistert. Die Bürger des kleinen Landes hatten die digitale Währung nicht eben mit überschwänglichem Enthusiasmus begrüßt. Die Verantwortlichen haben für diesen Fehlstart auch sogleich einen Sündenblock gefunden – Corona.

Reinfall in Nigeria

Ein ziemlicher Reinfall war auch die eNaira, mit der Nigeria als erstes afrikanisches Land in die Zukunft des digitalen Geldes starten wollte. Im Oktober 2021 war es so weit. Große Ziele wurden damals formuliert. Die eNaira sei ein wichtiger Schritt zur Inklusion der Bürger des Landes in das Finanzsystem, hieß es. Darüber hinaus werde die Wirtschaftskraft des Landes nachhaltig gestärkt. Die Wirtschaft des über 206 Millionen Einwohner zählenden Landes profitiert vor allem von der Petrochemie.

Zur Einführung der eNaira wurden von der nigerianischen Zentralbank umgerechnet rund 3 Milliarden des digitalen Geldes erzeugt und eine entsprechende Infrastruktur aufgebaut. Doch ähnlich wie im viel kleineren Jamaica hatten Regierung und Notenbanken auch in Nigeria die Rechnung ohne die Bevölkerung gemacht. In den Wochen nach der Einführung nutzten nur 0,5 Prozent der dort lebenden Menschen die eNaira. Man darf wohl von einem absoluten Desaster für die Verantwortlichen in der Hauptstadt Abuja sprechen. Die Gründe für diese Ablehnung: Mehrheitlich schätzen die Nigerianerinnen und Nigerianer die Anonymität des Bargeldes.

Ende Februar 2023 musste die nigerianische Führung das vorläufige Scheitern ihres CBDC eingestehen, wenngleich auch nur indirekt. Immerhin hieß es, die eNaira sei »verkommen«. Um das digitale Geld zu retten, sprachen die Vertreter des Landes mit US-amerikanischen Technologieunternehmen, wie zum Beispiel R3 in New York und der Finanzsoftwarefirma Bitt. Geplant ist eine neue Software, die der nigerianischen Notenbank die Möglichkeit einer »vollständigen Kontrolle« (!) verschaffen soll. Zugleich wird die Bevölkerung Repressalien ausgesetzt. Dazu gehören die Verknappung des Bargeldes sowie hohe Gebühren und geringe Limits bei Bargeldabhebungen vom Bankkonto. Derlei Maßnahmen lösten in Nigeria landesweite Proteste aus.

CBDC in Subsahara-Afrika

Auch Subsahara-Afrika plant, CBDC einzuführen. Zustatten kommt diesen Ländern vielleicht die weit verbreitete Nutzung von M-PESA, einem mobilen Geldtransferdienst, der eine relativ starke Infrastruktur für die Zahlungsabwicklung geschaffen hat. Hinter M-PESA stehen das Mobilfunkunternehmen Safaricom und dessen Kooperationspartner Vodafone.

»Zwangsbeglückung« in China

In keinem anderen Land der Welt ist die Entwicklung von digitalem Zentralbankgeld so weit fortgeschritten wie in China. Das ist nicht verwunderlich, ist CBDC doch ein wichtiger Mosaikstein in der staatlichen Komplettüberwachung der Bürger. Schon im Jahr 2019 startete China ein Pilotprojekt zur Einführung des digitalen Yuan. Doch auch dort waren die Menschen zunächst skeptisch. Die chinesische Führung hat zwar schon vor Jahren damit begonnen, die Bevölkerung zu einer weitgehend bargeldlosen Gesellschaft umzuerziehen, doch genau dies erwies sich bei der Einführung des digitalen Yuan als Akzeptanzproblem. Warum sollen wir, so fragten sich viele, künftig mit digitalen Yuan bezahlen, wenn es günstigere Anbieter wie WeChat Pay oder Alipay gibt?

Mithin mussten die Menschen auch in China zu ihrem vermeintlichen »Glück« gezwungen werden. Das bekamen im Frühjahr 2023 die Bewohner der 1,5-Millionen-Einwohnerstadt Changshu in besonderer Weise zu spüren. Die dortigen Beamten erhielten fortan ihre Gehälter in digitalen Yuan. Auch im öffentlichen Nahverkehr, in Apotheken, Supermärkten sowie bei der Begleichung von Wasser- und Gasrechnungen wurde eine möglichst vollständige Zahlung in staatlichem Digitalgeld verlangt. Damit wurde Changshu zum weltweit größten Pilotprojekt einer (erzwungenen) Umsetzung von digitalem Zentralbankgeld.

Die Pekinger Führung arbeitet sozusagen nach dem Prinzip von Zuckerbrot und Peitsche, um ihre Bürger von ihrem digitalen Yuan zu überzeugen. Neben Zwangsmaßnahmen gab es in der Vergangenheit auch immer wieder Lotteriespiele auf CBDC-Basis.

Das Beispiel China zeigt wie unter einem Vergrößerungsglas die Risiken von digitalem Zentralbankgeld auf. Die chinesischen Überwachungs- und Unterdrückungsmaßnahmen ließen sich hervorragend mit digitalem Zentralbankgeld koppeln, schreibt Sven Wagenknecht, Chefredakteur des Fachmagazins *BTC-Echo* und Buchautor. Wer das chinesische Zentralbankgeld nutzen möchte, müsse seine Personaldaten übermitteln. Der chinesische Staat wisse also bei jeder E-Yuan-Transaktion, wer die zahlende oder empfangende Person dahinter ist. Das wäre das vollständige Ende jedweder Privatsphäre. »Ziel ist es«, so Wagenknecht, »Kontrolle über die Bevölkerung auszuüben, um diese besser zu steuern«.

Nun mag man einwenden, Europa sei eben nicht China und die hiesigen Bürger würden nicht durch ein autokratisches Regime drangsaliert.

Sind Sie sicher? Dann erinnern Sie sich doch bitte an die Zwangsmaßnahmen im Zusammenhang mit der angeblichen Coronapandemie. Unser Wiener Kollege Werner Reichel hat in seinem Bestseller *Gegen das Vergessen* Hunderte von Zitaten zusammengestellt, die im Nachhinein noch einmal beweisen, auf welch unglaubliche Weise auch die Deutschen und Österreicher von ihren Politkern und den Medien Angst eingejagt bekommen haben, um sie gefügig und zu gehorsamen Untertanen zu machen. Bis hin zur chinesischen Totalüberwachung sind es dann nur noch wenige Schritte.

Cash-Restriktionen in Australien

Mitte 2023 begann auch Australien die Einführung von digitalem Zentralbankgeld zu testen – dem eAUD. Das Pilotprojekt für die erste Devisentransaktion mit eAUD wurde zwischen dem 31. März und dem 31. Mai 2023 von der Reserve Bank of Australia und dem Financial Research Institute Digital Finance Cooperative Research Center abgewickelt. Wie *The Australian* am 24. Juli 2023 berichtete, wurden dem Wirtschaftskreislauf in Down Under innerhalb von 12 Monaten Banknoten im Wert von mehr als 1 Milliarde Australischer Dollar entzogen. In einigen Filialen der Commonwealth Bank in Sydney ist Bargeld am Schalter nicht mehr erhältlich.

Nach Aussage des australischen Fernsehsenders Sky News soll es bereits die ersten bargeldlosen Filialen geben. Dieser neue »bargeldlose Service« würde neben der Commonwealth Bank of Australia (CBA) vor allem auch die Australia and New Zealand Banking Group (ANZ) und die National Australia Bank (NAB) betreffen. Vordergründig soll dieser Service dazu dienen, vor allem Großbanken zu sogenannten »Spezialzentren« zu transformieren, welche sich zukünftig auf die »komplexeren Bankbedürfnisse« ihrer Kunden konzentrieren sollen, so ein Artikel des Fernsehkanals 7NEWS.

Doch auch eine andere Nachricht der Commonwealth Bank of Australia lässt aufhorchen. Demnach soll die Bank laut *The Epoch Times* auch Einschränkungen bei der Überweisung auf Kryptokonten angekündigt haben, um ihre Kunden angeblich vor Betrügern zu schützen. Laut ihren überarbeiteten Geschäftsbedingungen dürfe die Bank zudem Konten sperren, um Zahlungen, welche im Zusammenhang mit Kryptowährungen stehen, zu stoppen. Gegenüber der *Daily Mail Australia* zeigte sich der selbst ernannte »Kryptokönig« Fred Schebesta keinesfalls überrascht von dieser Entwicklung: »Die Marktkapitalisierung von Kryptowährungen wird auf 1,22 Billionen US-Dollar geschätzt, und es gibt immer mehr Menschen, die in den Kryptowährungsbereich einsteigen.« Demnach läuft es darauf hinaus, dass die Zentralbanken um ihre Währungshoheit fürchten und daher auch massiv auf die Durchsetzung ihrer digitalen Währungen pochen.

Derweil liefen im Sommer 2023 zahlreiche weitere Pilotprojekte, so auch in Russland, das sich mit einem digitalen Rubel unabhängiger von westlichen Finanzstrukturen machen möchte. Dazu gleich mehr.

Der Ministaat Liechtenstein zwischen Österreich und der Schweiz, unweit des Bodensees gelegen, galt schon immer als attraktives Finanzzentrum mit einem günstigen Steuerklima, bis mächtige Nationen dem kleinen Fürstentum die fiskalischen Daumenschrauben anlegten. Auch wenn Liechtenstein heute nicht mehr als sogenannte Steueroase gilt, so wird der Kleinstaat aber nach wie vor als innovativer Finanzplatz geschätzt. Was Kryptowährungen angeht, so zählt das Fürstentum seit Jahren zur Avantgarde. Nun soll schon bald der Bitcoin als weiteres gesetzliches Zahlungsmittel eingeführt werden – neben den Fiatwährungen Euro und Schweizer Franken, das gab vor einiger Zeit Regierungschef und Finanzminister Daniel Risch bekannt.

USA: Der digitale Dollar – Hilfe für den erodierenden Greenback?

Welche US-amerikanische Waffe ist am effektivsten oder, um ein treffenderes Adjektiv zu wählen, am schrecklichsten? Die effektivste Waffe kommt aber nicht aus den US-Rüstungskonzernen, sondern aus der Finanzbranche. Seit jeher ist der US-Dollar die dominierende Kraft in der Weltmachtpolitik Washingtons. Mithilfe des Greenbacks (in der Börsensprache gebräuchliche Bezeichnung für US-Dollar) dirigieren die USA die Weltmärkte und machen andere Staaten zu gefügigen Vasallen.

Im Jahr 2023 ist die US-Währung an sage und schreibe 88 Prozent aller weltweiten Handelsaktionen beteiligt, berichtet die Bank für Internationalen Zahlungsausgleich (BIZ). Die wichtigsten Rohstoffe – allen voran Rohöl – werden nach wie vor in Dollar fakturiert. Die Stärke beziehungsweise Schwäche der amerikanischen Währung hat auch erheblichen Einfluss auf den Goldpreis, und der Dollaranteil am internationalen Devisenhandel machte 2023 fast 60 Prozent aus. Nicht zuletzt können sich die USA ihre Schuldenmacherei nur deswegen leisten, weil sich ihre Staatsanleihen bei den Anlegern nach wie vor großer Beliebtheit erfreuen – frei nach dem TINA-Prinzip (»There is no alternative«). Trotz aller Krisen und eines gigantischen Schuldenbergs gilt der Dollar noch immer als relativ sicherer Hafen, selbst wenn als Galionsfigur unter dem Bugspriet des Staatsschiffes ein greiser Präsident grüßt. Die Nachfrage nach dem US-Dollar bleibt hoch, weil die wichtigsten internationalen Zentralbanken Dollarreserven horten.

Immer wieder hieß es in der Vergangenheit, die Macht des Greenbacks beginne zu erodieren und viele Staaten wollten sich von der Abhängigkeit der US-amerikanischen Währung lösen. Doch geschehen ist bisher noch nichts. Naive Zeitgenossen versuchten einst, der skeptischen

Bevölkerung den unbeliebten Euro dadurch schmackhaft zu machen, dass man ihn als Alternative zum US-Dollar pries. Das war von vornherein entweder kompletter Unsinn oder aber gezielte Propaganda, denn die USA hätten niemals eine zweite Weltwährung neben dem Dollar zugelassen, und außerdem hatte der Euro als währungstechnisches Amalgam aus Hartwährungen (zum Beispiel D-Mark, Schilling) und Weichwährungen nie das Zeug, dem Dollar in den Augen internationaler Anleger ernsthafte Konkurrenz zu machen.

Doch seit dem Jahr 2022 und den drastischen Sanktionen gegen Russland infolge des Krieges in der Ukraine stellt sich vieles anders dar. Manche reden diplomatisch zurückhaltend von der »De-Dollarisierung« des Welthandels und einer »Diversifizierung im Währungsregime«, andere formulieren deftiger und sprechen bereits vom nahenden Tod des Dollars. Tatsächlich haben die Sanktionen der USA und ihrer europäischen Vasallen gegen Russland vielen Ländern sehr klar vor Augen geführt, wie abhängig und anfällig sie das Währungsregime des Dollars macht. Und wer abhängig ist, wird auch erpressbar. Auf diese Erkenntnis reagierten Ende August 2023 die sogenannten BRICS-Staaten (Brasilien, Russland, Indien, China und Südafrika). Die Staatengruppe wurde um den Iran, Saudi-Arabien, die Vereinigten Arabischen Emirate, Äthiopien, Ägypten und Argentinien erweitert. So heterogen diese Staaten auch sein mögen, sie eint der Wille, die westliche, insbesondere US-amerikanische Dominanz und die des Dollars zurückzudrängen.

Dass der Dollar als Weltleitwährung schon jetzt schwer angeschlagen ist, lässt sich nüchtern betrachtet kaum bestreiten. So ist der Prozentsatz der internationalen Finanztransaktionen, die in US-Dollar abgewickelt wurden, in den vergangenen Jahren immer weiter gesunken. Zugleich fiel der globale Anteil der in Dollar gehaltenen Barreserve laut IWF-Angaben 2023 auf den niedrigsten Stand seit 1994.

Vor allem die erwähnten BRICS-Staaten sind entschlossen, die Dominanz des Dollars abzubauen. Infolge der Sanktionen nutzt Russland den chinesischen Yuan, um seine Erdölgeschäfte zu tätigen. Brasilien wiederum wickelt bereits mehr Handelsgeschäfte in der chinesischen Währung ab als in Euro. Auch Saudi-Arabien, Pakistan, Bolivien und sogar Frankreich zeigen zunehmend Interesse am Handel mit dem Yuan.

Hinzu kommt, dass die BRICS-Staaten eine eigene digitale Zentralbankwährung planen, gedeckt durch Gold, Silber sowie weitere Rohstoffe und seltene Erden. Finanzexperten sind sich sicher: Die De-Dollarisierung ist zwar in vollem Gange, doch dürfte der Greenback voraussichtlich noch eine Weile Leit- und Weltreservewährung bleiben. Allerdings ist eine Diversifizierung des derzeit noch vorherrschenden Währungsregimes absehbar, was vielen Staaten die Möglichkeit eröffnen wird, sich von der Abhängigkeit vom US-Dollar zu emanzipieren und als Vasallen nicht mehr vom Wohlwollen Washingtons abhängig zu sein.

Unterdessen bereiten die USA gleichsam den digitalen »Gegenschlag« vor, denn auch in den Staaten soll es schon bald ein CBDC, also einen digitalen Dollar, geben. Dadurch wollen Regierung und Finanzwirtschaft sicherstellen, dass die Vereinigten Staaten auch weiterhin eine führende Rolle im internationalen Währungssystem spielen. Nicht von ungefähr hat sich in den vergangenen Monaten die Biden-Administration immer wieder für die Einführung eines solchen CBDC ausgesprochen. Mithilfe eines E-Dollars ließen sich in der Geldpolitik Maßnahmen einfacher und effizienter umsetzen, da bei einem digitalen Dollar die Kontrolle allein bei der Zentralbank läge. Der Einfluss der Geschäftsbanken wäre vermutlich nur noch marginal.

Allerdings hat man dabei offenbar die Rechnung ohne den Wirt gemacht, denn laut einer 2023 veröffentlichten Umfrage des Cato

Institute lehnt eine Mehrheit der Amerikaner den digitalen Dollar vehement ab. Viele haben berechtigterweise die Sorge, dass durch CBDC Transaktionsdaten leichter nachvollziehbar und überwachbar werden könnten. Wenn der digitale Dollar dazu beitrüge, die Menschen zu kontrollieren, wofür sie ihr Geld ausgeben, dann lehnen nach der erwähnten Cato-Umfrage sogar drei Viertel der Befragten das digitale Geld ab.

Darüber hinaus haben viele Amerikaner Bedenken hinsichtlich der Cybersicherheit. Denn da der digitale Dollar auf digitalen Plattformen und Technologien basiert, besteht das Risiko von Cyberangriffen und Hacks. Bedenken, die sicherlich nicht von der Hand zu weisen sind.

In den USA stellt sich die Situation mithin eher heterogen dar. So arbeiten einzelne Federal Reserve Banken an Prototypen für einen digitalen US-Dollar. Die Federal Reserve Bank of New York kündigte Ende 2022 ein CBDC-Testprojekt für den Großhandel an. Im Gegensatz dazu hat der Bundesstaat North Carolina ein Gesetz erlassen, das CBDC ausschließt.

Ähnlich denkt wohl auch der Gouverneur von Florida, der Präsidentschaftsbewerber der Republikaner, Ron DeSantis. Er hat bereits im vergangenen März 2022 ein Verbot der US-amerikanischen digitalen Zentralbankwährung vorgeschlagen. Begründung: Er sei besorgt über die potenziellen Risiken des CBDC und der damit verbundenen staatlichen Überwachung. Ein weiteres Argument gegen die Verwendung sei die Gefährdung der Finanzstabilität, führte der Gouverneur aus. Bei den Bemühungen der Biden-Administration, eine zentralisierte digitale Bankwährung einzuführen, gehe es um Überwachung und Kontrolle. Ähnlich klare Worte hat man in Europa bisher nicht gehört. Hier bejubeln Ursula von der Leyen und EZB-Chefin Christine Lagarde die digitale Zukunft unseres Geldes.

Obwohl sich also erheblicher Widerstand gegen die digitalen Pläne der Regierung formiert, wird es am Ende wohl doch zum digitalen Dollar kommen. Denn die Einführung eines solchen CBDC könnte die Rolle des zuletzt erkennbar unter die Räder geratenen Dollars als Leitwährung wieder stärken.

FedNow Service: Das CBDC nimmt Formen an

Das Privatvermögen von Bill Gates, dem Gründer von Microsoft, soll sich laut Forbes im Juni 2023 auf 116,9 Milliarden US-Dollar belaufen. Damit ist er der fünftreichste Mann der Welt.[301] Mehr als 59 Milliarden US-Dollar sollen von seinem Gesamtvermögen bereits in der Bill & Melinda Gates Foundation stecken,[302] einer Stiftung, die den Hang zur »finanziellen Inklusion«[303] der ärmsten der Armen hat. Gates war es jedoch auch, der bereits 1994 folgenden Ausspruch tätigte: »Banking is necessary, Banks are not« (auf Deutsch: »Bankgeschäfte sind notwendig, Banken nicht«). Dennoch äußerte sich Gates am 29. Juni 2022 in seinen *GatesNotes* löblich darüber, dass mehr Menschen als je zuvor ein Bankkonto haben: »Die digitale Technologie verwandelt Menschen ohne Bankkonto in Menschen mit Bankkonto«.[304] Verbirgt sich hinter diesen beiden Aussagen ein Widerspruch?

Gates' Ausspruch aus dem Jahr 1994 muss hinsichtlich des rasanten technologischen Fortschritts interpretiert werden. Vor diesem Hintergrund der zunehmenden Digitalisierung müsse sich auch die Bankenbranche anpassen und ihren Kunden einen schnelleren und effizienteren Zugang zu Bankgeschäften ermöglichen. Etwa wie dies die Fed mit ihrem FedNow Service verspricht, der nun am 20. Juli 2023 live gegangen ist. Hierhinter verbirgt sich eine sofortige Zahlungsmethode, ein sogenanntes Instant-Payment-System. Mit diesem System sollen Finanzinstitute die erforderlichen Informationen sofort austauschen und somit Banktransaktionen rund um die Uhr, innerhalb von 60 Sekunden ermöglichen.[305] Und dies sogar am Wochenende, an Feiertagen, sprich außerhalb der Geschäftszeiten. Laut der Pressemitteilung der Fed bestehe der große Vorteil darin, dass die Empfänger sofort den vollen Zugriff auf ihre Gelder hätten. Dies würde ihnen mehr Flexibilität bei der Verwaltung ihres Geldes, aber auch bei zeitkritischen Zahlungen gewähren.[306] Der erste Vizepräsident der Federal Reserve Bank of Boston und des FedNow Service äußerte sich folgendermaßen: »Die Vorteile von Instant Payments werden für Verbraucher und Unternehmen immer wichtiger, und die Fähigkeit, diesen Service bereitzustellen, wird für Finanzinstitute von entscheidender Bedeutung sein, um wettbewerbsfähig zu bleiben.«[307] Heißt also im Klartext, dass sich zunächst die Unternehmen und dann auch die Verbraucher einen Zugang über das FedLine®-Netzwerk der Federal Reserve zulegen müssen, da hierüber der FedNow Service erfolgt.[308]

Genau hier liegt jedoch der Hase im Pfeffer. Denn anders als bei den bisherigen Kartenzahlungen fungiert die Zentralbank (in diesem Falle die Fed) als unmittelbarer Finanzabwickler. Im Umkehrschluss bedeutet das, dass die Fed jederzeit weiß, wer wann welche Zahlung an wen geleistet hat. Bislang kann nur die eigene Hausbank Zahlungen per Kreditkarte nachverfolgen, die darüber hinaus einem Bankgeheimnis unterliegt.[309] Insofern trifft Gates' Zitat zu, dass die Banken überflüssig werden. Denn an deren Stelle setzt sich nun die Zentralbank, indem sie den Hausbanken einen Service anbietet, ohne den diese schlichtweg nicht mehr konkurrenzfähig sein werden. Gemäß der Pressemitteilung der Fed betrifft dies immerhin mehr als 10 000 Finanzinstitute direkt beziehungsweise indirekt über ihre Vertreter.[310]

Obwohl es sich beim FedNow Service um kein CBDC, sondern einen Währungsinfrastrukturdienst handelt, der dazu dient, Transaktionen mit dem traditionellen US-Dollar zwischen den Finanzinstituten abzuwickeln, kann der FedNow Service als erster Schritt zum späteren Zentralbankgeld (CBDC) interpretiert werden. Denn dieser Service liefert die dazugehörige technische Infrastruktur, um Transaktionen binnen Sekunden abwickeln zu können. Eine Infrastruktur, von der auch das spätere CBDC lebt und in den kommenden Jahren zunehmend via einer mobilen App, der Website und/oder anderen Schnittstellen mit dem jeweiligen Finanzinstitut genutzt werden soll.[311]

Dass zumindest mit dem FedNow Service weiterhin an einem digitalen Dollar geforscht wird, macht eine Durchführungsverordnung deutlich, die Joe Biden im März 2022 erließ. Hierin werden die Federal Reserve und das Finanzministerium dazu aufgefordert, »eine digitale Währung der US-Zentralbank (CBDC) zu prüfen und dabei der Forschung und Entwicklung eines potenziellen US-amerikanischen CBDC Dringlichkeit zu verleihen, sofern die Ausgabe im nationalen Interesse liegt.«[312] Einer der Hauptprioritäten besteht dabei in der sogenannten »finanziellen Inklusion«,[313] einem Begriff, der bereits, wir erinnern uns, Bill Gates so sehr am Herzen liegt und sich mit Blick auf Indien erklären lässt.

Der BRICS-Staat Indien nimmt nicht nur hinsichtlich des digitalen Bezahlens eine klare Vorreiterrolle ein. Auch bei der Einführung der digitalen Identität liegt Indien ganz vorne, was sich anhand des digitalen Identitätssystems Aadhaar eindrücklich aufzeigen lässt. Verifiziert von der indischen Regierung werden mit Aadhaar Personen mittels einer persönlichen Identifikationsnummer erfasst. Zudem speichert es in einer zentralen Datenbank biometrische und biografische Daten des Inhabers, welche sich mit Leichtigkeit auf das eigene Smartphone transferieren lassen.[314] Nach Angaben der Nachrichtenagentur Reuters vom Juli 2022 werden all diejenigen benachteiligt und sogar von staatlichen Finanz- und Dienstleistungen ausgeschlossen, die sich nicht für Aadhaar registriert haben.[315] Konkret sagt die Assistenzprofessorin Dipa Sinha von der Ambedkar University, welche Aadhaar erforscht: »Obwohl der Oberste Gerichtshof festgestellt hat, dass niemandem wegen des Mangels an Aadhaar Leistungen verweigert werden sollten, kommt es weiterhin vor.«[316]

Entworfen wurde Aadhaar übrigens vom IT-Unternehmen Infosys, dessen Co-Gründer Nandan Nilekani, Gates in einem seiner 2019 auf YouTube hochgeladenen Videos sogar als »seinen Freund« und »Helden« bezeichnete.[317] Mit Verbindung zum Westen sei an dieser Stelle zu erwähnen, dass die Ehefrau des britischen Premierministers Rishi Sunak, die Tochter des anderen Co-Gründers von Infosys, N. R. Narayana Murthy, ist.[318] Laut *Forbes* wird das Vermögen von Murthy auf 4,1 Milliarden US-Dollar geschätzt,[319] wobei wohl vor allem das Erfassungssystem Aadhaar Millionen in die Kasse gespült haben wird. Doch seinem Mitbegründer von Infosys, Nandan Nilekani, ging es dabei nach eigenen Angaben, ähnlich wie Gates, als Erstes um Inklusion. »Wenn wir eine einzige Identitätsplattform schaffen können, die landesweit portierbar, digital und online ist, können die Menschen ihr Leben voranbringen«,[320] so Nilekani und meint damit wie Gates die Wettbewerbsfähigkeit. Als zweites Ziel stand für Nilekani der fiskalische Aspekt im Vordergrund. Immer mehr staatliche Programme seien auf individuelle Ansprüche wie Arbeitslosenversicherung, Gesundheitsversorgung, Renten und Stipendien ausgerichtet gewesen.[321] Offiziell sollte durch Aadhaar also sichergestellt werden, dass diese Programme nur an die dafür vorgesehene Person gehen, was allerdings der Aussage von Dipa Sinha widerspricht.

Ganz im Sinne des fiskalischen Aspekts darf es wohl kaum verwundern, dass Aadhaar auch über ein Zahlungssystem verfügt, mit dem das indische Äquivalent zum FedNow Service verknüpft werden kann.

2016, im selben Jahr, in dem in Indien Aadhaar eingeführt wurde, entstand auch das sogenannte »Unified Payments Interface«-System (UPI).

Dahinter verbirgt sich wie beim FedNow Service ein Instant-Payment-System. Durch die Kooperation zwischen der Reserve Bank of India (RBI, Zentralbank von Indien) und der Indian Banks' Association (IBA), einem repräsentativen Gremium der Verwaltung des Bankenwesens in Indien, können Transaktionen in Sekunden abgewickelt werden. Es liegt dabei auf der Hand, dass Geldhäuser, die sich der IBA nicht angeschlossen haben, dann eben, um es mit Gates' Worten zu sagen, nicht mehr wettbewerbsfähig sind. Privatpersonen, die sich weigern, Aadhaar oder ein anderes Zahlungssystem als Bankkonto zu verwenden, indem es einfach mit der Nummer des Mobiltelefons des Karteninhabers verknüpft wird, werden Schwierigkeiten haben, am gesellschaftlichen Leben teilzunehmen. Wir erinnern uns an Gates' Worte: »Banking is necessary, Banks are not.« Der hochgelobte Begriff der »finanziellen Inklusion« bedeutet so nichts anderes, als jeden Erdenbürger (sei er noch so arm) ins Zahlungssystem zu bringen – einem System, in dem mehr und mehr die Zentralbanken den Ton angeben werden.

Kann das CBDC in Kanada Fuß fassen?

Volksnah wollte man sich geben und rief am 8. Mai 2023 unter dem Namen »A digital dollar for a digital future: have your say« (auf Deutsch: »Ein digitaler Dollar für eine digitale Zukunft: Sagen Sie uns Ihre Meinung«) eine Umfrage auf Twitter ins Leben.[322] Hierin sollten die Kanadier die Bank of Canada (BoC) darüber unterrichten, über welche Funktionen ein kanadisches CBDC verfügen sollte. Carolyn Rogers, die Senior Deputy Governor der Bank of Canada, die der Kampagne ein Gesicht verlieh, schob dabei zwar beschwichtigend ein, dass ein digitaler kanadischer Dollar derzeit nicht erforderlich sei und sowohl die Entscheidung über die Ausstellung eines solchen Gesetzes beim Parlament und der Regierung Kanadas läge, allerdings wolle man als Zentralbank Kanadas sicherstellen, »dass jeder jederzeit an der Wirtschaft unseres Landes teilhaben kann. Das bedeutet, auf alles vorbereitet zu sein, was die Zukunft bringt«.[323]

Ziel der Onlinekonsultation ist, von den Kanadiern zu erfahren, welche Funktionen ihnen bei einem digitalen kanadischen Dollar am wichtigsten sind. Konkret geht es dabei um Fragen, unter welchen Bedingungen sie die Digitalwährung am ehesten nutzen würden, auf welche Sicherheitsmerkmale sie Wert legen und welche Bedenken sie bezüglich der Zugänglichkeit und des Datenschutzes haben.[324] Seltsam ist dabei, dass die BoC vom Umfrageteilnehmer neben seinen demografischen Angaben, seinem Bildungs- und Einkommensstand auch wissen will, ob dieser im Besitz von Kryptowährungen ist und diese verwendet.[325] Man darf sich also fragen, ob es nach Angaben von Rogers wirklich nur um »Designentscheidungen« geht, um eine sichere und zuverlässige Digitalwährung zu schaffen, die den Bedürfnissen der Kanadier entspricht, oder ob etwa ausspioniert werden soll, welche Anreize gegeben sein müssten, damit der Kanadier das CBDC nutzt.

Parallel zu einem möglichen digitalen kanadischen Dollar soll nach Angaben von Rogers die BoC auch weiterhin Banknoten für diejenigen bereitstellen, die diese benötigen. »Bargeld geht nirgendwo hin«,[326] versichert Rogers den Kanadiern beschwichtigend. Allerdings ist in dem Bericht »Cash, COVID-19 and the Prospects for a Canadian Digital Dollar« (auf Deutsch: »Bargeld, COVID-19 und die Aussichten für einen kanadischen digitalen Dollar«) von Walter Engert und Kim P. Huynh, herausgegeben von der BoC, unter dem dritten Punkt »Bedingungen für die Ausgabe einer digitalen Zentralbankwährung«[327]

zu lesen, dass nach dem stellvertretenden Gouverneur der BoC, Timothy Lane, zwei Szenarien die Einführung des CBDC bedingen könnten:

1. die Entstehung einer bargeldlosen Gesellschaft und
2. die weitverbreitete Nutzung alternativer digitaler Währungen.

Interessant ist bei beiden Aspekten, dass sowohl eine bargeldlose Gesellschaft als auch die Einführung von digitalen Währungen von den Regierungen weltweit propagiert werden. In Kanada ist man hinsichtlich des bargeldlosen Bezahlens wohl schon weiter fortgeschritten als hierzulande. Denn dort ist es durchaus üblich, dass, ähnlich wie in den USA, bereits Kleinstbeträge mit Kreditkarte gezahlt werden. Übrigens sei mit Blick auf China die Frage in den Raum zu stellen, ob mit der Einführung des CBDC tatsächlich auch das Bargeld abgeschafft wird. Bereits im November 2020 hieß es in einem Kommentar der *Neue(n) Zürcher Zeitung*, dass in China Barzahlen als harte Strafe gelte. »Selbst in den entlegensten Teilen Chinas werden fast nur noch die beiden mobilen Bezahlsysteme Alipay des Fintech-Unternehmens Ant Group sowie WeChat Pay des Internetkonzerns Tencent genutzt. Auch etliche Straßenmusikanten und Bettler haben sich dem Zeitgeist angepasst. [...] Zahlungen mit Scheinen oder Münzen scheitern oft daran, dass das Gegenüber kein Wechselgeld hat.«[328]

Bei der Einführung von CBDCs scheint es wohl eher darum zu gehen, dass etwa Kryptowährungen dem bisherigen Fiatgeldsystem den Rang ablaufen könnten. Da Kryptowährungen zumeist (noch) als Spekulationsobjekt gesehen werden und es daher zu massiven Preisschwankungen und Verlusten kommen kann, soll diese Sicherheitslücke durch eine digitale Währung geschlossen werden, welche von den Zentralbanken ausgegeben wird und damit Stabilität garantieren soll. Doch zu welchem Preis?

Dass sich zumindest ein Großteil der Kanadier nicht mehr auf die Heilsversprechen der Zentralbank verlassen will, macht ein Blick in die Twitter-Kommentare deutlich. Eine Währungsstabilität sei bereits durch eine nicht ständige Anhebung der Leitzinsen gegeben, meinen einige und merken an, dass diese Entscheidung viele kanadische Familien in finanzielle Schwierigkeiten bringt. Explizit bezogen auf die eventuelle Einführung des kanadischen CBDC meint die Twitter-Userin Anastasia: »[CBDC,] Sie meinen digitale Sklaverei. Nennen Sie es so! Tun Sie nicht so, als ob es unserem Komfort oder unserer Sicherheit dient.«[329] Ein weiterer User mit dem Namen TheGrinder wird hinsichtlich des negativen Sicherheitsaspekts der Bürger durch das CBDC noch konkreter und erinnert an den Trucker-Aufstand: »Erinnern Sie sich, als die kanadische Regierung im Jahr [2022] die Bankkonten von Menschen einfror, weil sie gegen die Impfungen auf die Straße gingen? Welche Garantien können Sie als CB [Zentralbank] geben, dass die Regierung nicht jederzeit und aus irgendeinem Grund ›programmierbare‹ CBDCs nutzen wird, um der Masse ihren Willen aufzuzwingen?«[330]

Obwohl die Auswertung der Studie durch die Bank noch in diesem Jahr vorgelegt werden soll, lässt die BoC jetzt schon via Tweet wissen, dass die Umfrage mit über 85 000 Teilnehmern ein voller Erfolg gewesen sein soll. Mit den Worten »Bleiben Sie dran!«,[331] werden die Kanadier ermutigt, mit Interesse die Auswertung abzuwarten. Der Twitter-Nutzer Dan Crosby kommentiert dies spöttisch: »Lol ›Bleiben Sie dran für unsere manipulierten Ergebnisse‹, ich glaube, dass Sie das sagen wollten.«[332] Unabhängig von den Stimmen der Kanadier sind sich viele Twitter-User wie Andy sicher, dass hinter der Umfrage die Illusion der Demokratie stecke. »Die Mehrheit der Menschen wird dagegen sein und dennoch werden Sie voranschreiten.«[333]

Viel wichtiger als die Frage, ob demnächst auch die BoC ein Pilotprojekt für das CBDC ausrollen wird, dürfte jedoch die Tatsache sein, dass die Kanadier eine solche digitale Zentralbankwährung aller Voraussicht nach überhaupt nicht akzeptieren würden. Zu dieser Erkenntnis hat sich mittlerweile scheinbar auch die Bank of Canada selbst durchgerungen. In einem Diskussionspapier mit dem Titel »Unmet Payment Needs and a Central Bank Digital Currency« (auf Deutsch: »Ungedeckter Zahlungsbedarf und eine digitale Zentralbankwährung«), welches am 10. August 2023 veröffentlicht wurde, wurde herausgestellt, dass es für den durchschnittlichen Kanadier wohl kaum einen Grund gäbe, die von der Zentralbank ausgegebene Währung zu nutzen. Zu diesem Schluss kam man, nachdem man sowohl im aktuellen als auch in einem rein hypothetischen bargeldlosen Umfeld die Zahlungsgewohnheiten der Kanadier prüfte. »Wir prüfen auch, ob eine digitale Zentralbankwährung (CBDC) den ungedeckten Zahlungsbedarf in einer bargeldlosen Gesellschaft decken könnte«,[334] so die Bank of Canada. »Die meisten erwachsenen Kanadier haben keine Lücken beim Zugang zu einer Reihe von Zahlungsmethoden, und dies würde in einer bargeldlosen Umgebung wahrscheinlich auch weiterhin der Fall sein. Allerdings könnte es für manche Menschen zu Zahlungsschwierigkeiten kommen, wenn Händler Bargeld nicht mehr generell als Zahlungsmittel akzeptieren würden.«[335]

Konkret heißt es dabei in dem Papier, dass 98 Prozent aller kanadischen Erwachsenen über ein Bankkonto verfügen, 87 Prozent eine Kreditkarte besitzen und 90 Prozent der ländlichen und städtischen Haushalte Zugang zu einem hochwertigen Internetanschluss haben.[336] Da die meisten Verbraucher kaum mit Zahlungslücken konfrontiert sind, gäbe es wenig Anreiz, CBDCs in großem Umfang einzuführen und auch zu nutzen. Deswegen wäre auch eine breite Händlerakzeptanz sehr unwahrscheinlich.[337] Obwohl in dem Papier betont wurde, dass abschließend keine Vorhersagen darüber getroffen werden können, wie die Kanadier letztendlich auf das CBDC reagieren, »scheinen die Hindernisse für Benutzer und Händler bei der umfassenden Implementierung eines CBDC erheblich zu sein.«[338] Viele Kanadier, die in der Twitter-Umfrage Anfang Mai 2023 ihre Skepsis gegenüber der digitalen Währung zum Ausdruck brachten, haben vor allem die Befürchtung, dass die Landeswährung zu einem digitalen Kontrollinstrument verkommen könnte. Der User CK äußerte sich hierzu folgendermaßen: »Kostenloses Geld ist für die Freiheit genauso wichtig wie die freie Meinungsäußerung. Eine Regierung, die die Macht hat, ihre Bürger auszuhungern, wenn sie ungehorsam sind, wird unweigerlich unser ganzes Land in Leibeigene verwandeln.«[339]

Interessanterweise greift das Diskussionspapier diesen Aspekt unter dem Punkt »Datenschutz, Zahlungen und die Rolle der Regierung« auf. Hier heißt es nämlich, dass vor dem Hintergrund von Sicherheitsbedenken Zentralbanken der Öffentlichkeit Banknoten zur Verfügung stellen, die den Verbrauchern völlig anonyme Zahlungen ermöglichen würden. »Dieses Gestaltungsmerkmal – Anonymität – stand jedoch nicht im Vordergrund, als die Zentralbanken die Ausgabe von Banknoten von Privatbanken übernahmen.«[340] Viel eher ist wohl anzunehmen, dass die eingangs in diesem Buch erwähnten Seigniorage-Einkünfte bei der Ausgabe von Banknoten eine entscheidende Rolle gespielt haben. Doch dass diese in einer digitalen Welt immer weniger aufrechtzuerhalten sind, wird inzwischen deutlich. Denn beim Ausbau eines totalitären Kontrollnetzes spielt die Digitalisierung eine entscheidende Rolle.

In Kanada ist es Senator Colin Deacon, der seine Regierungstätigkeit dahingehend nutzt, Kanada in die digitale Zukunft zu führen. Im besonderen Maße bewirbt er dabei die ukrainische Dija-App, welche es den Bürgern ermöglicht, digitale, anstatt physische Dokumente auf ihrem Smartphone zur Identifizierung zu verwenden. Daher ist es nicht verwunderlich, dass Deacon auch der digitalen Währung positiv gegenübersteht und diese im Rahmen des dritten Workshops des

Centre for International Governance Innovation (CIGI) mit dem Titel »Digitalisierung von Zahlungen und Währungen« als unabdingbar betrachtet, um in einer digitalen Welt nicht wirtschaftlich abgehängt zu werden.[341] Allerdings scheint Kanada nun ein Problem zu haben, denn zumindest die Twitter-User scheinen so gar keine Lust auf das kanadische CBDC zu haben. »Vertrauen in die Währungseinheit und die Zahlungsmethoden haben [...], dies ist eine Vertrauensbasis, auf der alles aufbaut«,[342] sagte Deacon im Workshop des CIGI noch im März 2023. Wie wird man also weiter in Sachen CBDC vorgehen, angesichts dessen, dass das Vertrauen in das von der BoC angepriesene neue digitale Zahlungssystem beim kanadischen Volk offenkundig nicht gegeben ist?

Der digitale Rubel soll zum gesetzlichen Zahlungsmittel werden

Zunächst hieß es, ein Pilotprogramm zum digitalen Rubel solle ab dem 1. April 2023 gestartet werden, um westliche Sanktionen zu umgehen. Russland, durch den unsäglichen Ukrainekonflikt aus dem SWIFT-Zahlungssystem ausgeschlossen, musste ein alternatives Zahlungssystem auftun und scheint dieses nun mit dem CBDC gefunden zu haben. Zum Pilotprojekt mit dem echten digitalen Rubel, an dem ursprünglich dreizehn Banken teilnehmen sollten, kam es dennoch nicht. Es fehlten die rechtlichen Rahmenbedingungen, die von der Duma am 11. Juli 2023 verabschiedet wurden und am 1. August 2023 in Kraft getreten sind. Damit kann der digitale Rubel neben Bargeld und dem bargeldlosen Rubel (sprich Giralgeld) bald schon zum dritten gesetzlichen Zahlungsmittel in Russland avancieren.

In der Begründung des Gesetzentwurfs heißt es hierzu laut der russischen Nachrichtenplattform RBC, dass eine Zahlungsinfrastruktur im Hinblick auf die Ausweitung der Nutzung digitaler Technologien durch Bürger, Unternehmen und den Staat entwickelt sowie die Verfügbarkeit, Geschwindigkeit, Bequemlichkeit und Sicherheit von Abrechnungen erhöht und gleichzeitig die Kosten gesenkt werden sollen.[343] Eine ähnliche Begründung also, wie sie die Federal Reserve der USA für die Einführung ihres Sofortzahlungssystems, dem FedNow Service, vorgebracht hat.

Nach Aussage der ersten stellvertretenden Vorsitzenden der Zentralbank, Olga Skorobogatova, werden dreizehn Kreditinstitute den digitalen Rubel einführen. Diese Banken haben bereits auf technischer und operativer Ebene diverse Tests bestanden, um nun die Funktionalität des Rubels zu testen.[344] Um hierfür die rechtliche Grundlage zu legen, wurde der Staatsduma bereits Ende 2022 ein Gesetz vorgelegt, welches bestimmte Rechtsakte im Zusammenhang mit der Einführung des digitalen Rubels ändern soll. Das Gesetz wurde bereits in einer ersten Lesung im März 2023 verabschiedet. Nachdem es auch in der zweiten und dritten Lesung von der Staatsduma angenommen wurde, ist es bereits am 1. August 2023 in Kraft getreten.

Die russische Nachrichtenagentur Interfax berichtet, dass laut Gesetz ein jeder im Sinne der finanziellen Inklusion ein Rubelkonto eröffnen soll. Eine doppelte Kontoführung, wie dies bisher möglich war, soll es also nicht mehr geben. Zudem verbietet das Gesetz sowohl Kredite auf digitale Rubelkonten als auch die Verzinsung von Guthaben.[345] In einer Pressemitteilung vom 11. Juli 2023 erklärt die russische Zentralbank diesen Schritt damit, dass der digitale Rubel neben dem Bargeld und dem bargeldlosen Rubel (also Giralgeld) als weiteres Zahlungs- und Geldtransfermittel geschaffen werde, um Wettbewerb und Innovationen auf dem Finanzmarkt zu fördern. Im Klartext bedeutet dies, dass der digitale Rubel vornehmlich für

Transaktionen genutzt werden soll und somit im Sinne von Geld als Wertaufbewahrungsmittel (sprich Spareinlage) unattraktiv ist.

Um dennoch mit dem digitalen Rubel mithalten zu können, geht die russische Zentralbank davon aus, dass über kurz oder lang die Zinssätze der Banken erhöht werden, um zu verhindern, dass übermäßig viel Geld in den digitalen Rubel fließt. Die Sberbank schätzt, dass innerhalb von 3 Jahren nach Entstehung der neuen Geldform zwischen 2 und 4 Billionen bargeldlose Rubel (Giralgeld) in den digitalen Rubel fließen könnten. Die Kosten für die Infrastruktur des digitalen Rubels belaufen sich nach Marktprognosen auf mindestens 20–25 Milliarden Rubel. Diese Einschätzung erfolgte übrigens noch Ende 2020,[346] also bevor Russland aus dem SWIFT-Verkehr ausgeschlossen wurde. Das beweist wohl zweierlei: Zum einen, dass das CBDC von langer Hand geplant war, und zum anderen, dass dieses System – ist es erst einmal eingeführt – nicht wieder verschwinden wird. Eine goldgedeckte BRICS-Währung könnte zudem dafür sorgen, dass viele Bürger ihre Ersparnisse aus dem bisher wertlosen Fiatsystem in ein scheinbar wertvolles, da goldgedecktes CBDC-System hinüberretten wollen.

Der Journalist Riley Waggaman, welcher auch unter dem Pseudonym Edward Slavsquat bekannt ist, hat es sich zur Aufgabe gemacht, über die digitale Transformation in Russland zu berichten. Hinsichtlich des digitalen Rubels stellte er heraus, dass die russische Zentralbank der alleinige Betreiber des digitalen Rubels sein wird. Demnach wird sie für sämtliche Aspekte der Funktionalität, der Sicherheit und der korrekten Buchführung aller Transaktionen verantwortlich sein.[347] »Mit dem Betreiber des Informationssystems der in digitaler Form ausgegebenen Landeswährung nicht nur eines ausländischen Staates, sondern auch einer Gruppe ausländischer Staaten« soll die Zentralbank zukünftig Verträge abschließen können, wodurch ihr die absolute

Geldhoheit zukommt. Doch das scheint den Zentralbanken noch nicht genug zu sein. Denn Olga Skorobogatova hatte bereits die Idee geäußert, CBDC für »einen ganzen Raum« und nicht bloß für einen Staat zu schaffen. Im Klartext wird hier das CBDC als die eine Weltwährung angedacht. Deswegen wird Waggaman auch nicht müde zu betonen, dass sich »der digitale Rubel nicht vom digitalen Euro oder dem digitalen Peso oder was auch immer für seelenzerstörende digitale Token unterscheidet, den [die] eigene Regierung gerade in Schilling verwendet«.[348]

Der Direktor der Digitalabteilung der Dom.RF Bank, Oleg Komlik, verkauft den digitalen Rubel unter der Hoheit der russischen Zentralbank hingegen als Plus: »Der digitale Rubel ist im Hinblick auf die Risiken des Verlusts einer Banklizenz und des Verlusts Ihres Geldes sicher, da das Geld bei der Zentralbank gespeichert ist«,[349] erklärte er. Das heißt im Klartext, falls auch in Russland das Bankensterben um sich greift, wie unlängst in den USA und mit der Credit Suisse auch in der Schweiz geschehen, wäre der digitale Rubel davon nicht betroffen.

Wie genau die Zentralbank praktisch die bisherige Kontrollaufgabe der Geschäftsbanken übernehmen soll, ist in dem Gesetz ebenfalls verankert. Demnach obliegt es der russischen Zentralbank, »einem Plattformteilnehmer (Bank) die Durchführung einer Transaktion zu untersagen, wenn die Regulierungsbehörde den Verdacht hat, dass diese ohne Zustimmung des Kunden durchgeführt wird. In diesem Fall informiert die Zentralbank die Bank oder den Kunden über die Möglichkeit, einen zweiten Auftrag mit denselben Angaben und über denselben Betrag zu erteilen. Nach Erhalt eines wiederholten Auftrags ist die Zentralbank verpflichtet, diesen zu erfüllen.«[350] Dadurch könnte die Zentralbank bei unliebsamen Kunden Zahlungsabläufe verzögern. Bis dann voraussichtlich in einem weiteren

Gesetz festgeschrieben wird, dass diese irgendwann ganz untersagt werden können.

Doch so weit ist es freilich noch nicht. Zunächst heißt es erst einmal, die technischen Möglichkeiten auszutesten und vor allem die Akzeptanz für die digitale Währung in der Bevölkerung zu schaffen. RBC berichtet hierbei von einer schrittweisen Umsetzung. In einem Pilotprojekt müssen erst Transaktionen mit echten digitalen Rubeln und echten Kunden durchgeführt werden. Neben der Eröffnung und Schließung digitaler Geldbörsen gehören hierzu auch die Übertragung digitaler Rubel zwischen Bürgern, die Bezahlung von Einkäufen und/oder Dienstleistungen mittels eines QR-Codes. Erst später könne dann das Leistungsspektrum, natürlich unter Berücksichtigung des Feedbacks seiner Teilnehmer, erweitert werden. Elwira Nabiullina, die Präsidentin der russischen Zentralbank, betonte hierbei gegenüber der russischen Medienagentur Ria Novosti, dass niemand zur Verwendung des digitalen Rubels gezwungen werde.[351] Doch wie so ein indirekter Zwang zur Adaption des CBDC letztlich aussieht, davon konnte man sich im Zuge des Grünen Passes während der Coronazeit ein ausführliches Bild machen.

Zunächst befindet sich Russland bei seiner Einführung des CBDC also noch in der Testphase. Wann genau die breite Bevölkerung mit dem digitalen Rubel »beglückt« wird, ist zwar noch ungewiss, jedoch soll bereits im nächsten Jahr damit begonnen werden, alle Kreditinstitute an die digitale Rubel-Plattform anzuschließen und die Zahl der verfügbaren Zahlungsoptionen und Transaktionen mit Smart Contracts zu erhöhen.[352] Smart Contracts, sogenannte intelligente Verträge, basieren auf der Blockchain-Technologie und machen beispielsweise Peer-to-Peer-Transaktionen möglich. Bis zur Massenadaption dürfte es jedoch noch etwas dauern. Olga Skorobogatowa meint hierzu: »Ich denke, dass im Zeitraum 2025–2027 alle Bürger in der Lage sein werden, Wallets zu eröffnen, digitale Rubel zu erhalten und diese zu verwenden.«[353]

Riley Waggaman stellte bereits in seinem Artikel »Russia fast-tracks CBDC: Digital ruble tob e used in ›real operations‹ in 2023« (auf Deutsch: »Russland beschleunigt CBDC: Digitaler Rubel soll 2023 im ›realen Betrieb‹ eingesetzt werden«) vom 27. Mai 2022 fest, dass sowohl West als auch Ost die Einführung eines CBDC-Finanzsystems ohne Privatsphäre und ganz unter dem Zeichen von digitaler Kontrolle unter ebenso fadenscheinigen Motiven vorantreiben. Während Russland vor allem die westlichen Sanktionen anführt, ist es wohl im Westen die Terrorgefahr, die CBDCs notwendig machen soll. Wer also noch gehofft hat, dass Russland beziehungsweise die BRICS-Staaten einen anderen Weg einschlagen werden (was angesichts der Tatsache, dass China mit im Boot ist, schon abstrus anmutet), wird spätestens jetzt eines Besseren belehrt. Letzten Endes, so Waggaman wird es keine Rolle spielen, »wie die Begründungen lauten werden. Die Vorwände werden anders sein, aber das System wird genau dasselbe sein. […] Es ist ein bisschen wie das russische McDonald's nach den Sanktionen: Es ist im wahrsten Sinne des Wortes McDonald's, aber mit einem anderen Namen.«[354]

Die EU macht Nägel mit Köpfen: Der Gesetzentwurf zum digitalen Euro

»Niemand hat die Absicht, eine Mauer zu errichten«, so der DDR-Staatsratsvorsitzende Walter Ulbricht 2 Monate bevor dann in Berlin tatsächlich die Mauer errichtet wurde. Ulbricht ging mit diesem Satz wohl als größter Lügner in die Geschichte ein. Ob dies auch für die Macher des digitalen Euros gilt, ist zu bezweifeln. Diese beteuern, der digitale Euro würde das Bargeld lediglich ergänzen und nicht abschaffen. Wohlgemerkt, hier liegt die Betonung auf dem Wort »Abschaffung«, was eben keinem offiziellen Verbot von oben gleichkommt, sondern eher einer schleichenden Abgewöhnung von unten, das heißt vom Volk selbst. So wie Thilo Sarrazin seinerzeit behauptete, dass sich Deutschland durch einen dramatischen Geburtenrückgang und eine zügellose Einwanderungspolitik abschaffe, so wird die Nutzung von Bargeld für viele Verbraucher immer unattraktiver. Das heißt, in beiden Fällen findet eine Abschaffung quasi auf freiwilliger Ebene statt. Der Finanzexperte und Bankensprecher Jens Holezcek bestätigt dies indirekt, indem er sagt: »Solange der Verbraucher Bargeld nachfragt, werden die Banken den Verbrauchern weiterhin Bargeld – also eine physische Form von Zentralbankgeld – zur Verfügung stellen.«[355]

Doch wie lange wird der Verbraucher noch nach dieser physischen Form des Geldes (sprich Cash) fragen? Schließlich wird seit Jahren in Trippelschritten an der Bargeldabschaffung gearbeitet. Galt Bargeld in Covidzeiten als wahre Keimschleuder, so wurde es knapp 2 Jahre später durch den Bestechungsskandal im EU-Parlament um die Griechin Eva Kaili in ein kriminelles Milieu gerückt. Obwohl eine Abschaffung bis heute nicht offiziell zur Debatte steht, nehmen Bargeldeinschränkungen doch weiter zu und steigern somit indirekt die Akzeptanz von digitalen Zahlungen. Eine Akzeptanz, die das Projekt rund um den digitalen Euro dringend benötigt, schließlich lebt das Finanzsystem vom Vertrauen seiner Nutzer. Klar, dass da von der EZB besonders hervorgehoben wird, dass der digitale Euro im Gegensatz zu Kryptowährungen als gesetzliches Zahlungsmittel abgesichert ist. Doch es heißt nun mal »nur Bares ist Wahres«, und digital ist eben nicht analog, sprich Bargeld.

Um dem Verbraucher diese Feinheiten nicht zu sehr unter die Nase zu reiben, wird versucht, diesen durch zunächst vermeintliche

Annehmlichkeiten in den digitalen Euro zu locken. Der CSU-Europaparlamentarier Markus Ferber erklärt dies folgendermaßen: »[Der Verbraucher] hat Bargeld oder die Möglichkeiten, über sein Girokonto Zahlungen auszulösen – mit einer Vielzahl von technischen Möglichkeiten. Mit dem E-Euro oder dem digitalen Euro würde es nur eine zusätzliche Möglichkeit geben. Ob das am Ende Akzeptanz findet, weil insbesondere Fragen des Datenschutzes, der Anonymität noch nicht sauber beantwortet sind, das muss sich erst zeigen.«[356] Obwohl der juristische Rahmen durch einen Gesetzentwurf zur Einführung des digitalen Euros am 28. Juni 2023 dem EU-Parlament vorgestellt wurde, sei für Ferber »das Ganze unausgegoren«.[357] Es bleibt jedoch zu erwarten, dass man beim digitalen Euro letztendlich die Vorteile überwiegen lässt, damit die Leute das neue Geldsystem freiwillig nutzen. Als Beispiel sei hier die digitale Identität erwähnt. Ohne digitale Identität (Sistema Pubblico di Identità Digitale, SPID) ist es Italienern mittlerweile nicht mehr möglich, auf viele Dienste der öffentlichen Verwaltung zuzugreifen.[358] Wurde der digitale Login den Bürgern anfangs als bequeme Möglichkeit verkauft, um Behördengänge einfach von zu Hause übers Internet abzuwickeln, so wird das analoge Ausfüllen von Dokumenten zwischenzeitlich kaum noch akzeptiert beziehungsweise zunehmend erschwert. Entzieht sich der Bürger einer digitalen Erfassung, muss er gegebenenfalls auf finanzielle Hilfen verzichten.

Die Planung des digitalen Euros befindet sich indes noch in einem Anfangsstadium. Der Vorschlag der Europäischen Kommission zur Verordnung zum digitalen Euro steckt zunächst den rechtlichen Rahmen der neuen Zahlungsmöglichkeit als Ergänzung der bereits in der Eurozone im Umlauf befindlichen Banknoten und Münzen ab. Demnach müsste künftig der Einzelhandel den digitalen Euro als gesetzliches Zahlungsmittel akzeptieren, und zudem wären alle europäischen Finanzinstitute dazu verpflichtet, ihren Kunden die grundlegenden

Dienstleistungen, die den digitalen Euro betreffen, kostenlos zur Verfügung zu stellen, so berichtet die *Tagesschau*.[359] Der digitale Euro solle dabei sowohl online als auch offline für Zahlungen verwendet werden können.[360]

Sollte das Gesetz das europäische Gesetzgebungsverfahren passieren und auch auf Zustimmung der EU-Mitgliedstaaten stoßen, entscheidet die Europäische Zentralbank darüber, ob und wann der digitale Euro in Kraft tritt. Experten meinen dabei, dass die EZB bei der Umsetzung des digitalen Euros noch viele Fragen zu beantworten habe, weswegen sie es für unwahrscheinlich halten, dass der digitale Euro noch vor 2026 für den gesamten Euroraum eingeführt wird.[361]

Doch was sollte die Einführung des digitalen Euros überhaupt bringen? »Die Idee, dass ich ein Zentralbankkonto habe, auf dem mein digitaler Euroschein liegt, den ich übertragen könnte auf das Zentralbankkonto von irgendeinem anderen Bürger oder Bürgerin, das ist natürlich eine spannende Frage«,[362] meint Europapolitiker Damian Boeselager, zur Grünen-Fraktion gehörend, und stellt damit mal wieder unter Beweis, dass die Grünen von der Finanzpolitik ebenso wenig verstehen wie von der Energiepolitik. Denn abgesehen von dem Wegfall der Transaktionskosten, wie Boeselager anschließend anführt, spricht relativ wenig für den digitalen Euro. In einem Gespräch mit AUF1 betont der Chefökonom Thorsten Polleit, dass digitale Zentralbankwährungen ein gewaltiges politisches Missbrauchspotenzial bergen. Es fördere den gläsernen Bürger, indem anonyme Zahlungsaktionen unmöglich gemacht werden.[363] Dieses Bild zeichnet sich unter anderem mit Blick auf Großbritannien ab. Hier arbeitet die Bank of England zusammen mit dem britischen Finanzministerium an der Einführung eines digitalen Pfunds, mit dem Spitznamen »Britcoin«. Obwohl die neue Währung nach Ansicht der Verantwortlichen strengen Standards für Privatsphäre und

Datenschutz unterliegen würde, wurde doch eingeräumt, dass die Verwendung von Britcoin nicht anonym erfolge, da man sich vor Finanzkriminalität schützen müsse.[364] Zudem habe die Bank of England die digitale Zahlungsplattform »Nuggets« mit der Entwicklung der Datenschutz- und Identitätsfunktion von Britcoin beauftragt, so Bloomberg in dem Artikel »Digital Pound May Verify Age for Alcohol and UK Citizenship« (auf Deutsch: »Digital Pound kann das Alkoholalter und die britische Staatsbürgerschaft überprüfen«) vom 7. Juli 2023.[365] Bleibt demnach zu fragen, ob die gültigen Datenschutzbestimmungen in Großbritannien an die private Zahlungsplattform Nuggets outgesourct und damit einmal mehr staatliche Souveränität an einen Techkonzern abgegeben wird.

Dass der Begriff der »Souveränität« mal wieder ad absurdum geführt wird, verdeutlicht der italienische EU-Kommissar für Wirtschaft und Währung, Paolo Gentiloni. Anlässlich des Gesetzentwurfs zum digitalen Euro meinte er, die EZB könne sich nicht vorstellen, dass in einer digitalen Zukunft »die Währung nur von Einzelpersonen oder Kryptowährungen dominiert wird, ohne dass Staaten und Währungssouveränität eine Rolle spielen«.[366] Im Klartext bedeutet dies, dass die Zentralbanken in Zeiten des steigenden Misstrauens um ihre Hoheit fürchten. Daraus macht auch Gentiloni keinen Hehl, als er fortfährt: »Selbst in einer völlig anderen Welt, wie der digitalen Welt, brauchen wir eine Währung, die auf Souveränität und Zentralbanken basiert.«[367]

Das mag nicht nur komisch klingen, sondern ist es auch. Vor allem dann, wenn einem die Bedeutung von »Souveränität« geläufig ist. Hierunter versteht man die Unabhängigkeit eines Staates, frei vom Einfluss anderer Staaten oder Organisationen. Dies trifft nicht nur mitnichten zu, sondern klingt in direkter Verbindung mit den Zentralbanken geradezu absurd. Insbesondere dann, wenn man sich vor Augen führt, dass die italienische Zentralbank, laut dem Artikel

»Wem gehören die Notenbanken wirklich?« von Oliver Baron, nicht dem Staat, sondern den Geschäftsbanken und Versicherungsgesellschaften des Landes gehöre.[368] In Anbetracht dessen, dass die Notwendigkeit eines digitalen Euros für eine zunehmende Digitalisierung nur ein vorgeschobenes Argument für die Totalkontrolle durch die Zentralbanken und privaten Unternehmen ist, sollte man Polleits Rat folgen und die Idee der digitalen Zentralbankwährung direkt im Keim ersticken. Dies gelänge etwa dadurch, dass die Problematik von digitalen Zentralbankwährungen in der Öffentlichkeit diskutiert wird.[369] Die ersten Schritte in diese Richtung wurden bereits in der niedersächsischen Gemeinde Weyhe unternommen. Hier wurden Bürger von der Kreiszeitung über das Vorhaben der EU befragt, einen digitalen Euro einzuführen, und sie äußerten sich folgendermaßen zu diesen:[370]

Positive Erwartungen zum E-Euro	Negative Erwartungen zum E-Euro
Wegfall von Transaktionsgebühren	Verlust über die Kontrolle der eigenen Finanzen, wenn Geld durch Digitalisierung nicht mehr »greifbar« ist
Schnellere Zahlungsabläufe, beispielsweise durch Instant-Payment-Methoden wie den FedNow Service	Insbesondere ältere Leute könnten mit der Technik nicht zurechtkommen
Bequeme Zahlungsabläufe, beispielsweise dadurch, dass die Herausgabe von Wechselgeld entfällt, man sich den Weg zum Bankautomaten sparen und bequem per Apple Watch bezahlen könne	Zahlen mit Bargeld würde sich auf Dauer nicht halten können, sei jedoch essenziell, gerade weil es sich als Zahlungsmethode bewährt habe
	Nachvollziehbarkeit und/oder Kontrolle von Zahlungsströmen: Diese sollten unterbunden werden, damit es nicht in einem chinesischen Modell ende

Auffallend bei dieser Umfrage ist, dass die Mehrheit der Befragten jetzt schon lieber mit Karte als bar bezahlt. Dennoch habe fast jeder immer eine Restreserve an Bargeld im Portemonnaie, um auf diese Weise gerade bei Kleinstbeträgen flexibel zu bleiben, da es oft eine Betragsgrenze für Kartenzahlungen gebe. Würde der digitale Euro also wie angekündigt als Alternative zum Bargeld eingeführt werden, ist abzusehen, dass Bargeld über kurz oder lang nicht mehr nachgefragt wird. Diese Nachfrage sei jedoch, wie eingangs erwähnt, nach Aussage des Bankensprechers Jens Holezcek notwendig, damit die Banken weiterhin eine physische Form von Zentralbankgeld zur Verfügung stellen.

Dass jedoch mittlerweile aktiv daran gearbeitet wird, die Nachfrage an Bargeld zu verringern, machte unlängst eine Meldung der *Osnabrücker Zeitung* deutlich. Demnach laufen in Hamburg, Bayern und der Stadt Hannover nun Testphasen an, in denen Asylbewerber nicht mehr wie bislang Bargeld bekommen sollen, sondern stattdessen finanzielle Hilfen per Kredit- und Bezahlkarten an sie ausgezahlt werden. Als Grund hierfür angegeben, dass das Auszahlen von Bargeld für die Verwaltung sehr aufwendig sei. Zudem soll das Guthaben auf der Karte so programmiert werden können, dass es beispielsweise nicht fürs Glücksspiel genutzt werden kann.[371]

Als Modellstaat für dieses Vorhaben gilt übrigens Australien, das diese Bezahlkarten bereits vor einigen Jahren für Sozialhilfeempfänger eingeführt hat. Durch ihre eingeschränkte Nutzbarkeit sollten sie nicht für den Kauf von Alkohol oder Glücksspiel verwendet werden können. Dabei sind Wissenschaftler der University of South Australia sowie der Monash University unlängst zu dem Ergebnis gekommen, dass durch die Maßnahmen keine substanzielle Wirkung auf Glücksspiel, Drogen- und Alkoholmissbrauch, Kriminalität und Notaufnahmen gefunden werden konnte.[372] Warum diese Karte nun dennoch ihren Weg nach Deutschland finden soll, liegt auf der Hand. Zum einen soll hier schon mal im kleinen Maßstab ausgetestet werden, wie ein digitales Gängelband funktionieren könnte, und zum anderen dient sie dazu, dass zumindest von Staats wegen effektiv weniger Bargeld angefragt wird.

6

Globale Gleichschaltung oder: Welche Rolle spielen die BRICS-Staaten?

Die weitere Politisierung des Geldes

Eine bargeldlose Gesellschaft mit digitaler Zentralbankwährung eröffnet den Eliten und Machthabern auf nationaler, internationaler und globaler Ebene völlig neue Möglichkeiten, eine bisher nicht bekannte Machtfülle. Das Ende des Bargeldes bedeutet immer auch das Ende der individuellen Freiheit der Bürger und ihrer Privatsphäre. Wenn programmierbares Digitalgeld mit der Identität der Bürger verknüpft wird, ist das Leben der Menschen in allen Bereichen, bis hinein ins Private, zentral kontrollier- und steuerbar. Die Feinde des Bargeldes sind immer auch Feinde der Freiheit und damit von Demokratie und Bürgerrechten; weshalb man tiefgreifende, die Freiheiten der Bürger einschränkende Maßnahmen propagandistisch vorbereitet und schrittweise einführt. Brüssel und die EZB betonen derzeit etwa gebetsmühlenartig, der E-Euro sei nur eine Ergänzung zu Münzen und Banknoten. Auf der Website der EZB heißt es: »Würde ein digitaler Euro das Bargeld ersetzen? Nein, er würde das Bargeld ergänzen, es aber nicht ersetzen. Es wird im Euroraum wie bisher Bargeld geben. Mit einem digitalen Euro, der neben dem Bargeld genutzt werden könnte, würden wir auf die steigende Nachfrage der Verbraucherinnen und Verbraucher nach schnellen und sicheren digitalen Bezahlmöglichkeiten reagieren.«[373] Wer an sinkende Bargeldobergrenzen, die missachteten Maastricht-Kriterien, den permanenten Bruch des Dublin-Abkommens und der Drittstaatenregelung oder den kaum vorhandenen Schutz der EU-Außengrenzen denkt, weiß, wie glaubwürdig solche Versprechen der Europäischen Union und ihrer Institutionen sind.

Der Nationalstaat, der durch Staatsvolk, Staatsgebiet und Souveränität definiert wird, ist der Träger des Rechtsstaates. Dieser ist wiederum die Basis für Demokratie und damit für die Herrschaft des Volkes. Echte Mitbestimmung und die viel strapazierte Bürgernähe funktionieren nur auf regionaler und nationaler Ebene. Größere politische Gebilde wie die EU, internationale Organisationen, Institutionen und Zusammenschlüsse, sind weitgehend von demokratischen Prozessen und Strukturen abgekoppelt und dienen vor allem dazu, die Bevölkerung als Souverän zu entmachten. Wichtige Weichenstellungen werden in der Regel am Willen der Bevölkerung vorbei getroffen. Das trifft auf die Zuwanderungspolitik, den Green Deal, die politische Fokussierung auf sexuelle und ethnische Minderheiten oder eben die Abschaffung des Bargeldes inklusive der Einführung des digitalen Euros zu. All diese und viele weitere zukunftsrelevante Entscheidungen werden den Bürgern als alternativlos verkauft, weshalb man sie über die Köpfe der einfachen Menschen hinweg treffen kann, ja, muss, weil anderenfalls eine Katastrophe passieren oder gar die Welt untergehen würde. Die Bürger haben kein Mitspracherecht, sie dürfen bei Wahlen nur noch entscheiden, in welcher farblichen Zusammensetzung die Parteien, die – mit Ausnahme der geächteten Rechtspopulisten – in allen relevanten Fragen mehr oder weniger auf einer Linie liegen, die Regierung bilden.

Wer Demokratie, Bürgerrechte sowie Meinungsfreiheit beschneiden und ein staatenübergreifendes autoritäres System etablieren will, muss zuallererst den Nationalstaat zerstören beziehungsweise entmachten, also die relevanten politischen Entscheidungen von der nationalen auf eine suprastaatliche respektive globale Ebene verlagern. Das geschieht derzeit in großem Stil und auf allen Ebenen.

Dass die Regenbogenfahne als Symbol für eine Ideologie mit weltweitem Herrschaftsanspruch die Nationalflaggen der europäischen Staaten längst verdrängt hat und wochenlang vor Ministerien, Schulen und Parlamenten weht, ist eine für alle Bürger sichtbare Machtdemonstration der Globalisten. Es zeigt, wer tatsächlich die Richtung im Staat vorgibt.

Wer sich gegen diese globale Gleichschaltung wehrt sowie die Interessen des Landes und der Bevölkerung über die Ziele der Globalisten stellt, wird vom politmedialen Komplex, der globalen Elite mit ihren Institutionen, wie der EU, von internationalen Organisationen und Stiftungen, von selbst ernannten Philanthropen mit Milliardenvermögen, von NGOs etc. bekämpft. Man denke an den ungarischen Premier Viktor Orbán, die konservative polnische Regierung oder an die AfD, gegen die nicht nur auf nationaler Ebene mediale und politische Hetzkampagnen gefahren werden.

Relevante politische Entscheidungen werden kaum noch auf nationaler, sondern auf europäischer oder globaler Ebene getroffen. Im aktuellen Streit zwischen Brüssel und Polen hat Kommissionspräsidentin Ursula von der Leyen betont: »Das EU-Recht hat Vorrang vor nationalem Recht, einschließlich verfassungsrechtlicher Bestimmungen.« Zudem wird der politische Handlungs- und Gestaltungsspielraum der Nationalstaaten durch eine Vielzahl internationaler Abkommen, Verträge und Verpflichtungen, vom Kyoto-Protokoll bis zum UN-Migrationspakt, eingeschränkt. Nicht mehr das Volk, also wir, sondern suprastaatliche Organisationen und Interessengruppen bestimmen über unsere Zukunft.

Man nennt die Kräfte, Interessengruppen und Personen, die diese globale Gleichschaltung beziehungsweise Machtergreifung vorantreiben,

Globalisten. Zu ihren Strategien und Methoden gehören die Aushöhlung des Rechtsstaates und der nationalstaatlichen Souveränität, die Massenmigration, die Instrumentalisierung von realen beziehungsweise inszenierten Krisen (Coronapandemie, Klimawandel usw.) sowie die Unterwanderung beziehungsweise Beeinflussung demokratischer Institutionen und Strukturen. In Organisationen und Programmen wie den Young Global Leaders (YGL) des Weltwirtschaftsforums wird die künftige globale Elite geschult, vernetzt und auf die Ziele der Globalisten eingeschworen: »YGLs glauben, dass sie durch die Bündelung ihrer vielfältigen Fähigkeiten, Erfahrungen und Netzwerke gemeinsam mehr erreichen können. Wir fördern die Zusammenarbeit im globalen öffentlichen Interesse«,[374] steht auf der YGL-Website. Was die globalen Interessen sind, bestimmen nicht die Bürger, sondern solche elitären Machtzirkel.

Die nötige Infrastruktur der Macht, die Kontroll- und Überwachungstechniken werden gerade entwickelt und etabliert. Dazu zählt auch die Umstellung von Bargeld auf programmierbares Zentralbankgeld (CBDC). Fast alle der insgesamt knapp 200 Staaten weltweit sind – wie an anderer Stelle bereits erwähnt – in mehr oder weniger weit fortgeschrittenen Prozessen dabei, den Bargeldverkehr einzuschränken und digitales Zentralbankgeld einzuführen. Über den jeweiligen aktuellen Stand der Entwicklung informiert die Internetseite *cbdctracker.org*.

Deshalb ist es aufschlussreich zu wissen, wer sich für diese Ziele einsetzt, wer diese Strategien steuert und orchestriert. Schon seit Längerem macht sich etwa die Better Than Cash Alliance (BTCA) in Kooperation mit den Vereinten Nationen für die Abschaffung des Bargeldes stark. Beteiligt sind an dieser Lobbyorganisation unter anderem die Bill & Melinda Gates Foundation, die Mastercard Foundation, das deutsche Bundesentwicklungsministerium, zahlreiche Großkonzerne (Unilever, Coca-Cola, PVH etc.), Verbände, einflussreiche Stiftungen, Banken, NGOs und nationale Regierungen.

Mit der angestrebten globalen Abschaffung des Bargeldes wolle man soziale Gerechtigkeit und die Teilhabe von Frauen fördern, das Klima retten und Frieden schaffen. Hinter solchen hohlen Phrasen und unkonkreten Allerweltszielen, denen grundsätzlich jeder zustimmen kann, verbirgt die BTCA ihre machtpolitischen und wirtschaftlichen Interessen. Sie ist nur eine von vielen internationalen Organisationen beziehungsweise Interessengruppen, die über nationale Regierungen hinweg über unsere Zukunft entscheidet. Zu solch global agierenden Institutionen und Organisationen, die immer mehr Macht und Kompetenzen an sich binden, gehören die Vereinten Nationen, die Weltgesundheitsorganisation, die OECD, das Weltwirtschaftsforum etc. Sie dienen auf unterschiedliche Weise den Globalisten als Sprachrohr und Vehikel zur Durchsetzung ihrer Interessen.

In vielen Bereichen ist der Nationalstaat nur noch eine Hülle. Das Staatsvolk, das sich durch gemeinsame Geschichte, Tradition, Sprache und Kultur auszeichnet, wurde durch Massenzuwanderung längst zersetzt. Ein Volk, das sich durch gemeinsame Werte und Traditionen definiert, wie das in Japan oder Südkorea der Fall ist, gibt es in der EU, außer im Osten, nicht mehr. Hier ist der globale Untertan, der entwurzelte, entmündigte und genormte, sprich politisch korrekte »Weltbürger« schon weitgehend Realität. Die globale Elite, der globale Milliardärssozialismus, zieht längst die Fäden. Der Althistoriker Professor David Engels meint dazu: »Viele Konservative arbeiten immer noch in einem stark veralteten Denkmuster, das Big Business für grundsätzlich konservativ hält. […] Aber wissen Sie was? Das Big Business steht jetzt auf der anderen Seite. Es ist vermutlich eine größere

Bedrohung für konservative Werte als der Staat. [...] Konzerne, wie etwa Google, Facebook, Twitter, Microsoft, Amazon oder selbst Ikea, treten klar für ein kulturell wie politisch links verankertes Weltbild ein. Sie sind gegenwärtig die wichtigsten Kräfte hinter dem pseudosozialistischen ›Great Reset‹, also der schon seit längerem angestrebten, nun mit Hilfe der Coronakrise beschleunigten und mit schönen Worten wie Klimaschutz, Toleranz, Multikulturalismus, Selbstentfaltung und Gleichberechtigung bemäntelten Umgestaltung unserer Gesellschaft.«[375]

Der »Great Reset«, der große Umbau, ist in vollem Gange. Initialzündung und Turbo war die Coronapandemie. Sehr schnell erkannten die Globalisten und deren Handlanger auf nationaler Ebene, welch mächtiges politisches Instrument eine Pan- beziehungsweise Plandemie, also eine von den Menschen empfundene globale Ausnahmesituation ist. Bereits im Sommer 2022 veröffentlichte Klaus Schwab, Chef des Weltwirtschaftsforums und einer der einflussreichsten Globalisten, sein Buch *Covid-19: The Great Reset* (deutscher Titel: *Covid-19: Der große Umbruch*). Darin skizziert er die neue Weltordnung: Es werde »eine ›neue Normalität‹ entstehen, die sich radikal von jener unterscheidet, die wir nach und nach hinter uns lassen werden«,[376] so Schwab.

Weiter heißt es in dem Buch: »Wenn wir 7,5 Milliarden Menschen jetzt auf einem virusinfizierten Kreuzfahrtschiff zusammengepfercht sind, macht es dann Sinn, nur unsere eigenen Kabinen zu reinigen und zu schrubben und dabei die Gänge und Luftschächte draußen zu ignorieren, durch die sich das Virus ausbreitet? Die Antwort lautet eindeutig nein. Und trotzdem haben wir genau das getan. [...] Da wir jetzt alle im selben Boot sitzen, muss sich die Menschheit um dieses eine Boot als Ganzes kümmern.«[377]

Schwab und die Globalisten träumen von einer Welt, die von einer Schiffsbrücke aus, auf der sie und ihresgleichen das Kommando haben, gelenkt und kontrolliert wird. Dass diese globale Gleichschaltung am effektivsten mithilfe von realen und inszenierten Krisen gelingt, hat man spätestens seit Corona begriffen. Seither leben wir in einer dauerhaften Ausnahmesituation. Hierzu der deutsche Gesundheitsminister Karl Lauterbach im März 2022: »Wir kommen jetzt in eine Phase hinein, wo der Ausnahmezustand die Normalität sein wird. Wir werden ab jetzt immer im Ausnahmezustand sein.«[378]

Die neue Normalität ist der permanente globale Ausnahmezustand, sprich die dauerhafte Außerkraftsetzung beziehungsweise Einschränkung von Demokratie und Bürgerrechten. So eine Notsituation ist für die Bevölkerung nur glaubwürdig, wenn man sie in permanenter Angst hält. Weshalb Politik, Medien und NGOs die Bürger mit der drohenden Vernichtung der Menschheit erpressen, sei es durch ein Killervirus oder durch den Klimawandel. Man könne solche Katastrophen nur verhindern, wenn sich alle oder zumindest die westlichen Bürger den alternativlosen Maßnahmen und Regeln der Globalisten unterwerfen. Mit dem Coronavirus hat das gut geklappt. Man konnte nicht nur politische Entscheidungen, sondern auch Krisen und Ausnahmesituationen von der nationalen auf die globale Ebene verlagern. Aktuell arbeitet etwa die Weltgesundheitsorganisation (WHO), die von Bill Gates großzügig finanziert wird,[379] an einem globalen Pandemieplan. Er soll 2024 beschlossen werden und sieht unter anderem vor, dass die WHO im Pandemiefall rechtsverbindliche Anweisungen an Regierungen geben kann, etwa um Bürger zwangsweise unter Quarantäne zu stellen, sie am Reisen zu hindern oder sie erzwungenermaßen medizinisch behandeln zu können. Auch sogenannte Hitzeschutzpläne, wie sie derzeit in vielen Ländern ausgearbeitet werden, dienen der Aushöhlung nationalen Rechts und der globalen Gleichschaltung. Denn auch der Klimawandel, so das Narrativ der Globalisten, lasse sich nur durch einschneidende, international koordinierte Maßnahmen stoppen.

Solche Regelungen und Bestrebungen seien überlebenswichtig und deshalb alternativlos. In Summe führen sie uns direkt in eine globale Dystopie. Im angestrebten One-World-System gibt es für die Bürger keine Freiräume, Hintertüren und Fluchtmöglichkeiten mehr. Die Dissidenten im real existierenden Sozialismus konnten – wenn auch unter Lebensgefahr – in den Westen fliehen. In einem globalen System gibt es solche Möglichkeiten nicht mehr.

Es ist kein Zufall, dass das kommunistische China Vorreiter bei der Einführung einer digitaler Zentralbankwährung ist. Der E-Yuan ist im Rahmen von Pilotprojekten bereits in Umlauf und das Sozialkreditsystem wird immer weiter ausgebaut. Finanzexperte und Autor Sven Wagenknecht: »Eine CBDC-Infrastruktur eignet sich geradezu ideal für ein derartiges Punktesystem. Im Sinne eines staatlichen Smart Contracts könne so ein hoch automatisiertes finanzielles Kontrollsystem mit weitreichenden Konsequenzen aufgesetzt werden.«[380]

China will mithilfe von programmierbarem Zentralbankgeld, Big Data, öffentlichen Überwachungskameras, künstlicher Intelligenz, einem Sozialkreditsystem etc. die perfekte Diktatur errichten. Jeder Schritt und jeder Gedanke der Bürger soll erfasst, verknüpft und ausgewertet werden. Das Ziel ist die totale Kontrolle über alle und alles.

Wer sich systemkonform verhält, sammelt Sozialpunkte, wer gegen das System aufbegehrt, sich kritisch äußert oder seine Steuern zu spät bezahlt, verliert Punkte und muss mit schwerwiegenden Konsequenzen rechnen. Sie reichen von der Drosselung der Internetgeschwindigkeit, dem Ausschluss von öffentlichen Ausschreibungen, höheren Steuern bis hin zu Jobverlust, Sperrung des Bankkontos und vielem mehr. Das chinesische Sozialkreditsystem ist ein ausgeklügeltes Belohnungs- und Bestrafungsinstrument, eine politische Dressur. Mit ihm wird der Überwachungs- und Erziehungsstaat perfektioniert.

Das chinesische Überwachungs- und Bewertungssystem gründet auf dem Menschen- und Gesellschaftsbild, das allen auf dem Marxismus basierenden Ideologien zugrunde liegt. Es besagt, dass man den mangelhaften Menschen mithilfe von Erziehung und Repressalien auf eine neue Bewusstseinsebene heben und so eine ideale Gesellschaft schaffen kann. Deshalb ist das chinesische Modell auch für Globalisten so attraktiv, denn auch sie träumen von einem solchen System – nur, dass sie das nicht offen kommunizieren. Sie verstecken ihre totalitären Gelüste hinter Zielen und Schlagwörtern wie Klimaschutz, Gleichberechtigung, Antirassismus, Multikulturalismus, Black-Lives-Matter usw. Was die Kommunistische Partei Chinas offiziell und nach festen Regeln etabliert hat, prägt auch im Westen den Alltag der Menschen, allerdings inoffiziell und mit Unterstützung des sogenannten tiefen Staates, also politischer Netzwerke und Gruppen (Medien, NGOs), die außerhalb staatlicher Strukturen Macht und politischen Druck ausüben. Unangenehme Meinungen werden in sozialen Medien von privaten Löschteams zensiert, Politiker der AfD ausgegrenzt und sogar körperlich attackiert,[381] Andersdenkende (Stichwort Cancel Culture) vom sozialen Leben ausgeschlossen etc. Das Sozialkreditsystem gibt es auch im Westen, nur inoffiziell, ohne feste Regeln und deshalb willkürlicher als in China.

Mit der Einführung des programmierbaren Zentralbankgeldes und dem zunehmenden Einsatz von künstlicher Intelligenz bei der Erfassung, Auswertung und Nutzung der massenhaft gesammelten

Daten kann dieses System ausgeweitet und perfektioniert werden. In solchen hochtechnisierten, digitalisierten und vernetzten Systemen kann die soziale Existenz von Andersdenkenden und anderen missliebigen Personen per Knopfdruck oder vollautomatisiert vernichtet werden. Gelegenheit macht bekanntlich Diebe, das Potenzial solcher Technologien wird immer, im Positiven wie im Negativen, voll ausgeschöpft werden.

Programmierbares digitales Geld bedeutet eine weitere Politisierung des Geldes. Politiker erhalten damit direkten Zugriff auf das Geld und die Vermögen der Bürger, ohne zwischengeschaltete Geschäftsbanken, Finanzdienstleister usw., zumal die meisten Zentralbanken längst zu Handlangern der Regierungen beziehungsweise der EU verkommen sind. Mithilfe des digitalen Zentralbankgeldes kann man Steuern und Strafen automatisch abbuchen, Helikoptergeld direkt in die elektronischen Geldbörsen der Bürger schicken oder den E-Euro zweckbinden, sprich, bestimmte Personen oder Gruppen können nicht mehr alles oder nur zu anderen Konditionen kaufen. Wer etwa in diesem Monat zu viel Fleisch im Supermarkt erworben hat, der kann mit seinen E-Euros keines mehr kaufen oder nur zu einem erhöhten Preis. Wer beispielsweise seine nicht konforme Meinung über soziale Medien kundtut, kann nicht nur auf Facebook gesperrt werden, dem kann man auch den Zugriff auf seine elektronische Geldbörse temporär oder dauerhaft verwehren. Mithilfe von entsprechend eingestellten KI-Programmen können solche Vorgänge vollautomatisiert abgewickelt werden. Die Digitalisierung des Geldes bedeutet einen grundlegenden gesellschaftlichen Wandel. So ist es vorstellbar, »dass der digitale Euro in regelmäßigen Abständen Updates erhält. Aus den eher funktionsarmen digitalen Währungen könnten sich dann über die Jahre hochkomplexe Token-Gebilde mit einer individuellen Policy entwickeln«,[382] so Sven Wagenknecht.

Wenn derzeit noch viele Machtblöcke, Ideologien, Kulturen und Religionen miteinander auf globaler Ebene konkurrieren, steuern wir doch direkt auf eine zentral gesteuerte oder zumindest politisch weitgehend gleichgeschaltete Welt zu. Es sei denn, die BRICS-Staatengruppe entwickelt sich wirklich zu einer ernsthaften Alternative, was derzeit allerdings noch mehr als ungewiss ist.

Im Augenblick fahren wir alle im Zug Richtung neuer, einheitlicher Weltordnung, in der Freiheit, Bürgerrechte, Individualität und vermutlich auch Menschlichkeit eine untergeordnete Rolle spielen. Längst arbeitet man – Stichwort Transhumanismus – an der Verschmelzung von Mensch und Maschine, an der Verknüpfung von physischer und digitaler Identität. Das ist keine düstere Prognose, sondern längst Realität. Globalisten und Transhumanisten wollen als linke Utopisten einmal mehr den Menschen und die Gesellschaft nach ihren Vorstellungen »verbessern«. Diesmal mithilfe der Technik. Im UN-Digitalpakt,[383] der 2024 beschlossen werden soll, ist bereits explizit von der Verschmelzung digitaler Identität mit Bankkonten die Rede. Der Staat, Großkonzerne und internationale Organisationen wollen direkten und permanenten Zugriff auf die Bankdaten aller Bürger. Diesen massiven Eingriff rechtfertigt man damit, dass sich dadurch die »Bereitstellung von Sozialleistungen verbessern« lasse.[384] Jeder Freiraum soll zerstört, jegliche Privatheit abgeschafft werden.

Das funktioniert nur auf globaler, nicht auf nationaler Ebene. Weshalb man auch bei Bargeldeinschränkungen und Zentralbankgeld auf globale Zusammenarbeit und Vernetzung setzt. Schweden, Norwegen und Israel haben das Projekt Icebreaker ins Leben gerufen, um »spezifische Schlüsselfunktionen und die technische Machbarkeit der Verknüpfung verschiedener nationaler CBDC-Systeme zu testen«.[385]

Nationalstaatliche Souveränität ist ein Auslaufmodell. Die einzige Freiheit, die europäische Nationalstaaten noch besitzen, besteht darin, die Ziele der Globalisten noch schneller und radikaler umzusetzen, wovon die deutsche Ampelregierung auch reichlich Gebrauch macht. Die Möglichkeiten, sich aus dem Zug der Lemminge davonzustehlen oder gar gegenzusteuern, sind äußerst limitiert. Was viele Mainstream-Medien versuchen, als rechte Verschwörungstheorien darzustellen, ist in vielen Bereichen längst politische und gesellschaftliche Realität. Wir leben schon jetzt in einer Postdemokratie, einem System, in dem demokratische Prozesse wie Wahlen oder Volksabstimmungen zu Folklore und leeren Ritualen verkommen sind, weil die echten Weichenstellungen längst nicht mehr in den nationalen Parlamenten getroffen werden. Durften Sie, liebe Leserinnen und Leser, jemals über die Öffnung der deutschen Grenzen, das Verbot von Verbrennermotoren, eine Bargeldobergrenze oder die Energiewende abstimmen? Eben. Man kann sich zu diesen Themen nicht einmal mehr offen kritisch äußern, ohne seine Reputation und seinen Job zu riskieren.

Die neuen Technologien, programmierbares Digitalgeld und künstliche Intelligenz beschleunigen und automatisieren diese Prozesse, sie helfen Globalisten und Politikern, ihre autoritären Pläne über nationalstaatliche Grenzen hinweg umzusetzen. Die Bürger sollen nichts mehr vor den Machthabern verbergen können. Die EU arbeitet bereits an einem zentralen Vermögensregister, ein globales wird längst angedacht. »Ökonomen fordern weltweites Vermögensregister!« schreibt im April 2022 der Nachrichtensender ntv. Die globale Gleichschaltung der Staaten, Kulturen und politischen Systeme ist weit vorangeschritten, Demokratie vielfach nur noch eine Schmierenkomödie, die Nationalstaaten entkernt und entmachtet, der gesellschaftliche Zusammenhalt zerstört. Die Eine-Welt-Regierung ist längst keine ferne Dystopie mehr, digitale Zentralbankwährungen sind nur ein weiterer Schritt in Richtung dieser neuen Weltordnung. Wenn nicht die BRICS-Gruppe einen Strich durch die Rechnung macht. Doch wie konsistent ist diese Staatengruppe, die eine eigene Digitalwährung anstrebt?

BRICS – neues Machtzentrum oder heterogene Interessengruppe?

Wenn Sie aufmerksam die Finanz- und Wirtschaftsmedien verfolgen, haben Sie in den vergangenen Jahren wohl schon häufiger von Mister Jim O'Neill gehört oder gelesen. Der Brite (Jahrgang 1957) ist nicht nur ein begeisterter Fußballfan, sondern auch einer der führenden Protagonisten in der Finanzwelt. Er arbeitete als Investmentbanker – und dreimal dürfen Sie raten, für welchen Finanzkonzern er tätig war. Richtig, natürlich für Goldman Sachs. Er gilt sozusagen als »Erfinder« der BRIC-Staatengruppe. Dieses Akronym stand zunächst für die Staaten Brasilien, Russland, Indien und China. Jim O'Neill verwendete diese Abkürzung erstmals in einer Veröffentlichung im Jahr 2001 und meinte damit aufstrebende Schwellenländer (»Emerging Markets«) mit einem hohen Maß an ökonomischem Potenzial. Ende des Jahres 2010 plädierte China, die mit weitem Abstand führende Wirtschaftsnation in der BRIC-Gruppe, für die Aufnahme von Südafrika in diesen ökonomischen und zunehmend auch geopolitisch relevanten Club. Die Absicht war klar: China ist seit vielen Jahren – recht erfolgreich – dabei, engere Beziehungen zu afrikanischen Staaten zu knüpfen. Auf diese Weise wurde aus BRIC eben BRICS – das »S« steht für Südafrika. Der Finanzmanager Jim O'Neill hatte jedoch weniger geopolitische Aspekte im Sinn, als er von den BRIC-, später BRICS-Staaten schwärmte. Ihm dürfte es in erster Linie darum gegangen sein, neue Finanzprodukte auf der Basis der perspektivischen

Wirtschaftskraft dieser Länder zu kreieren, also zum Beispiel Fonds und Zertifikate. Man könnte die Geburt von BRIC(S) somit als eine clevere Geschäftsidee von Goldman Sachs bezeichnen. Die Kunden sollten in die Wirtschaft dieser Staaten investieren und von dem dortigen Renditepotenzial profitieren.

Doch ziemlich schnell wurde den BRICS-Staaten klar, dass nicht nur ihre ökonomische Kraft beträchtlich ist, sondern dass sie zunehmend auch einen politischen Machtblock darstellen. Sie erkannten die Chance, gemeinsam ein Gegengewicht zur Dominanz des Westens zu bilden und sogar dem US-Dollar seine führende Stellung in der Welt streitig zu machen. Sie streben nicht weniger als eine globale, multipolare Weltordnung an – mit mehr Einfluss in den internationalen Organisationen wie der UNO sowie eigenen Foren der wirtschaftlichen Zusammenarbeit als Gegenstück zu den G7. Auch eine eigene digitale Währung (CBDC) steht auf der Agenda. Dazu gleich mehr.

Dass seine Idee von der BRIC(S)-Staatengruppe einmal eine solche Eigendynamik entwickeln könnte, hätte Mister O'Neill wohl nicht geglaubt. Letztlich waren es sicher auch die als Reaktion auf den Ukrainekrieg von den USA und ihren europäischen Vasallen verhängten Sanktionen, die zum engeren Schulterschluss der BRICS-Staaten beitrugen. Die BRICS-Staatengruppe umfasst immerhin etwa 40 Prozent der Weltbevölkerung.

Auf einem Gipfeltreffen der BRICS-Staaten im August 2023 in Johannesburg forderte der südafrikanische Präsident Cyril Ramaphosa »eine grundlegende Reform der Weltordnungspolitik«, damit diese repräsentativer werde und besser auf die Herausforderungen reagieren könne, vor denen die Menschheit stehe.[386] Natürlich ist den Staats- und Regierungschefs der BRICS-Staaten klar, dass die Gruppe umso mächtiger wird, je mehr Mitgliedstaaten sie umfasst. Und deshalb feierte man die Aufnahme von sechs weiteren Nationen zum 1. Januar 2024 als großen Erfolg des Gipfeltreffens. Ab diesem Tag sollen auch Saudi-Arabien, der Iran, die Vereinigten Arabischen Emirate, Argentinien, Ägypten und Äthiopien dem Verbund angehören. Die Staatengruppe mag dann also mehr Mitglieder zählen, allerdings wird sie dadurch auch noch heterogener als bisher schon. Auf der einen Seite China als zweitgrößte Wirtschaftsnation der Welt, auf der anderen Seite ein armes afrikanisches Land wie Äthiopien. Schon vor der Erweiterung um die sechs künftigen Mitgliedsländer hat China den Staatenbund mit weitem Abstand dominiert. Das BIP Chinas ist größer als das von Indien, Brasilien, Russland und Südafrika zusammengenommen (siehe nachfolgende Tabelle).

Aus diplomatischen Kreisen verlautete im Herbst 2023, zahlreiche weitere Staaten hätten Interesse an einer Mitgliedschaft in der BRICS-Gruppe, darunter Algerien, Kuwait, Bangladesch, Venezuela und Thailand. Somit würde BRICS bald Staaten aus vier Kontinenten umfassen. Die BRICS-Gruppe wird durch diese Erweiterung ohne Frage an Einfluss gewinnen, doch die unterschiedliche politische Interessenlage lässt eine einheitliche, stringent umgesetzte Strategie eher unwahrscheinlich erscheinen. Zudem wird die Dominanz Chinas von vielen anderen Mitgliedstaaten – allen voran vom Konkurrenten Indien – skeptisch gesehen. Es ist mithin davon auszugehen, dass BRICS ein lockerer Staatenbund bleiben dürfte.

Die Wirtschaftsleistung der BRICS-Gruppe im Überblick

Land	Bevölkerung in Millionen Menschen	Anteil an der Weltbevölkerung in Prozent	Bruttoinlandsprodukt (BIP) in Mio. US-Dollar (nominell)	Anteil am weltweiten BIP in Prozent
China	1433,9	17,8	17 744 640	18,3
Indien	1428,6	17,8	3 176 296	3,3
Brasilien	216,4	2,7	1 608 080	1,7
Russland	144,4	1,8	1 778 530	1,8
Südafrika	60,4	0,8	418 907	0,4
Mitglieder ab 2024				
Äthiopien	126,5	1,6	99 269	0,1
Ägypten	112,7	1,4	423 145	0,4
Iran	89,2	1,1	1 589 869	1,6
Argentinien	45,8	0,6	486 702	0,5
Saudi-Arabien	36,9	0,5	833 541	0,9
VAE	9,5	0,1	419 762	0,4
Künftige BRICS-Gruppe insgesamt	3704,3	46,0	28 578 741	29,4

Quelle: WTO, eigene Recherchen, Stand 2022, Beträge gerundet

Während in der zweiten Jahreshälfte 2023 die Aufnahme der sechs neuen Mitglieder vorbereitet wurde, gab es Überlegungen, die Staatengruppe weiter auszubauen. Ein denkbarer Beitrittskandidat könnte Südkorea sein. Manche in der BRICS-Gruppe sähen es sehr gern, wenn eine hochentwickelte und wirtschaftsstarke Nation wie Südkorea beitreten und die wirtschaftliche Dominanz Chinas etwas schwächen würde. Aus BRICS könnte dann BRICKS werden. Ein weiterer potenzieller Beitrittskandidat ist Kasachstan – erstens wegen seiner wichtigen Rolle als Energielieferant und zweitens als Brücke zwischen den BRICS-Staaten Russland, China und Indien.

BRICS-Staaten wollen Digitalwährung mit Goldunterlegung

Als sich die Staats- und Regierungschefs der BRICS-Staaten im Sommer 2023 im Sandton Convention Centre in Johannesburg trafen, war einer nicht dabei: Russlands Präsident Wladimir Putin. Zu groß war die Sorge, vor allem die USA könnten einen solch massiven Druck auf den Gastgeber Südafrika ausüben, dass die dortige Justiz Putin beim Eintreffen festnehmen lassen könnte. Also meldete sich der russische Präsident per Videoschalte aus Moskau zu Wort und plädierte energisch für eines seiner Lieblingsprojekte: die Einführung einer gemeinsamen Währung aller BRICS-Staaten. Dies ließe sich – wenn überhaupt – nur mit einer digitalen Zentralbankwährung, also mit CBDC, realisieren. In seiner Botschaft an die BRICS-Kollegen drückte Putin aufs Tempo, denn in der Tat sind die Pläne für eine gemeinsame digitale Währung ins Stocken geraten – und die Aufnahme neuer Mitglieder in die Staatengruppe, mit deren ganz unterschiedlich ausgeprägten Volkswirtschaften, dürfte das Währungsvorhaben gewiss nicht einfacher machen.

Wie dem auch sei, zumindest der Name einer solchen Digitalwährung scheint schon gefunden zu sein. Zur Wahl stehen (Stand Oktober 2023) entweder »Bric« – also ohne »S« am Ende, weil Südafrika erst später zur Staatengruppe hinzugestoßen ist, oder aber »R5«. Letzterer Vorschlag hätte gleich in zweifacher Hinsicht einen besonderen Charme: Erstens würde so auch Südafrika berücksichtigt und zweitens stehen die 5 »R« für die Anfangsbuchstaben der Landeswährungen aller 5 Brics-Nationen, als da wären der **R**eal für Brasilien, der **R**ubel für Russland, die **R**upie für Indien, der **R**enminbi für China und der **R**and für Südafrika.

Dass insbesondere Russland und China die Dominanz des US-Dollars brechen möchten, kann nicht überraschen. So hat Russland in den vergangenen Jahren und Jahrzehnten Milliarden in US-Dollar angelegt – die Hälfte davon im Ausland. Nach Ausbruch des Ukrainekrieges hat der Westen dieses Vermögen kurzerhand eingefroren – schätzungsweise rund 300 Milliarden Dollar. Die chinesische Führung wiederum spürt die Zinsdifferenz zwischen inländischen Sparprodukten (Rendite im Jahr 2023 etwas mehr als 2 Prozent) und einjährigen US-Staatsanleihen (im selben Zeitraum circa 5 Prozent). Besonders vermögende Chinesen schaffen auf verschlungenen Pfaden offenkundig ihr Geld ins Ausland und legen es in US-Staatsanleihen an.

Ob die geplante gemeinsame Digitalwährung realisiert und ein Erfolg wird, sei dahingestellt. Es ist noch gut (oder vielmehr schlecht) in unser aller Erinnerung, wie sehr die Euro-Schuldenkrise die Finanzmärkte durcheinandergewirbelt hat. Die BRICS-Staaten sind aber noch wesentlich heterogener als die Mitgliedsländer der Europäischen Währungsunion. So zeichnen sich die Währungen der bislang fünf BRICS-Staaten nicht eben durch Stabilität aus. Sogar China muss seine Landeswährung immer mal wieder künstlich stützen.

Eine solche Digitalwährung, so ist zu befürchten, wird sich durch ein hohes Maß an Volatilität auszeichnen und damit kaum für Vertrauen sorgen. Das wissen natürlich auch die Verantwortlichen. Deshalb ist geplant, das BRICS-Geld mit einer kleinen Menge Gold und eventuell Silber zu hinterlegen. Experten schätzen, dass die BRICS-Staaten für diese Absicherung für Milliardensummen Gold und gegebenenfalls Silber ankaufen müssten. Eine solche Entwicklung könnte die Edelmetallpreise schon mittelfristig beflügeln. Ob die BRICS-Digitalwährung freilich jemals Realität wird, bleibt abzuwarten.

Was motiviert die BRICS-Staaten zu einer gemeinsame Digitalwährung?

Dennoch steht die BRICS-Digitalwährung weiterhin auf der Agenda. Wir wollen nachfolgend unter die Lupe nehmen, welche Interessen die unterschiedlichen Staaten an dieser Währung haben.

Brasilien: Als vollwertiges Mitglied bei der Bank für Internationalen Zahlungsausgleich (BIZ) darf es nicht verwundern, dass die brasilianische Zentralbank zunächst unter der Bezeichnung »Real Digital«, ab 2024 dann unter dem Namen »Drex«, ihre eigene Digitalwährung (CBDC) einführen will.[387] Der derzeitige brasilianische Präsident Lula da Silva ist eng mit dem World Economic Forum (WEF) verbunden; er wird hier nicht nur als »Agenda Contributor«[388] geführt, sondern wurde auch 2010 von Klaus Schwab mit dem ersten Global Statesman Award des WEF ausgezeichnet.[389] Obwohl es zunächst Lula war, der sich lautstark für eine gemeinsame BRICS-Währung als Alternative zum Dollar einsetzte,[390] rückte er beim diesjährigen BRICS-Treffen in Johannesburg von diesem Vorhaben ab. Auf Twitter vermeldete er: »Die BRICS sind kein Gegenpol zu den G7, den G20 oder sonst irgendjemandem. Wir wollen uns als der globale Süden organisieren. Wir sind wichtig in der globalen Debatte und sitzen gleichberechtigt mit der Europäischen Union und den Vereinigten Staaten am Verhandlungstisch.«[391] Klarer geht es wohl nicht: Alle sitzen sie gemeinsam zusammen an einem Verhandlungstisch, um das globale Finanzsystem in die digitale Zukunft zu führen.

Russland: Ebenso wie die brasilianische Notenbank ist auch die Zentralbank der Russischen Föderation ein vollwertiges Mitglied der BIZ. Folglich arbeitet die russische Zentralbank an der Einführung eines CBDC, wie es an anderer Stelle bereits ausführlich thematisiert wurde. Entgegen der landläufigen Meinung, dass Putin um die Souveränität Russlands bemüht sei, steht auch er eng im Bunde mit dem WEF. Am 13. Oktober 2021 wurde darüber hinaus bekannt gegeben, dass Russland »eine führende Rolle bei der Gestaltung des Verlaufs der vierten industriellen Revolution übernehmen«[392] werde. So soll dann in Russland das Zentrum für die vierte industrielle Revolution gegründet werden, in dem es unter anderem um die Schwerpunkte künstliche Intelligenz und Internet of Things (Internet der Dinge) gehe.

Indien: Es ist fast schon selbstredend, dass auch die indische Zentralbank (Reserve Bank of India) ebenfalls Mitglied der BIZ (Bank für Internationalen Zahlungsausgleich) ist und bereits Anfang November 2022 mit einem Pilotprojekt für die E-Rupie gestartet ist.[393] Seit 2016 ist Indien zudem Vorreiter in Sachen digitaler Identität. Um Staatsleistungen in Anspruch nehmen zu können, benötigen Inder nunmehr den digitalen Aadhaar-Ausweis. Doch damit nicht genug. Ebenso wie Lula ist auch der derzeitige indische Premierminister Narendra Modi »Agenda Contributor« des WEF und tief in die Agenda involviert.[394]

China: China dient nicht zuletzt durch sein bereits ausführlich vorgestelltes Sozialkreditsystem als die Blaupause dessen, was auf den Rest der Welt zuzukommen droht. Die chinesische Zentralbank, die People's Bank of China, ist ebenso ein vollwertiges Mitglied der BIZ, und die Regierung arbeitet fieberhaft daran, wie eine zentralisierte Blockchain-Technologie zum Ausbau des Überwachungsstaates genutzt werden kann. Ebenso wie der derzeitige chinesische Präsident Xi Jinping als »Agenda Contributor« des WEF geführt wird,[395] finden auch in regelmäßigen Abständen sogenannte »Sommer-Davos«-Treffen in Tianjin und Dalian statt. Doch es scheint, als ob die Bewunderung zum WEF nicht nur einseitig ist. Denn selbst Olivier M. Schwab, der Sohn von Klaus Schwab, hat einige Jahre als Geschäftsführer des Chinabüros in Peking zugebracht[396] – für den wirtschaftlichen und sozialen Austausch, versteht sich.

Südafrika: Wie alle anderen BRICS-Staaten ist auch Südafrika ein vollwertiges Mitglied der BIZ. Der südafrikanische Präsident Cyril Ramaphosa ist ebenfalls »Agenda Contributor« des WEF.[397] Außerdem arbeitet auch die South African Reserve Bank seit 2022 an einem digitalen Rand.

Doch warum ist nun der Fakt, dass die verheißungsvollen BRICS-Staaten allesamt Mitglieder der BIZ sind, so entscheidend? Die Bank für Internationalen Zahlungsausgleich wird gemeinhin auch als die Mutter aller Zentralbanken bezeichnet, schlichtweg deswegen, weil niemand in den Besitz einer Banklizenz kommt, »ohne an das Zentralbanksystem des jeweiligen Landes und damit an die BIZ angeschlossen zu sein«.[398] Nicht nur, dass die BIZ 1930 nachweislich von Bankvertretern und den berüchtigten Familiendynastien gegründet wurde, die bereits an der Fed beteiligt waren, die Rolle der BIZ wurde vom amerikanischen Historiker Carroll Quigley in seinem Werk *Tragödie und Hoffnung* wie folgt beschrieben: Finanzkapitalisten würden ein Weltsystem der finanziellen Kontrolle in privaten Händen schaffen wollen, »um das politische System in jedem Land und die Wirtschaft in der Welt als Ganzes zu beherrschen. Dieses System sollte auf feudalistische Art von den gemeinsam handelnden Zentralbanken der Welt durch geheime Vereinbarungen auf regelmäßigen Sitzungen und Konferenzen kontrolliert werden. Der Schlussstein des Systems sollte die Bank für Internationalen Zahlungsausgleich (BIZ) im schweizerischen Basel sein, eine private

Bank, die von den ebenfalls privaten Zentralbanken der Welt kontrolliert und besessen wird.«[399] Ergo können die BRICS-Staaten das Finanzsystem nicht bekämpfen, da sie selbst Teil des Systems sind. Nur Staaten oder Institutionen, die selbst über das Geldsystem verfügen, können als wirklich souverän bezeichnet werden. Die BRICS-Staaten sind dies sicherlich nicht.

7

Totalüberwachung, nein danke! – Wie kann man sich dem CBDC entziehen?

Wenn das Geld zum Voucher wird

In dem Buch *Principles for Dealing with the Changing World Order* (auf Deutsch: »Grundsätze zum Umgang mit einer sich verändernden Weltordnung«) des US-Investors Ray Dalio stellt dieser die folgenden sechs Phasen eines langfristigen Schuldenzyklus vor, welcher für ihn nach dem Ende des Zweiten Weltkrieges begann:[400]

1. Die Phase des »harten Geldes«

Die Schulden des vorherigen Wirtschaftszyklus werden entweder komplett gelöscht oder umstrukturiert. Nach dieser Neuordnung wird das Geld einer Nation anschließend an »harte Fakten« gekoppelt. Dies war nach dem Ende des Zweiten Weltkrieges der Goldstandard und in den Entwicklungsländern der Aufbau von wirtschaftlichem Handel, welcher in einer Einheitswährung (hier: dem US-Dollar) abgewickelt wird. In dieser ersten Phase geht es demnach darum, »hartes Geld« zu schaffen, das heißt ein Zahlungssystem zu etablieren, das einen inhärenten Wert besitzt.[401] So wurde von den späteren Siegermächten 1944 über ein mögliches Währungssystem beratschlagt, welches das »harte Geld« durch Gold decken und den Handel in US-Dollar abwickeln sollte. Die Rede ist vom sogenannten Bretton-Woods-Goldstandard (auch Bretton-Woods-System).

2. Forderung auf das »harte Geld«

Da sich der Handel mit Gold oder ausländischen Währungen auf die Dauer nicht bewähren kann, wird eine neue Form von Papiergeld gedruckt, welches als Schuldschein des »harten Geldes« fungiert.[402] Offiziell ist das Papiergeld dabei durch das »harte Geld« gedeckt, das heißt, es könnte jederzeit gegen Gold ausgetauscht werden.

3. Beginn der Schulden

Der Fakt, dass es immer nur so viel Papiergeld geben kann, wie es »hartes Geld« gibt, hemmt das Wachstum der Volkswirtschaften. Um dieses Dilemma zu durchbrechen, werden Schuldscheine auf das Papiergeld vergeben, indem etwa Sparer mit dem Versprechen von Zinszahlungen ihr Geld bei einer Bank anlegen. Die Bank wiederum verleiht das Geld an Unternehmen weiter, die ihrerseits Zinsen dafür zahlen. Auf diese Weise wird viel mehr Geld, als realwirtschaftlich vorhanden ist, in Büchern und Kontoberichten bewegt.[403]

4. Auflösung der Verbindung zwischen »hartem Geld« und Papiergeld

In diesem Kreislauf ist irgendwann der Punkt erreicht, an dem die Schuldscheine nicht mehr gegen »hartes Geld«, das heißt, ihren realen Wert, eingetauscht werden können. In den USA war dieser Punkt 1971 erreicht, als Richard Nixon den Bretton-Woods-Goldstandard außer Kraft setzte, also das Papiergeld (hier: der US-Dollar) nicht mehr an das »harte Geld« (hier: Gold) gebunden war.[404]

5. Fiatgeld

Das Papiergeld wird jetzt offiziell zum Fiatgeld, das heißt zu einer Währung, die nicht an den Preis eines Rohstoffes (wie eben Gold) gebunden ist und somit keinen inhärenten Wert mehr hat. Den Zentralbanken wird dadurch ermöglicht, durchs Gelddrucken noch mehr Schuldscheine in Umlauf zu bringen.[405]

6. Der Zusammenbruch

Irgendwann können selbst die Zentralbanken dem wachsenden Schuldenberg nicht mehr gegensteuern. Immer mehr Menschen ziehen ihr Papiergeld (Fiatgeld) aus dem System ab und tauschen es gegen reale Sachwerte (zum Beispiel »hartes Geld«) um. Die Politik wird letztlich dazu gezwungen einzugreifen, indem die Schulden gestrichen oder umstrukturiert werden, sodass der Zyklus von vorne beginnt.[406]

Es sollte selbstredend sein, dass wir uns gegenwärtig in der sechsten Phase des Zusammenbruchs befinden. Dabei sieht momentan alles danach aus, dass das neue Geldsystem auf dem CBDC aufbauen wird. Ray Dalio hätte also Unrecht damit, dass sich dieser Schuldenzyklus wiederholt. Denn die Tatsache, dass es sich beim CBDC um Digitalgeld handelt, das als Fiatwährung von den Zentralbanken herausgegeben wird, wird es unmöglich machen, dass das CBDC einen inhärenten Wert hat. Eine Loslösung vom »harten Geld« (also dem inhärenten Wert) und dem einstigen Papiergeld (nun Digitalgeld) ist daher unmöglich, wodurch sich auch keine Schulden akkumulieren können. Das CBDC existiert ausschließlich in der digitalen Welt und kann hier von den Zentralbanken gesteuert, das heißt nach Belieben erhöht werden. Diese Tatsache lässt nun zwei Schlüsse zu:

1. Sollte sich das CBDC einmal etabliert haben, wird es schwer sein, es wieder loszuwerden, da sich in diesem System durch den mangelnden inhärenten Wert keine Schulden anhäufen lassen – Schulden, die irgendwann zwangsläufig zum Zusammenbruch des Wirtschaftssystems führen müssen.

2. Durch den mangelnden inhärenten Wert wird das Geldsystem ad absurdum geführt, da Geld seinen ursprünglichen Sinn als Tauschmittel verliert. Das gilt erst recht dann, wenn das CBDC

von den Zentralbanken an bestimmte Bedingungen geknüpft wird, also zu einem Voucher verkommt. Die Menschen werden dies nicht akzeptieren, und wenn sie schon nicht selbst das System stürzen, so werden sie sich doch (hoffentlich) Alternativen zum bestehenden Geldsystem überlegen. Sofern die Umsetzung des CBDC nicht vorher aufgehalten wird, liegt es an uns, welche dieser beiden Optionen zur Realität wird. Mögliche Handlungsfelder, die jedermann bereits im Vorfeld offenstehen, sollen im Folgenden zur Diskussion gestellt werden. In jedem Fall sollten sie dazu anregen, konstruktive Änderungen des bestehenden Geldsystems auf den Weg zu bringen.

Bargeld ist gelebte Freiheit

Schritt für Schritt sollen Deutsche und Österreicher ihres Bargeldes beraubt werden – von Regierungen und Notenbanken. Und dieser Prozess ist in vollem Gange. Die Einführung von CBDC ist ein wichtiger Schritt hin zur bargeldlosen Gesellschaft. Viele Bürger scheinen den »Braten« indessen zu riechen und lehnen den digitalen Euro mehrheitlich ab. Nach einer Umfrage des Bundesverbandes deutscher Banken sehen 76 Prozent der Deutschen keine Notwendigkeit für einen digitalen Euro (Stand 2023).

Wer mit Karte oder seinem Handy zahlt, hält sich für cool und modern, so lautet die vom politmedialen Establishment verbreitete Botschaft. Dabei ist der Abschied vom Bargeld weder cool noch modern, sondern nicht mehr und nicht weniger als der leichtfertige Abschied von einem Stück Freiheit. Bares ist nämlich nicht nur Wahres, sondern die einzige Möglichkeit, anonym zu kaufen und zu konsumieren. Wer zum Beispiel im Supermarkt mit Karte oder Handy bezahlt, hinterlässt aufschlussreiche Daten. Raucht der Kunde, kauft er alkoholische Getränke oder Süßigkeiten in größeren Mengen? Daraus lassen sich interessante Informationen zum Beispiel für die Krankenversicherung ableiten. Wenn wir aber unsere Einkäufe in bar bezahlen, bleiben wir anonym.

Manche mögen an dieser Stelle einwenden, grundsätzlich könnten auch Zahlungen mit digitalen Währungen anonymisiert werden. Der entscheidende Unterschied ist jedoch: Die digitalen Währungen sind nur so anonym, wie es die Regierungen und Notenbanken zulassen. Wenn wir mit Bargeld zahlen, sind wir hingegen Herr über unsere Verbrauchersouveränität. Von manchen arglosen Zeitgenossen ist an dieser Stelle oft zu hören: »Aber ich habe doch nichts zu verbergen.« Darum geht es nicht. Es geht um den Erhalt Ihrer Privatsphäre – und die ist in einer wirklichen Demokratie ein sehr hohes Gut.

Das Bargeld wird nicht mithilfe eines Big Bangs abgeschafft, also ab einem bestimmten Stichtag. Die Verantwortlichen gerade in Deutschland und Österreich wissen sehr wohl, dass eine solch radikale Maßnahme heftige Proteste auslösen könnte und viele Bürger die dafür verantwortlichen Parteien bei den nächsten Wahlen abstrafen würden. Die Bargeldabschaffung wird daher gleichsam in homöopathischen Dosen umgesetzt. Schon hat die EU beschlossen, dass Bargeldzahlungen über 10 000 Euro ausnahmslos verboten werden sollen. Eine Schweizer Luxusuhr beim Juwelier bar zu bezahlen, ist dann nicht mehr möglich. In diesem Zusammenhang wird meist die Frage gestellt, wer schon einen Zeitmesser zum Preis von über 10 000 Euro brauche. Meist klingt da auch etwas Neid durch. Natürlich: Niemand braucht eine solche Uhr. Aber niemand darf einem anderen vorschreiben, wofür er sein hart erarbeitetes und hoch versteuertes Geld ausgeben möchte. Das geht keinen etwas an. Der eine kauft sich eine Uhr, der andere vielleicht einen Oldtimer. Chacun à son goût.

Wenn es um Bargeldverbote oder Bargeldrestriktionen geht, werden Kritiker restriktiver Maßnahmen mithilfe zweier Argumente mundtot gemacht – zumindest versucht man es.

Erstes Pseudoargument: Das alles seien Verschwörungstheorien. Der Autor dieser Zeilen veröffentlichte im Jahr 2016 im Kopp Verlag das Buch *Achtung! Bargeldverbot! – Auf dem Weg zum gläsernen Kontosklaven*. Kurz darauf beschloss die Europäische Zentralbank (EZB) das Ende der 500-Euro-Scheine. Seit 2019 wird von der Notenbank der lila Geldschein nicht mehr emittiert. Innerhalb weniger Monate war aus der vermeintlichen Verschwörungstheorie unversehens Realität geworden.

Das zweite zentrale Argument: Das Bargeld werde nur abgeschafft, um Geldwäschern, Betrügern und Steuerhinterziehern das Handwerk zu legen. In Deutschland habe es im Jahr 2018 über 7000 Verdachtsfälle wegen Geldwäsche gegeben, schreibt die Schweinfurter Rechtsanwältin und Strafverteidigerin Christina Glück. Nach Überprüfung durch die Strafverfolger hätten lediglich 0,6 Prozent oder rund 250 dieser Verfahren zu Strafurteilen, Strafbefehlen oder Anklageschriften geführt.[407]

Wegen 250 Fällen pro Jahr will man den Bürgern folglich das Bargeld abnehmen. Das zeigt, wie fadenscheinig und vorgeschoben dieses Argument ist. Und weiter schreibt die Anwältin, die wirklich großen Geldwäscher, seien es Oligarchen oder kolumbianische Drogenbosse, interessiere ein Bargeldverbot überhaupt nicht. Sie wickelten ihren Zahlungsverkehr unbar über Briefkastenfirmen ab, »die noch nicht einmal in Steueroasen sitzen müssen. Auch in den USA, Luxemburg oder auf Zypern sind solche Firmenkonstrukte möglich und der Regelfall«.

Tatsächlich sind Kriminelle oder gar Terroristen im Zeitalter der Kryptowährungen und des Darknets längst nicht mehr auf Bargeld angewiesen. Trotzdem werden stets Terroristen, Drogen- und Menschenhändler bemüht, wenn es darum geht, den nächsten Schritt in Richtung bargeldlose Gesellschaft zu setzen. In Schweden zum Beispiel ist der Anteil der Menschen, die mit Scheinen und Münzen zahlen, in den zurückliegenden 10 Jahren von 39 auf 9 Prozent gesunken. Damit ist das skandinavische Land, in dem die Bandenkriminalität – wie im 5. Kapitel dieses Buches bereits ausgeführt – in den vergangenen Jahren dramatische Ausmaße angenommen hat, ein guter Beweis dafür, dass eine weitgehend bargeldlose Gesellschaft entgegen der einschlägigen Propaganda von EU und EZB keine ist, in der die Kriminalität signifikant zurückgeht.

Der Weg in die bargeldlose Gesellschaft wird in Deutschland in Trippelschritten vollzogen. So urteilte bereits im Jahr 2008 der Bundesfinanzhof (BFH), dass Barzahlungen an Handwerker nicht mehr zulässig sind; das ist vor allem dann der Fall, wenn diese Kosten als haushaltsnahe Dienstleistungen steuerlich geltend gemacht werden sollen. Diese werden seither nur noch anerkannt, wenn eine Rechnung vorliegt und die Zahlung auf ein Konto des Leistungserbringers (also des Handwerkers) erfolgt. Selbst eine Quittung des Handwerkers über eine entsprechende Barzahlung wird vom Finanzamt nicht anerkannt.

Wenige Jahre später folgte die erwähnte Abschaffung des 500-Euro-Scheins. Eine weitere Bargeldrestriktion trat Ende 2021 in Kraft. Seither müssen sich Banken bei Bareinzahlungen von über 10 000 Euro Nachweise über die Herkunft des Geldes vorlegen lassen. Bei Verstößen drohen drakonische Geldstrafen von bis zu 5 Millionen Euro. Deshalb mussten die Banken entsprechende Compliance-Management-Systeme installieren. Das alles kostet Geld. Kosten, die in letzter Konsequenz natürlich weder der Staat noch die Banken tragen, sondern die an die Kunden in Form von höheren Gebühren, niedrigen Guthabenzinsen usw. weitergeleitet werden.

Was häufig übersehen und von den Mainstream-Medien auch kaum thematisiert wird, bringt die Juristin Christina Glück auf den Punkt: »Die Grenze von 10 000 gilt aber nicht für die Höhe einer einmaligen Einzahlung, sondern für alle Bareinzahlungen über die gesamte Lebensdauer eines Kunden [...] Hat zum Beispiel eine Großmutter ihrem Enkel zu jedem Geburtstag 1000 Euro in bar geschenkt, kann dieser bzw. dessen Eltern ab seinem elften Lebensjahr das Geld nur noch mit Nachweisen auf ein Bankkonto einzahlen.«

Rechtsanwältin Glück berichtet über einen Fall aus der eigenen Berufspraxis: »Wenige Monate nach Einführung dieser Regelung hat sich meine Bank geweigert, Bareinzahlungen ohne Nachweise zu akzeptieren. Als Nachweis hätte ich die Rechnung an meinen Mandanten vorlegen und damit gegen das anwaltliche Schweigerecht verstoßen müssen. Damit hätte ich mich aber strafbar gemacht. Deshalb konnte ich das Geld nicht mehr bar einzahlen.« Aber warum haben manche Mandanten überhaupt den Wunsch, ihren Anwalt beziehungsweise ihre Anwältin in bar zu bezahlen?

»Die Gründe dafür haben nichts mit schweren Straftaten zu tun, sondern sind vielfältig, oft auch banal, aber zugleich wichtig«, weiß Strafverteidigerin Glück zu berichten. Und sie schreibt von einem Beispiel: Ein heranwachsender Mandant habe in bar bezahlt, »weil seine Eltern sein Girokonto überprüften und dadurch Kenntnis von dem Ermittlungsverfahren wegen Betäubungsmitteln hätten bekommen können«.[408] Und wenn eine Zahlung per Überweisung überhaupt nicht mehr möglich ist, weil das Girokonto gepfändet wurde oder ein potenzieller Mandant zu den 500 000 Deutschen gehört, die über kein Girokonto verfügen, wären diese Menschen faktisch gar nicht mehr oder nur sehr eingeschränkt in der Lage, sich anwaltliche Hilfe zu sichern.

Manche Maßnahmen für Bargeldrestriktionen oder -verbote kommen auch gleichsam unter einer sprachlichen Camouflage daher. Haben Sie schon einmal etwas vom »Sanktionsdurchführungsgesetz« gehört? Wenn ja, haben Sie vermutlich an den Ukrainekrieg und an die vom Westen vorangetriebenen Sanktionen gegen Putin gedacht. Offiziell sollte dieses im Herbst 2022 vom Bundestag verabschiedete Gesetz vordergründig helfen, die Sanktionen gegen Russland durchzusetzen. Tatsächlich verbietet dieses Gesetz aber jedem, den Kauf und Verkauf von Immobilien bar abzuwickeln (siehe § 16a dieses Gesetzes).

Da mag mancher fragen, was Bargeldrestriktionen oder Bargeldverbote mit dem zentralen Thema dieses Buches – also den digitalen Notenbankwährungen – zu tun haben. Der Zusammenhang ist evident. Es geht weiten Teilen der Politik und der Finanzwirtschaft schlicht darum, das Monopol zur Herausgabe des Euro-Schwundgeldes zu verteidigen und unbeschränkten Zugriff auf private Geldvermögen zu erlangen. Die durch das Bargeld noch offenen Fluchtwege sollen geschlossen werden. Es geht um Kontrolle. Es geht um Überwachung und Steuerung der Bürger.

Mit einem digitalen Euro und einem Bargeldverbot kann die EZB unter anderem problemlos und quasi per Knopfdruck Negativzinsen in jeder beliebigen Höhe durchsetzen, ohne dass die Bürger die Möglichkeit hätten, sich dieser Enteignung zu entziehen. Die Menschen sind dem Staat und den Zentralbanken dann völlig ausgeliefert.

Und um abschließend noch einmal die Rechtsanwältin Christina Glück zu zitieren: »Wenn, wie nach der Bankenkrise, das Finanzsystem droht zusammenzubrechen, oder im Kriegsfall, siehe Ukraine, dann kann der Staat [beziehungsweise die Zentralbank, Anm. d. Autors] mit einem einzigen Klick jeden Einzelnen von uns mittellos machen. Indem er einfach die Verfügung über das dann nur noch virtuelle Geld auf unseren Konten technisch sperrt. Gleiches gilt bei einem Strom-Blackout Dann funktioniert die bargeldlose Zahlung nicht mehr [...] Mit der Abschaffung des Bargeldes wird kein einziger der großen Geldwäscher auf dieser Welt getroffen [...] Aber der ganz normale Durchschnittsverdiener wird damit völlig durchleuchtet und überwacht. Und irgendwann auch bestraft.«

Investieren in Sachwerte

Dem kommunistischen Revolutionär Wladimir Iljitsch Lenin wird der Ausspruch zugeschrieben: »Um die bürgerliche Gesellschaft zu zerstören, muss man ihr Geldwesen verwüsten.« Anlässlich seines Vortrags vom 17. März 2000 am Walter Eucken Institut griff das ehemalige Direktoriumsmitglied der Europäischen Zentralbank, Otmar Issing, Lenins Zitat auf und ordnete es in den Kontext der Inflation ein.[409] Denn nichts fürchten vor allem die Deutschen wohl mehr als das Gespenst der Inflation, welches Hans Fallada in seinem 1937 erschienenen Roman *Wolf unter Wölfen* im Inflationsjahr 1923 folgendermaßen beschrieb: »Irgendwo in dieser Stadt [Berlin] stand eine Maschine und erbrach Tag und Nacht Papier über der Stadt. ›Geld‹ nannten sie es. Sie druckten Zahlen darauf, wunderbare, glatte Zahlen mit vielen Nullen, die immer runder wurden. Und wenn du gearbeitet hast, wenn du dir etwas erspart hast auf deine alten Tage – es ist alles wertlos geworden; Papier, Papier und Dreck.«[410]

Zwar kann man mit einer offiziellen Inflationsrate im August 2023 von 6,1 Prozent[411] (noch) keinesfalls einen Vergleich zu 1923 anstellen, doch merken die Verbraucher an allen Ecken und Enden, dass sie immer weniger Geld im Portemonnaie haben. Um da nicht tatenlos zuzusehen, wie sich die Ersparnisse und/oder Altersrücklagen in Luft auflösen, lohnt es sich, in Sachwerte zu investieren. Doch was sind überhaupt Sachwerte und was gilt es in der derzeitigen Situation zu beachten?

Als Sachwerte werden gemeinhin Vermögenswerte bezeichnet, welche etwa im Gegensatz zu unserem heutigen Fiatsystem einen echten, physischen Wert aufweisen. Im Folgenden wollen wir uns einmal einige der beliebtesten Sachwerte ansehen und dabei ihre Vorteile, aber auch ihre Nachteile näher beleuchten:

1. **Immobilien**: Die Immobilie gilt nicht zuletzt aufgrund des hohen Wertzuwachses als beliebte Anlageklasse, auch wenn die Marktpreise im Laufe des Jahres 2023 in vielen Regionen gesunken sind. Vor allem zur Selbstnutzung ist das Eigenheim der größte Traum vieler Menschen und verspricht Sicherheit. Allerdings könnten die grün-sozialitischen Sanierungspläne der EU den Traum vom Wohneigentum schnell in einen Albtraum verwandeln, zumindest dann, wenn das Haus nicht die richtige Energieeffizienzklasse aufweist und für teures Geld zwangssaniert werden muss. Außerdem weist die Immobilie in Zeiten des Great Reset noch weitere Nachteile auf, wie etwa, dass die Immobilie nicht mal eben von einem Ort zum nächsten transportiert werden kann, wie dies mit anderen Assets möglich ist.

   Es ist auch nicht gesagt, dass die »attraktive Lage« angesichts des zunehmenden »Fachkräftezuwachses« und möglicher sozialer Unruhen auch morgen noch attraktiv ist. Für den Staat wird sie das jedoch allemal sein. Schließlich kann dieser hierauf Steuern erheben beziehungsweise erhöhen (Stichwort Grundsteuerreform).

2. **Agrarland:** Ein Blick in die Niederlande verheißt nichts Gutes, was große Agrarflächen betrifft. Unter dem fadenscheinigen Argument des European Green Deal, der vorsieht, die EU-weiten Treibhausgasemissionen zu verringern, werden reihenweise Bauernhöfe enteignet. Zeitgleich wird der Verzehr von Insekten auf dem EU-Markt weiter vorangetrieben und an der Herstellung von künstlichem Fleisch geforscht. Wer darauf so gar keinen Appetit hat, dem bietet sich der Kauf einer kleineren Fläche Agrarland für den Eigenbedarf an. Mehr noch als Investment sollte sich dieses Agrarland zum Anbau von lebensnotwendigen Gütern verstehen, dessen Bewirtung dazu anregt, in Kontakt mit der Natur zu kommen und mal etwas Neues auszuprobieren. Agrarverbände, die notwendiges Fachwissen zur Verfügung stellen, stehen dabei selbst Laien Rede und Antwort. Wer hingegen nicht gleich sein eigenes Stück Land erwerben und bewirtschaften will, kann alternativ hierzu bei landwirtschaftlichen Betrieben in der unmittelbaren Umgebung anfragen, ob Hilfe im Austausch gegen Naturalien benötigt wird. Auf diese Weise umgeht man den zugegebenermaßen unappetitlichen Speiseplan des Great Reset, steht in Kontakt mit der Natur und lernt im (hohen) Alter obendrein noch etwas über Landwirtschaft.

3. **Aktien:** Die Mehrheit aller Anlageberater rät dazu, einen Teil des Vermögens in Aktien zu diversifizieren. Selbst wenn die Kurse einbrechen sollten, gilt die landläufige Meinung, dass sich die Aktienkurse wieder erholen und man eventuelle Verluste aussitzen könne. Dass dies angesichts eines Börsencrashs, wie dem von 1929 bis 1933 ausgehend von den USA, eben nicht gilt, hat bereits der deutsche Wertpapierhändler Dirk Müller in seinem Buch *Machtbeben* eindrücklich aufgezeigt. Hierin heißt es: »Es dauerte dreißig Jahre und einen Weltkrieg, bis jene Anleger, die nahe dem Höchststand gekauft hatten,

ihren Einstandskurs wiedersahen, wenn sie und die von ihnen gehaltenen Firmen diese Zeitspanne überhaupt überlebten.«[412] Ob die Einführung von CBDC mit einem solchen Aktiencrash einhergeht, bleibt abzuwarten.

Allerdings sollten sich Inhaber von Aktien darüber im Klaren sein, dass der Kauf von solchen über kurz oder lang nur noch mit einer digitalen Wallet gestattet sein wird. Des Weiteren ist zu bedenken, dass sich mit einem glücklichen Händchen zwar selbst Profite beim Spekulieren erzielen lassen, doch dass indirekt auch, insbesondere beim Abschluss von ETFs, Investmentgiganten wie BlackRock und Co. daran mitverdienen. Wenn Sie sich für Aktien, Fonds oder ETFs entscheiden, dann achten Sie auf eine breite Streuung (unterschiedliche Branchen und Märkte).

4. **Edelmetalle:** Seit jeher gilt Gold als wertbeständig und steht im Ruf, ein sicherer Hafen in jeder Krise zu sein. Das schließt natürlich nicht aus, dass auch der Goldpreis kräftig schwanken kann, vor allem, wenn Spekulanten und/oder Manipulatoren an den Terminmärkten ihre Finger im Spiel haben (bei Transaktionen am Terminmarkt erfolgt die Leistungserbringung nicht sofort, sondern zu einem späteren, vorher vereinbarten Zeitpunkt).

   Gold hat ferner den Nachteil, dass auch in der Vergangenheit Staaten zu einem Goldverbot aufgerufen haben und private Goldvorräte gegen Androhung von Strafe zu einem relativ niedrigen Preis an den Staat verkauft werden mussten. Ob solche Goldverbote heute durchsetzbar wären, ist eher unwahrscheinlich. Schließlich hat man durch die Aufnahme von Migranten nun Kulturkreise im eigenen Land, bei denen der Besitz von Gold und anderen Edelmetallen nicht aus der Tradition wegzudenken ist. Allerdings könnte der anonyme Kauf von Gold mittels sogenannter Tafelgeschäfte (der Kunde geht zum Goldhändler und zahlt bar, ohne sich legitimieren zu müssen) noch weiter eingeschränkt werden. Aktuell (2023) liegt die Barzahlungsobergrenze bei 1999,99 Euro. Dafür bekommt man gerade mal etwas mehr als 1 Unze Gold. Wer größere Summen investieren möchte, muss sich legitimieren oder bei seriösen Händlern (beispielsweise Degussa oder pro aurum) online bestellen. Ein weiterer Vorteil beim Goldinvestment: Sie kaufen mehrwertsteuerfrei. Entscheiden Sie sich für »weiße Edelmetalle« (Silber, Platin oder Palladium), so fällt die Mehrwertsteuer von derzeit 19 Prozent an.

Eine größere Bedeutung als Gold, welches vor allem in der Schmuckindustrie eingesetzt wird, kommt jedoch Silber zu. Silber kommt verstärkt im medizinischen Bereich, aber unter anderem auch für die Herstellung von Ethylenoxid und Formaldehyd, welche für die Produktion von Kunststoffen benötigt werden, zum Einsatz. Es gilt: Gold wird gehortet, Silber wird verarbeitet. Im Gegensatz zu Gold hat es bislang noch nie ein Silberverbot gegeben. Silbermünzen lassen sich nicht nur einfach gegen Bedarfsmittel des täglichen Lebens eintauschen, sondern waren seit jeher der Motor für jede Tauschwirtschaft. Sofern Sie also nicht mit dem Gedanken spielen, ein digitales Zentralbankkonto zu eröffnen, sondern sich fernab der großen Supermarktketten regional organisieren wollen, sind Münzen in Form von Edelmetallen eine Alternative zu CBDCs. Wie so etwas aussehen könnte, erfahren Sie im Kapitel »Unterstützung regionaler Projekte: Wie man sich vor Ort organisieren kann«.

Ganz nebenbei: Erinnern Sie sich noch an den »Heiermann«, also an die 5-DM-Münze aus Wirtschaftswunderzeiten (und auch noch danach)? Diese Münze enthielt bis zum Prägejahr 1975 rund 7 Gramm Feinsilber. 5-DM-Münzen von höchster Prägequalität (»Polierte Platte«) können heute vierstellige Preise erzielen.

5. **Numismatik:** Zu unterscheiden sind Sammlermünzen (vor allem Münzen mit historischen Bezügen) und sogenannte Bullion Coins, also Anlagemünzen, wie zum Beispiel Krügerrand, Philharmoniker oder Maple Leaf. Numismatische Münzen haben nicht nur einen Materialwert, sondern auch einen Seltenheits- und Sammlerwert. Während man aber zum Beispiel einen Krügerrand sehr schnell veräußern kann, ist das bei numismatischen Münzen oft nur über Auktionshäuser möglich – und dieses Prozedere kann schon eine Weile in Anspruch nehmen, vor allem in wirtschaftlichen Krisenzeiten, wenn das Geld eben nicht mehr so locker sitzt. Zum Überleben muss man dann womöglich alle bis dahin verfügbaren Vermögenswerte sogar zu einem Spottpreis veräußern. Wie bei allen Sachwerten spielt daher der Faktor Fungibilität auch hier eine wichtige Rolle. Sprich: Wie schnell kann ich einen Sachwert wieder zu Geld machen?

Die »Vernichtung der Währung«, wie Lenin sich einst ausdrückte, ist nicht erst durch die fortgesetzte Inflation im Gange. Durch die Aufhebung des erwähnten Bretton-Woods-Standards hat Nixon bereits die Währung in ein wertloses Fiatsystem verkehrt und somit mutwillig die Sicherheit, aber auch das Vertrauen in das Währungssystem untergraben. Der Ausstieg aus diesem Fiatsystem ist daher durch den Einstieg in Sachwerte von jeher angeraten, nicht aber, ohne sich auch dessen Risiken und Chancen bewusst zu sein. Da es die »Elite« versteht, die Menschen durch Schuld in ihre Abhängigkeit zu bringen, gilt es in jedem Fall, Schulden zu vermeiden. Salopp ausgedrückt: Die »besten« Schulden sind die, die man nicht hat. Auch das Investieren in die eigenen Fähigkeiten darf in einer Zeit, in der es sprichwörtlich heißt, sich neu zu erfinden, nicht vergessen werden. Die persönliche Vorbereitung, allen voran die, die im Kopf anfängt, sollte nicht unterbewertet werden. Der abstrakte Begriff der Freiheit hat auch immer eine finanzielle Komponente. Dabei sollte man sich jedoch mehr denn je bewusst machen, dass die finanzielle Freiheit nicht bedeutet, sich in ein Korsett des Konsums zwängen zu lassen. Denn finanzielle Freiheit heißt nun mal nicht, sich immer alles kaufen zu können, was man denkt, haben zu müssen, sondern das zu haben, was man wirklich zum Leben braucht. Die Teilhabe am unnötigen Konsum ist das, was das Finanzsystem am Laufen hält, nämlich die Menschen in Schulden zu bringen.

6. **Bitcoin als Alternative?** Der Bitcoin gilt wohl als Mutter aller Kryptowährungen. Das Adjektiv »kryptisch« bedeutet dabei so viel wie unklar in der Darstellung und daher schwer zu verstehen oder zumindest im Verständnis Schwierigkeiten bereitend.[413] Doch selbstverständlich bezieht sich das Wort kryptisch dabei auf die Verschlüsselungstechniken, denen sich der Bitcoin bedient, sprich der Blockchain-Technologie. Rätselhaft oder geheimnisvoll sei an ihnen dagegen nichts. »Ihre Grundlagen sind relativ einfach zu verstehen«,[414] so Aaron Koenig, Autor und Befürworter von Bitcoins. In seinem Werk *Cryptocoins: Investieren in digitale Währungen* zeigt Koenig anhand des sogenannten Bitcoin Pizza Day auf, dass es sich bei der Kryptowährung keinesfalls um eine digitale Spielerei handelt, sondern dass ein Tauschmittel dahintersteckt.

> Der Bitcoin Pizza Day, welcher auf den 22. Mai datiert ist, erinnert dabei an das Jahr 2010, in dem tatsächlich ein reales Gut, nämlich zwei Pizzas mit 10 000 Bitcoins bestellt wurden. Laszlo Hanyecz, ein Softwareentwickler, bot diesen Preis im Internetforum *bitcointalk.org* demjenigen im Tausch für die Bestellung zweier Pizzas an. Jeremy »Jercos« Sturdivant, der dieser Aufforderung nachkam, konnte sich bereits 1 Jahr später über mehr als 10 000 US-Dollar freuen, die die Bitcoins inzwischen wert waren. Zum Vergleich: Zum Zeitpunkt des Deals lag der Preis von Laszlos 10 000 Bitcoins noch bei etwa 40 US-Dollar. Anfang Januar 2018 waren es dann schon 141 370 000 US-Dollar.[415]

Kein Wunder also, warum der Bitcoin Pizza Day vor allem in der Bitcoin-Community gefeiert wird. Viele aus der Community sind durch Bitcoins reich geworden, denn allein seit Januar 2017 hat sich der Bitcoin-Preis und damit auch ihr Vermögen verdoppelt.[416] Doch der Bitcoin bedeutet für viele heutzutage weit mehr als nur ein reines Spekulationsobjekt. Vielmehr gilt die Kryptowährung als freiheitliches Geldmittel der Zukunft, fernab vom staatlichen Geldmonopol. Statt eines zentralistischen Geldsystems, welches allen voran durch das CBDC eingeführt werden soll, soll sich hier dank der dezentralisierten Blockchain ein Tauschmittel etablieren, das keiner Kontrolle untersteht. Doch entspricht das der Realität?

Das Konzept des Bitcoin wurde mit dem Whitepaper »Bitcoin: A Peer-to-Peer Electronic Cash System« (auf Deutsch: »Bitcoin: Ein elektronisches Peer-to-Peer-Geldsystem«) am 31. Oktober 2008 von seinem Entwickler Satoshi Nakamoto über eine Mailingliste für Kryptografie veröffentlicht und noch im selben Jahr, am 9. November, mit dem Quellcode öffentlich zur Verfügung gestellt.[417] Um dem Bitcoin dabei anders als dem Fiatgeld einen intrinsischen Wert zu verleihen, wurde die absolute Menge, die es jemals an Bitcoins geben soll, von Nakamoto auf 21 Millionen festgelegt.[418]

Wie bereits erwähnt, ranken sich bis heute zahlreiche Mythen um den Erfinder des Bitcoins, der sich hinter dem Pseudonym Satoshi Nakamoto verbirgt. Während einige dahinter sogar mehr als eine Person vermuten, tippen andere auf Elon Musk, den Informatiker und Erfinder des Smart Contract, Nick Szabo, oder sogar den US-Geheimdienst CIA.[419] Hinsichtlich des Pseudonyms fällt jedoch auf, dass dieser sich offensichtlich aus den Techkonzernen Samsung, Toshiba, Nakamichi und Motorola zusammensetzt. Stecken womöglich Großkonzerne hinter dem Bitcoin, um dadurch die Digitalisierung des Finanzsystems zu forcieren?

Auch hier lohnt sich wieder ein genauerer Blick auf das Wort »digital«, das eine Technik beschreibt, mit der Informationen übermittelt und verarbeitet werden. Bei den Kryptowährungen ist das konkret die Blockchain-Technologie, die zumeist auf das Internet angewiesen ist. Wie fragil das Internet sein kann, hat nicht zuletzt Klaus Schwab im Cyber Polygon 2021 durchgespielt. Der berühmte WEF-Ausspruch »Du wirst nichts besitzen und glücklich sein« könnte also mit einem Klick zur Realität werden. Wobei es dafür streng genommen bei Kryptowährungen noch nicht einmal einer Cyberpandemie bedarf. Denn digital ist nun mal nicht analog, das heißt, es liegt kein Wert in physischer Form vor. Könnte der Satz also auch dahingehend interpretiert werden, dass man real nichts besitzt, da der Wert nur digital ist, man jedoch im Glauben eines digitalen (nicht realen) Besitzes glücklich ist? Übrigens gelten selbige Überlegungen auch für das Guthaben auf dem herkömmlichen Bankkonto. Denn das Geld gehört der Bank, solange der Kontoinhaber es nicht physisch vom Konto abhebt.

Für Nakamoto jedenfalls sind diese Zweifel unerheblich. In seiner Mailingliste, in der der Bitcoin erstmals veröffentlicht wurde, schrieb er nämlich, dass der Bitcoin und alle Kryptocoins ohne Vertrauen auskommen würden.[420] »Das Kernproblem konventionellen Geldes ist das Vertrauen, das man braucht, damit es funktioniert. Man muss der Zentralbank vertrauen, dass sie die Währung nicht abwertet – aber in der Geschichte des Zentralbankgeldes wurde dieses Vertrauen ständig enttäuscht. Man muss Banken vertrauen, die unser Geld verwahren und elektronisch verschicken – aber sie verleihen es mehrfach und erzeugen dadurch Kreditblasen, weil nur ein Bruchteil der Kredite durch Spareinlagen gedeckt ist.«[421] All dies sind Argumente für all jene Kryptojünger, die den Bitcoin als die ultimative Lösung anpreisen und es selbst die Europäische Zentralbank (EZB) wissen lassen, dass ihre Stunden gezählt sind. So richtete Ende März 2023 das Bitcoin-Kollektiv Bitman das Bitcoin-Logo samt der Aufschrift »Study Bitcoin« auf die EZB und die Deutsche Bank aus. Ziel dabei sei es nach Aussage des Kollektivs gewesen, die Bürger dazu zu bringen, sich mit dem Bitcoin als Alternative zu den Fiatwährungen auseinanderzusetzen. Denn das aktuelle System stehe für Inflation, Zentralisierung und Machtmonopole.[422] Diese Aktion kam ausgerechnet zu jener Zeit, in der bereits mehrere US-Banken kollabiert waren und die Credit Suisse durch die Fusion mit der UBS und einer großzügigen Finanzspritze der Schweizer Zentralbank gerettet werden musste – einer Zeit also, in der das derzeitige Finanzsystem in einer tiefen Vertrauenskrise steckte. Der Bitcoin ist durch sein Leitmotiv »Don't Trust, Verify!« (auf Deutsch: »Nicht vertrauen, sondern ausprobieren!«) zwar angetreten, dieses Problem zu lösen, doch hält er dieser Aufgabe stand?

Auch der Kryptomarkt ist mitnichten krisensicher. An dieser Stelle sei nur an die bereits erwähnte Insolvenz der drittgrößten Kryptobörse am Weltbörsenmarkt, der Kryptohandelsplattform FTX, im November

2022 erinnert. Dabei soll der Gründer von FTX, Sam Bankman-Fried, Kundeneinlagen von mindestens 10 Milliarden US-Dollar veruntreut haben, die die geschädigten Kunden wohl voraussichtlich nicht wieder erhalten werden.[423]

Nun sind mit dem Blick auf den Bitcoin und andere Kryptowährungen zwei Dinge hervorzuheben:

1. Bitcoins sollten nicht auf irgendwelchen Onlinebörsen verwahrt werden, sondern stets in der eigenen Wallet. Hierbei handelt es sich um eine digitale Geldbörse, welche einen privaten und öffentlichen Schlüssel enthält, um Bitcoins an andere zu senden beziehungsweise zu empfangen. Die sicherste Form der Aufbewahrung stellt dabei die Hardware-Wallet dar, da die Bitcoins dort »nicht oder nur sehr kurz mit dem Internet verbunden sind«.[424]

2. Mit Blick auf die Verbindungen von Bankman-Fried tut sich der Verdacht auf, dass durch den FTX-Skandal das Vertrauen in unregulierte Blockchain-Coins wie den Bitcoin nachhaltig zerstört werden soll, damit die Zentralbank ihr CBDC als sichere Alternative anpreisen kann.[425] So unterhielt Bankman-Fried unter anderem Verbindungen zum Weltwirtschaftsforum[426] und war der zweitgrößte Spender für Joe Bidens Präsidentschaftskampagne.[427] Vertrauen in eine unabhängige, freiheitliche Währung, wie es in Nakamotos Sinne war, sieht wahrlich anders aus. Zumal nun auch BlackRock über iShares einen Bitcoin-ETF herausgeben möchte. Bitcoin würde dann zunehmend unter die Verwaltung des Investmentgiganten geraten. Dies könnte zwar den Bitcoin-Preis beflügeln, doch würde auch seine Autonomie untergraben, wie es in dem Artikel »Wie Blackrock Bitcoin beeinflusst«[428] heißt.

Es stellt sich also die Frage, ob es sich beim Bitcoin wahrlich um ein von den Zentralbanken unabhängig agierendes Tauschmittel handelt, das selbst Finanzgiganten wie BlackRock zu beherrschen versucht. Bieten die Finanzriesen Amerikas – also BlackRock, Morgan Stanley, Fidelity, Mastercard und BNY Mellon – den Bitcoin und andere Kryptowährungen ihren Kunden zunehmend deshalb an,[429] weil sie mit der Zeit gehen wollen? Die Forcierung einer zunehmenden Nutzung von Kryptowährungen könnte dazu führen, dass die Menschen immer mehr auf Bargeld verzichten und quasi dadurch der Akzeptanz eines digitalen Zahlungsmittels Tür und Tor öffnen. Denn im Gegensatz zu dem, was manch einer denkt, garantieren Bitcoins keine absolute Anonymität im Zahlungsverkehr. In der im April 2021 veröffentlichten wissenschaftlichen Arbeit »An Analysis of Bitcoin's Use in Illicit Finance« (auf Deutsch: »Eine Untersuchung der Verwendung des Bitcoins in illegalen Geschäften«) des ehemaligen Direktors des amerikanischen Nachrichtendienstes CIA, Michael Morell, kommt dieser zu dem Ergebnis, dass Bitcoins – nicht zuletzt durch spezielle Softwareprogramme – gut für den Staat rückverfolgbar sind.[430] Und auch in Sachen Inflationsschutz lohnt sich die Anlage in Bitcoins nicht zwingend. Zwar erfuhr der Bitcoin-Kurs seit dem Bitcoin Pizza Day 2010 einen extremen Anstieg und hob noch einmal Ende 2020 ab, erfuhr dann wieder einen starken Einbruch und erreichte knapp 1 Jahr später den Wert von 56 000 Euro, um heute nur noch etwa die Hälfte wert zu sein.[431] Im Klartext bedeutet das, dass Kryptowährungen einer extremen Volatilität unterliegen und sich daher auch bislang nicht unbedingt für den normalen Zahlungsverkehr eignen, wie der Bundesbankvorstand Burkhard Balz meint. »Wer mit Krypto zahlt, kann schwer abschätzen, was es in echtem Geld kostet. Wer Geld zu bekommen hat, muss spekulieren, ob es wirklich ein lohnendes Geschäft wird.«[432]

Trotz der massiven Kursschwankungen haben sich zunächst El Salvador und nun auch die Zentralafrikanische Republik und Panama dazu entschlossen, Kryptowährungen als gesetzliches Zahlungsmittel zuzulassen. Konkret bedeutet das, dass jeder Händler, welcher technisch dazu in der Lage ist, Kryptowährungen annehmen muss.[433] Dadurch ist der Bitcoin nicht mehr bloß als reines Investitionsobjekt für Anleger interessant, sondern bietet immer mehr die Möglichkeit, darüber auch tägliche Finanzgeschäfte abzuwickeln. Gerade um Letzteres sollte es schließlich als Alternative zum CBDC gehen. Menschen, die langfristig investieren wollen, werden wohl weiterhin auf Edelmetalle setzen. Denn obwohl die Anzahl von Bitcoins begrenzt ist, bleibt diese Anlageklasse definitiv spekulativer als etwa Gold. Beide stellen jedoch eine Alternative zum wertlosen Fiatgeld dar. In Form von sogenannten Stablecoins lassen sich beide Assets sogar miteinander verbinden, wie an anderer Stelle dieses Buches schon ausgeführt.

Alles in allem kann man daher wohl festhalten, dass der Bitcoin – wie der Name bereits sagt – kryptisch, das heißt für viele ein Buch mit sieben Siegeln ist. Doch Kryptowährungen, allen voran der Bitcoin, stoßen die überfällige Diskussion um eine finanziell autonome Währung an, die eben nicht im Einflussbereich der Zentralbanken liegt. Ob der Bitcoin dies wirklich leisten kann, wird und muss sich noch zeigen. Skeptiker, aber auch Kritiker von Kryptowährungen sollten sich darüber hinaus die Frage stellen, ob sich der Geist der Digitalisierung im Finanzsystem wieder zurück in die Flasche verbannen lässt. Wäre es angesichts der Einführung von CBDC nicht zumindest erstrebenswert, eine mögliche Alternative zur Totalkontrolle der Zentralbanken parat zu haben? Das Wissen um die Chancen, aber auch um die Risiken ist wohl ein erster Schritt hin zur finanziellen Autonomie fernab des Geltungsbereiches der Zentralbanken.

Von der Psychologie des Geldes: Leben wir, um zu arbeiten, oder arbeiten wir, um zu leben?

Der deutsche Schriftsteller Heinrich Böll schrieb anlässlich des Tages der Arbeit 1963 für eine Sendung des Norddeutschen Rundfunks seine Erzählung *Anekdote zur Senkung der Arbeitsmoral.* Hierin berichtet der Ich-Erzähler von einem Gespräch zwischen einem Touristen und einem einheimischen Fischer. Letzterer liegt friedlich dösend an sein Boot gelehnt und wird vom Touristen aufgeschreckt, als dieser Fotos von ihm macht. Einmal wach, bietet der Tourist dem Fischer eine Zigarette an, und die beiden kommen ins Gespräch. Warum er hier döse und nicht aufs Meer fahre, um Fische zu fangen, will der Tourist von ihm wissen. Der Fischer entgegnet ihm, dass er bereits am frühen Morgen hinausgefahren sei und Fische gefangen habe. Der Tourist kann diese Logik nicht nachvollziehen und stellt eine Rechnung an, wie viele Fische der Fischer fangen könnte, würde er nur den gesamten Tag hinausfahren. Dabei echauffiert sich der Tourist so sehr, dass er dem Fischer vorrechnet, dass er im Besitz eines Fischereiunternehmens sein könnte, welches sogar Millionenerträge abwerfen könne, würde er bloß nicht den ganzen Tag so faul in der Sonne herumliegen. Am Ende seiner Ausführungen sagt der Tourist, wenn der Fischer all das erreicht habe, könne er hier den ganzen Tag sitzen und die herrliche Aussicht genießen. Der Fischer reagiert verwirrt und sagt, dass er dies bereits jetzt tue, da seine Arbeit vollkommen ausreiche, um davon leben zu können. Hatte der Tourist anfänglich noch Mitleid mit dem ärmlich gekleideten Fischer, so wandelt sich dieses Gefühl nun in Neid um.

Böll stößt mit seiner Erzählung eine Diskussion um den Sinn der alltäglichen Arbeit an. Arbeiten wir, um zu leben, oder leben wir, um zu arbeiten? Das sind die zwei zentralen Fragen, die sich ein jeder nach der Lektüre der Erzählung stellen muss. In der Zeit des Wirtschaftswunders, in der die Erzählung erschien, stellte die Einstellung des Fischers eine Antithese zum Arbeitseifer und dem Glauben an ein ungebremstes Konjunkturwachstum dar.

Tatsächlich hat der ehemalige deutsche Bundeskanzler Ludwig Erhard mit seinem 1957 veröffentlichten Sachbuch *Wohlstand für alle* die Soziale Marktwirtschaft in einer Art und Weise skizziert, in der durch die Massenfertigung von Konsumgütern die Preise so verbilligt wurden, dass sich nun scheinbar jedermann ehemals unerschwingliche Luxusartikel leisten konnte. Nahezu jeder Wunsch rückte dank zinsgünstiger Baukredite in greifbare Nähe – neben dem Traum eines Häuschens im Grünen auch das Reisen in Form von Camping als preiswerte Variante des Urlaubs. Ein Fischer, der da einfach nur in der Sonne liegt, nichts von Wohlstand oder Konsum wissen will, tanzt mit seiner genügsamen Art schon gewaltig aus der Reihe.

Heute, rund 60 Jahre nach der erstmaligen Veröffentlichung, ist Bölls Erzählung aktueller als jemals zuvor. Denn obwohl der Tourist in Sachen Arbeit viele unschöne Charaktereigenschaften durchblicken lässt, ähnelt ihm die Mehrheit der heutigen Konsumgesellschaft doch schon sehr. Zum Beispiel wäre da seine Gier nach mehr zu nennen. Der Tourist würde sich nicht mit einem Fischereiunternehmen zufriedengeben, er will immer höher hinaus. In der Finanzwelt kann dieses Verhalten wohl am besten mit dem gerissenen Börsenspekulanten Gordon Gekko aus dem Film *Wall Street: Geld schläft nicht* illustriert werden. Doch am Ende des Films verliert Gordon Gekko durch seine Einstellung »Gier ist gut. Gier ist richtig. Gier funktioniert« alles. Wie wird es für all jene enden, die unbekümmert in das CBDC rennen, nur um weiterhin Teil einer Konsumgesellschaft sein zu können und bei Missfallen per Klick einfach ausgestoßen werden? Bölls Erzählung sollte als Mahnmal gesehen werden, um über die richtige Balance zwischen Erholung und Arbeit nachzusinnen und die Genügsamkeit des Fischers in einer Gesellschaft voller Überfluss neu zu erfahren.

Bei der Alternative »leben, um zu arbeiten, oder arbeiten, um zu leben«, geht es stets um die Frage, welche der beiden Aspekte (Leben oder Arbeit) die Oberhand gewinnt. Dabei ist Arbeit für viele nur noch ein Mittel des Geldverdienens und ordnet sich immer mehr den wahren Fähigkeiten oder Passionen der Person unter. Wählt man in diesem Fall ein Leben, um zu arbeiten, hat man sich einmal mehr der Kontrolle des Konsum- und/oder Finanzsystems verschrieben.

Der Gründer der Bankendynastie, Mayer Amschel Rothschild, soll gesagt haben: »Gib mir die Kontrolle über das Geld einer Nation und es interessiert mich nicht, wer dessen Gesetze macht.« Ursprünglich war der Satz wohl als Ausdruck der Gleichgültigkeit zu interpretieren. »Rothschild machte mit jedem Geschäfte, ohne sich darum zu kümmern, welche Regelungen in dem jeweiligen Staat herrschten.«[434] Heutzutage wird der Satz jedoch dahingehend ausgelegt, dass derjenige, der die Kontrolle über das Geld einer Nation hat, auch über die Gesetze in diesem Staat bestimmen kann.[435] Durch die Einführung von CBDC soll diese Kontrolle nun auf Individuen übertragen werden. Jeder Einzelne ist also mehr denn je gefragt, ob er in der Rolle des Touristen oder des Fischers am womöglich zukünftigen digitalen Geldsystem beteiligt sein möchte.

In seinem Buch *Über die Psychologie des Geldes* stellte der Autor Morgan Housel die Hauptthese auf, dass Geld viel mehr mit Psychologie zu tun habe als mit Finanzen.[436] Denn laut Housel würden in der realen Welt die Menschen ihre finanziellen Entscheidungen nicht aufgrund einer Tabellenkalkulation treffen. »Sie treffen sie beim Abendessen oder während eines Meetings, wo die persönliche Geschichte, der individuelle Blick auf die Welt, das eigene Ego und weitere krude Einflüsse zusammentreffen.«[437] Und genau dies gilt es jetzt wiederzufinden: das persönliche Zusammentreffen mit anderen Menschen, um neue Dinge zu schaffen und vor allem der eigene Blick auf die Welt. All dies könnten später wertvolle Aspekte sein, die uns zwar nicht reich, aber vermögend machen. Nach Housel sei eine Person nämlich dann reich, wenn sie ein hohes aktuelles Einkommen bezieht und sich den Konsum von Luxusgütern leisten kann, den es dann natürlich auch gilt, nach außen zu tragen.[438] Vermögen sei, laut Housel, die noch nicht wahrgenommene Option, später in der Lage zu sein, etwas kaufen zu können. »Sein Wert liegt darin, dass es uns Möglichkeiten offenhält, Flexibilität verleiht und mit der Zeit wächst, bis wir uns eines Tages mehr leisten können als jetzt.«[439] Überträgt man das auf eine spirituelle Ebene, bedeutet dies, sich also nicht blindlings von der Masse mitziehen zu lassen, sondern sich durch Flexibilität die Möglichkeit offen zu halten, andere Pfade (möglichst fernab des CBDC) zu beschreiten.

Leben ohne Staat – das Konzept der freien Privatstädte

Leben ohne Staat, ist das möglich? Wenn es nach Titus Gebel geht, dann schon. Der deutsche Unternehmer und ehemalige Vorstandsvorsitzende der Holding Deutsche Rohstoff AG hat bereits 2018 mit seinem Werk *Freie Privatstädte: Mehr Wettbewerb im wichtigsten Markt der Welt* das Konzept eines (teil)autonomen Verwaltungsgebiets mit eigenem Recht und eigener Ordnung[440] vorgestellt. Freie Privatstädte basieren dabei auf einem privaten, gewinnorientierten Unternehmen, welches gegen einen bestimmten Jahresbeitrag den Bewohnern den Schutz ihrer inneren und äußeren Sicherheit sowie ihr Recht auf Freiheit und Eigentum garantiert, aber auch den Rechts- und Ordnungsrahmen absteckt und eine unabhängige

Streitschlichtung anbietet.[441] Insofern übernimmt ein Privatunternehmen die Aufgabe eines liberalen Minimalstaates, die nach Gebel darin besteht, den Schutz von Leib, Leben und Eigentum sicherzustellen. Allerdings missbrauche der Staat oftmals sein Gewaltmonopol, um seine eigenen politischen Ziele zu verfolgen.[442] Der Steuerzahler kommt durch seine Zwangsabgaben nicht nur für den staatlichen Machtmissbrauch auf, sondern finanziert darüber hinaus auch einen unnötig aufgeblähten Staatsapparat.

In den Freien Privatstädten soll dies freilich anders sein. Der Einwohner der Freien Privatstadt ist der Kunde, der einen Vertrag mit dem Privatunternehmen geschlossen hat und diesem in einem nicht änderbaren Bürgervertrag einen vereinbarten Jahresbeitrag zahlt.[443] Insofern unterscheidet sich die Freie Privatstadt fundamental von der staatlichen Organisation. Hier gibt es nicht nur keinen Vertrag zwischen Bürgern und Politikern, sondern der Politiker ist auch dazu befugt, jederzeit einseitig die Regeln zu ändern. In der Freien Privatstadt hingegen wird der Staat zum Dienstleister, wodurch der Bürger einen Rechtsanspruch darauf hat, dass der vereinbarte Vertrag auch eingehalten wird. Sollte dies nicht der Fall sein, kann der Einwohner jederzeit den Vertrag kündigen, und die Freie Privatstadt haftet als Dienstleister, sofern Leistungen nicht erfüllt wurden.[444]

Inspiriert wurde Gebel übrigens durch sein Leben in Monaco. Statt einer Einkommenssteuer gibt es hier nur eine Umsatz- und Immobiliensteuer. Zwar wird dem Fürsten relativ viel Macht gewährt, doch übernimmt er im Gegenzug dafür die Aufgabe, für öffentliche Sicherheit und Ordnung zu sorgen. Gebel überträgt die Figur des Fürsten in der Freien Privatstadt auf ein Unternehmen, das jedoch anders als der Fürst an einen Vertrag gebunden ist und das die Spielregeln nicht einfach nach Gutdünken ändern kann.[445]

Da das Leben in einer Freien Privatstadt den Bürgern jedoch maximale Selbstbestimmung und ein großes Maß an Eigenverantwortung abfordert, ist sich Gebel sicher, dass das Konzept nicht alle überzeugt.[446] Dabei ist die Idee keinesfalls neu. Bereits in der Vergangenheit gab es selbstverwaltete Gebiete, wie die der Freien Privatstadt, in der die Rechte, aber auch die Freiheiten der Einzelnen respektiert wurden. Als Beispiele seien hier nur die griechischen Siedlungen des Typs Polis, aber auch die Freien Reichsstädte im Mittelalter angeführt.[447] Und dass es auch Gebel mit seinem Projekt durchaus ernst ist, zeigt der Umstand, dass er 2022 die Stiftung Free Cities Foundation mit Sitz in Liechtenstein ins Leben gerufen hat.

Doch bei der Theorie über die Errichtung von Freien Privatstädten blieb es freilich nicht. Derzeit sind weltweit mehrere Projekte zum Aufbau von Freien Privatstädten oder freiheitlichen Selbstverwaltungen in der Entwicklung beziehungsweise wurden bereits realisiert. Beispielhaft seien an dieser Stelle das Projekt Liberstad in Norwegen, Montelibero in Montenegro oder die Sonderwirtschaftszonen Próspera und Morazán in Honduras zu nennen.[448] Mit dem Projekt in Döbeln in Mittelsachsen soll sogar hierzulande eine Freie Privatstadt entstehen. Die *Tagesschau* berichtete diesbezüglich am 8. Juni 2023, dass das Projekt vor etwa einem Jahr als »Bürgergenossenschaft Mittelsachsen« begann.[449] Aus juristischer Sicht ist die Genossenschaft als Rechtsform dabei besonders pikant und dürfte den Staatsträgern ein Dorn im Auge sein. Gemeinhin gilt als Genossenschaft »ein freiwilliger Zusammenschluss von Personen in Form der Mitgliedschaft in einer Gesellschaft mit nicht geschlossener Mitgliederzahl«.[450] Bereits drei Personen können also eine eingetragene Genossenschaft (eG) gründen,[451] wodurch Freie Privatstädte aus juristischer Sicht unangreifbar werden könnten. Die Gruppe aus Mittelsachsen erklärte laut einer Protokollschrift vom 26. November 2022, dass die

Genossenschaft juristische Freiheitsgrade und steuerliche Vorteile biete. Sie werde auch international gefördert und bilde ein gutes »Kleid«, um »unter dem Radar zu segeln«.[452] Gebel betont außerdem: »Bürgergenossenschaften sind in unseren turbulenten Zeiten ein politisches Friedensangebot. Im Gegensatz etwa zu den Reichsbürgern erfolgt dies ausdrücklich im Rahmen und unter Anerkennung der geltenden Rechtsordnung«,[453] was noch einmal deutlich hervorhebt, dass sich das Leben in einer Freien Privatstadt in einem geregelten Rechtsrahmen bewegt.

Angesichts der Gefahr, dass sich mündige Bürger autonom und unter Einhaltung der Naturgesetze ohne sozialistische Staatshilfe selbstständig organisieren, wird das Projekt rund um die Freien Privatstädte stark kritisiert. Besonders im Fokus steht dabei die Freie Privatstadt auf einer vorgelagerten Insel in Honduras. Hierin hat das Unternehmen Próspera durch die Erschaffung von sogenannten Sonderwirtschaftszonen den Rechtsrahmen gesteckt, der 2013 durch eine Verfassungsänderung des Landes überhaupt erst möglich wurde. Der damalige Präsident und Verfechter neoliberaler Politik, Juan Orlando Hernández, warb für dieses Projekt, welches in Honduras unter dem Begriff der »Zonas de Empleo y Desarrollo Económico« kurz ZEDE (auf Deutsch: »Zonen für Arbeit und wirtschaftliche Entwicklung«) bekannt wurde, und machte dessen Bau möglich. Die derzeitige Regierung erklärte Próspera hingegen für illegal[454] und will es wieder abschaffen. Allerdings legt ein Gesetz fest, dass die ZEDE selbst nach Aufhebung für 50 Jahre weiter bestehen.[455]

Der Hauptkritikpunkt der ZEDE in Honduras und letztendlich an dem Konzept der Freien Privatstädte lässt sich wie folgt zusammenfassen: »[ZEDE] sind Areale, die wie Unternehmen organisiert sind und in vielen Bereichen Autonomie besitzen. Kritiker sehen darin den Ausverkauf staatlicher Souveränität.«[456] In Anbetracht dessen, dass sich die derzeit »souveränen« Nationen im Würgegriff von Lobby-Organisationen wie dem WEF, der von der Bill & Melinda Gates Foundation und Co. finanzierten WHO, der NATO, der UNO und vielen weiteren nicht durchs Volk legitimierten Strukturen befindet, ist dieser Satz durchaus als Realsatire zu interpretieren.

Betrachtet man das Konzept der Freien Privatstädte einmal genauer, so wird auffallen, dass vor allem der Herrschaftsaspekt der Public Private Partnership (auf Deutsch: öffentlich private Partnerschaft, PPP) (womöglich bewusst) ins Gegenteil verkehrt wird. Die PPP kommt wie bei den Freien Privatstädten ebenfalls durch einen Vertrag zustande, welcher die Zusammenarbeit zwischen der öffentlichen Hand und privatwirtschaftlichen Unternehmen regeln soll. Böse Zungen bezeichnen dieses Vorgehen als Outsourcing und einige gehen sogar noch weiter und behaupten, dass staatliche Aufgaben entgegen den Interessen des Volkes an Großkonzerne übertragen werden und es somit zu einem Ausverkauf des Staates kommt. In der Freien Privatstadt wird dieser Passus, nämlich der Staatsausverkauf, übersprungen, da an dessen Stelle direkt ein Privatunternehmen tritt – nur mit dem Unterschied, dass dieses Unternehmen nun dem Bürger verpflichtet ist. Ein Bürger, der übrigens in der Freien Privatstadt anders auftritt als im heutigen Sozialstaat, nämlich als autonomes und schaffendes Wesen, das wenig von staatlicher Gängelung hält. Deswegen ist und bleibt die Teilnahme an einer Freien Privatstadt auch absolut freiwillig, so Gebel.[457]

Bewusstsein schaffen

Kein anderer Begriff als der des »Verschwörungstheoretikers« ist in den vergangenen Jahren zu einem Schimpfwort für all jene geworden, die hinter den Ereignissen das konspirative Wirken einer Gruppe von

Akteuren vermuten, welche im Hintergrund die Fäden zieht. Dass das Wirken dieser Gruppe durchaus real ist, hat bereits der Archivar und Historiker Carroll Quigley in seinem Werk *Tragödie und Hoffnung* herausgestellt. Hierin analysiert er die Weltgeschichte von Anfang des 19. Jahrhunderts bis in die 1960er-Jahre und zeigt dabei auf, wie die superreichen Kapitalisten ihren enormen Reichtum und ihre Macht dazu nutzen, um ein Kontrollsystem nach kommunistischem Vorbild aufzubauen.

Quigley kann dabei keineswegs als »Spinner« (= Verschwörungstheoretiker) abgetan werden. Er selbst gehörte jahrzehntelang zum Umfeld der »Elite« und hatte sogar Einblick in deren geheime Unterlagen, mit deren Hilfe er in seinem Werk unter anderem die beiden fundamentalen Aspekte zur Herrschaft der »geheimen Weltregierung« herausstellte:

1. Da wirkliche Machthaber nicht gewählt werden, ändert sich zwar vordergründig die Politik, aber die Machtstrukturen, die hintergründig weiterhin von denselben Machern bestimmt werden, ändern sich nicht.[458]

2. Die öffentliche Meinung und die Regierungspolitik werden durch willfährige Lakaien in Führungspositionen bestimmt. Notfalls lässt sich solch ein »Lakai« einfach ersetzen. Die Institution, aber auch die wahre Machtstruktur, bleibt davon unberührt.[459]

Die Infiltrierung des Personenkreises, den Quigley als »das Netzwerk« bezeichnet, umfasst Regierungen, Medien und das Erziehungssystem. Von diesen gesellschaftlichen Machtpositionen aus wird die Kontrolle von innen übernommen, wobei sich kaum jemand dessen gewahr wird. In einem seiner weiteren Werke *Das Anglo-Amerikanische*

Establishment, welches als Fortführung von *Tragödie und Hoffnung* angesehen werden kann, spricht Quigley über die tatsächliche Struktur des Netzwerks. Ausgehend von Cecil Rhodes wurde mithilfe von dessen Haupttreuhänder Lord Milner eine Geheimgesellschaft geschaffen, deren Existenz in verschiedenen Zeiten unter diversen Begriffen bekannt wurde, so zum Beispiel unter dem der sogenannten Round-Table-Gruppe.[460] Übrigens, auch der Kopf der Querdenken-Bewegung, Michael Ballweg, war ein Mitglied der Round-Table-Gruppe. Nach eigenen Angaben sei er dieser »Bewegung« beigetreten, um Anschluss in Stuttgart zu finden.[461] Die Ausbildung einer differenzierten Meinung hierzu sei an dieser Stelle jedem selbst überlassen. Allerdings hat bereits Lenin darauf hingewiesen, dass der beste Weg, die Opposition zu kontrollieren, immer darin bestehe, sie selbst anzuführen.

In seinem Werk *Geheime Machtstrukturen* beschreibt der Autor Joseph Plummer, die wahre Machtstruktur basiere auf dem Finanzsystem. Die »geheime Weltregierung« müsse dazu noch nicht einmal das Geld besitzen, das die Bürger in Banken und Sparkassen einzahlen. Sie müssen auch nicht das Geld besitzen, das die Bürger in ihren Rentenkassen, Versicherungen oder Treuhandfonds anlegen. »Sie benötigen nur die Macht, es zu kontrollieren.«[462] Die Herrschaft der »geheimen Weltregierung« beruhe somit auf der gestohlenen Finanzkraft sowie auf einer erzeugten Zustimmung durch das Volk.[463] Um diesen Zauber zu durchbrechen, genüge es daher, die Unrechtmäßigkeit des Finanzsystems transparent zu machen, indem:

1. den Menschen aufgezeigt wird, wer das Finanzsystem kontrolliert und wie das Finanzsystem wiederum jeden unserer Lebensbereiche infiltriert hat;

2. die Fähigkeit des Finanzsystems beendet wird, unsere Geldversorgung zu regeln.

Die Einführung von CBDC stellt dahingehend eine enorme Chance dar, finanzielle Alternativen aufzutun, um der Totalkontrolle durch die Zentralbanken zu entkommen. In *Geheime Machtstrukturen* wird diesbezüglich der Vorschlag unterbreitet, konkurrierende Geldwährungen zu entwickeln und zu verwenden. Dadurch würde zum einen die Macht des Netzwerks durchbrochen, da Menschen untereinander kaufen und verkaufen. Zum anderen würden die neuen Geldwährungen auch dann noch stabil bleiben, sollte vom Netzwerk ein Angriff auf den Dollar vorgenommen werden.[464]

Das Ziel der Infiltrierung des Netzwerks in alle Machtpositionen diene nach Quigleys Ansicht nur dem Zweck »zur Errichtung der weltweiten Finanzkontrolle in privaten Händen, die in der Lage wäre, das politische System eines jeden Landes und die Weltwirtschaft als Ganzes zu regeln«.[465] Doch je früher die Menschheit einen effektiven Weg entwickelt, Handel außerhalb dieses Systems zu betreiben, desto eher wird dieses System seine Macht verloren haben, so Plummer.[466]

Nein zum universellen Grundeinkommen: die Entdeckung der eigenen Talente

Aus William Shakespeares Werk *Wie es Euch gefällt* stammt das berühmte Zitat: »Die ganze Welt ist eine Bühne und alle Frauen und Männer bloße Spieler. Sie treten auf und gehen wieder ab.« Shakespeare bezog sich dabei freilich nicht auf das illusionistische Finanzsystem, das einigen wenigen die Möglichkeit gibt, ihre »Spieler« auf die Weltbühne zu schicken. Vielmehr ist der Ausspruch auf alle gemünzt. Während einige eine so perfekte Performance hinlegen, dass ihr Wirken sogar noch nach ihrem Tod unvergesslich bleibt, versinken andere sprichwörtlich in der Vergessenheit. Warum das so ist, wird gemeinhin einem geheimen Drehbuch zugeschrieben, das das

Leben schreibt. Demnach bleiben oftmals nur all jene in bleibender Erinnerung, denen ein Talent in die Wiege gelegt wurde. Alle anderen sind hingegen dazu verdammt, lediglich als Zuschauer unterhalten zu werden. Doch ist dem wirklich so?

Laut *Duden* ist ein Talent eine »Begabung, die jemanden zu ungewöhnlichen bzw. überdurchschnittlichen Leistungen auf einem bestimmten, besonders auf künstlerischem Gebiet befähigt«.[467] Als »Begabung« wird nun wiederum vom *Duden* eine »natürliche Anlage, [eine] angeborene Befähigung zu bestimmten Leistungen«[468] oder ein »Talent« beschrieben. Talent und Begabung sind somit Synonyme für eine angeborene natürliche Anlage. Dass dem eben nicht so ist, legen mittlerweile Studien nahe. Allen voran legt der Artikel »The Role of Deliberate Practice in the Acquisition of Expert« (auf Deutsch: »Die Rolle bewusster Übung beim Erwerb von Expertenleistung«) von Ericsson, Krampe und Tesch-Römer aus dem Jahre 1993 den Schluss nahe, dass Talent als der Aufwand zu beschreiben ist, den jemand konzentriert in das Erlernen einer Sache einbringt. Alle Menschen sind insofern frei geboren, als es ihnen offensteht, im Rahmen ihrer angeborenen Fähigkeiten diesen Aufwand zu betreiben, um ein Talent auszubilden. Warum es dennoch die wenigsten tun, liegt auf der Hand. Denn bereits von klein auf wird den jungen Lerngenies gesagt, was es zu lernen gilt. In der Schule stehen so auch weniger die Neugier und der Bewegungsdrang der Kinder im Vordergrund als die Integration in ein autoritäres Umfeld, welches durch ideologisches Denken und Gruppendynamik geprägt ist.

Die Ausbildung von Individualität oder gar die Förderung von Talenten wird hier eher kleingeschrieben. Die anfängliche kindliche Faszination fürs Entdecken und sich Ausprobieren wird so überdeckt durch eine Umprogrammierung zum gehorsamen Arbeitssklaven.

Der ursprünglich frei geborene Mensch wird zum Zuschauer degradiert und durch all jene unterhalten, die durch Beharrlichkeit, Fleiß, Disziplin, Aufwand, Arbeitseinsatz und Können ihr Talent zum Vorschein gebracht haben. Dem passiven Zuschauer wird dabei vorgespielt, dass man Talent etwa habe oder eben nicht. Um nichts mehr wird daher auf der Weltbühne so gebuhlt, wie um die Aufmerksamkeit eines jeden Einzelnen, frei nach Shakespeares berühmtem Monolog, welcher sich mit Leben und Tod auseinandersetzt: »Sein oder Nichtsein, das ist hier die Frage.« Denn welche enorme Gefahr wäre es für die »Elite«, würde sich die Masse darüber bewusst werden, welches Potenzial sie in den Händen hält, würde sie sich dazu entschließen, ihr Talent durch Tun (= Leben) zu entfalten, statt als Beobachter (= Nichtstun; Tod) auszuharren?

Elon Musk stellte auf dem World Government Summit 2017 in Dubai sogar diese Zuschauerposition der Masse für die Zukunft infrage. Aufgrund der zunehmenden Automatisierung würde es immer weniger Arbeitsplätze geben, weswegen Massenarbeitslosigkeit eine gewaltige Herausforderung sei. Musk sieht, dass diese am Ende nur durch die Einführung eines sogenannten bedingungslosen, universellen Grundeinkommens (Universal Basic Income, UBI) gelöst werden könne. Hierhinter steht die Idee, dass Menschen eine garantierte Geldleistung erhalten, welche regelmäßig und unabhängig vom Besitz der Person erfolge. Der Zuschauer, der ohnehin bereits zur Passivität degradiert wurde, soll nun auch noch hinnehmen, dass jemand anderes für ihn den Eintritt ins Theater bezahlt. Musk fürchtet daher, dass sich viele Leute nutzlos vorkommen könnten, da schlichtweg kein Bedarf mehr an ihrer Arbeitskraft bestehe.[469]

Mark Zuckerberg vertritt indes eine andere Meinung. Er sieht im UBI die Möglichkeit, dass Menschen sich trauen, Unternehmen zu gründen. »Ich kenne viele Leute, die ihre Träume nicht verfolgt haben, weil sie kein Polster hatten, das sie im Falle des Scheiterns auffängt«,[470] so Zuckerberg. Doch liegt ihm tatsächlich das Potenzial der Menschen am Herzen oder verbirgt sich hinter dem UBI womöglich etwas ganz anderes? Hinter der vorgeschobenen Bekämpfung von Armut und der Verringerung der Einkommensungleichheit werden Menschen praktischerweise auch in das Finanzsystem eingebunden. Um staatliche Hilfe zu bekommen, muss man letztendlich ein Bankkonto eröffnen beziehungsweise demnächst im Besitz einer digitalen Wallet sein. Doch es stellt sich auch die Frage, ob das UBI tatsächlich bedingungslos sein wird. Bereits 2020 stellte der Makroökonom und Strategieberater Dr. Daniel Stelter diesbezüglich eine Mutmaßung an: »Das BGE [bedingungslose Grundeinkommen] wird ›bedingungslos‹ beginnen. Aber man wird über Zeit feststellen, dass dies ziemlich teuer ist. Dann wird es zu Einschränkungen kommen. Zum Beispiel könnte man es für Kriminelle reduzieren. Oder für Menschen, die sich ›asozial‹ verhalten, heute zum Beispiel keine Corona-Tracking-App laden. Einige werden das ablehnen, viele werden es aber für eine berechtigte Maßnahme halten. Genauso kann man anderes Verhalten sanktionieren – vom Müll auf die Straße werfen bis zu irgendwas. Warum sollte die Gesellschaft Leuten Geld geben, die sich nicht an die Regeln halten?«[471] Im Umkehrschluss bedeutet dies nun, dass dem Zuschauer der Theaterbesuch sogar ganz verweigert werden kann.

Es ist also durchaus verständlich, warum große Verwirrspiele um Talente gesponnen werden, die scheinbar nur einigen wenigen Glücklichen in die Wiege gelegt wurden. Ein Talent, das sich in der Meisterschaft einer Tätigkeit äußert, bedeutet harte Arbeit, ein stetes Dranbleiben an der Sache, trotz größter Rückschläge. Die Ausbildung eines Talents ist so für jedermann machbar und birgt enormes Handlungspotenzial, aber auch die enorme Gefahr, dass an den bisherigen Machtstrukturen gewackelt wird. Kein Wunder also, dass man die

Menschen durch das UBI in Passivität und Abhängigkeit halten will. Denn ein Talent entwickelt sich nur dann, wenn gehandelt wird und nicht, wenn einem sprichwörtlich durchs Nichtstun Bananen in den Mund wachsen.

Unterstützung regionaler Projekte: Wie man sich vor Ort organisieren kann

Anlässlich der Buchvorstellung von Thilo Sarrazins Werk *Die Vernunft und ihre Feinde* wurde der Autor Uwe Tellkamp von dem Journalisten Christian Grimm von der *Augsburger Allgemeinen* gefragt, woher sein Zorn rühre, welcher zuvor durch seine »Laudatio auf einen Unbequemen« zum Ausdruck gekommen sei. Tellkamp stellte die Gegenfrage, warum Grimm so ruhig sei. Denn wer mit wachen Sinnen durch das Land gehe, der könne mittlerweile nicht ohne einen gewissen Zorn auskommen. »Wir reden im Jahr 2022 über ›Habecken‹, wie ich es geschildert habe. Wir müssen vorbereiten. Ich muss für meine Familie überlegen, was ich in der Wohnung ohne Ofen für Brennmöglichkeiten kriege, im Jahr 2022.«[472] Tellkamp bringt damit auf den Punkt, dass ein reibungsloser Ablauf unserer Infrastruktur auf der Kippe steht. Dies beginnt mit horrenden Energie- und Lebensmittelpreisen und hört bei Gefahren vor möglichen »Schwarzen Schwänen« (plötzliche, unerwartete und unvorhergesehene Ereignisse), die das Finanzsystem endgültig zu Fall bringen könnten, und einem Cyberangriff noch lange nicht auf. Da sich zuletzt immer mehr Menschen den Sorgen und vor allem dem Zorn, wie Tellkamp ihn beschrieben hat, anschließen können, haben regionale Projekte, in denen vor allem ein autarkes Leben im Mittelpunkt steht, Hochkonjunktur.

In Österreich hat der Politiker und Unternehmer Martin Rutter das Projekt: »Selbstversorger« ins Leben gerufen. Die Initiative dient dazu, Bauern und Konsumenten direkt miteinander zu vernetzen, sodass die Bauern unabhängig von der Preisgestaltung der großen Supermarktketten werden.[473] Die Konsumenten wiederum sollen auf diese Weise mit frischen Produkten versorgt werden, welche etwa auf die Untermischung von »proteinhaltigen« Insekten verzichten. Mit dem Projekt soll zudem sichergestellt werden, dass die regionale Grundversorgung mit Lebensmitteln auch in Notfallsituationen gewährleistet ist. Erklärtes Ziel ist es, mindestens 500 Bauern mit 10 000 Konsumenten online zu vernetzen.[474] Neben der technischen Ausarbeitung des Projekts, dem es noch an einer Karte mangle, auf der alle Konsumenten und Produzenten nach Postleitzahl angezeigt werden, soll zukünftig auch an der Möglichkeit gearbeitet werden, sich regional zu treffen.[475] Doch in einer ersten Projektphase würde es zunächst einmal darum gehen, die Produktion und die Bereitstellung von Lebensmitteln zu sichern. In einem zweiten Schritt könne man dann, laut Rutter, darüber nachdenken, das Projekt auf andere Waren und Dienstleister zu erweitern.[476] Selbstredend ist hierbei, dass solch ein Projekt der regionalen Vernetzung nicht zwingend auf Österreich beschränkt bleiben muss. Wie immer kommt es hierbei auf die Initiative jedes Einzelnen an.

Italien ist in Sachen Dienstleistungen bereits einen Schritt weiter. Mitte der 1990er-Jahre entstanden hier sogenannte Zeitbanken, wovon es mittlerweile circa 300 im ganzen Land gibt.[477] Durch eine Zeitbank sollen regionale Kontakte zwischen Menschen hergestellt werden, von denen ein jeder eine Dienstleistung anbietet. Kenntnisse, Fähigkeiten und Fertigkeiten werden anderen Menschen kostenlos zur Verfügung gestellt. Im Austausch dafür wird ihnen ihre Arbeitszeit in Form eines Guthabens in Stunden gutgeschrieben, welches wiederum für benötigte Dienstleistungen »ausgezahlt« werden kann. Die Zeitbank realisiert somit das Sprichwort »Zeit ist Geld«, nur mit dem Unterschied, dass kein Geld fließt, sondern Dienstleistungen ausgeführt werden. Momentan umfassen diese Dienstleistungen die Bereiche Begleitung, Betreuung, Computer, Haushalt, Handwerk, Gesundheit, Sprachen, Tiere sowie Organisation.[478]

Neben dem praktischen Austausch von Dienstleistungen haben Zeitbanken auch den Zweck, ein Netz von sozialen Beziehungen zu schaffen, die gute Nachbarschaft zu fördern, wie sie einst Standard war, dann aber im Laufe der Jahre verloren gegangen ist, sowie den einzelnen Menschen und seine individuellen Fähigkeiten aufzuwerten.

Mit einer regionalen Vernetzung im Rücken lässt es sich schon deutlich entspannter jeder Form des Zusammenbruchs der Infrastruktur entgegensehen. Einst verlacht sind die Prepper, also diejenigen »Spinner«, die sich bereits von langer Hand auf jedweden Katastrophenfall vorbereiten, zumindest einem Mainstream-Journalisten wie dem eingangs erwähnten Grimm immer einen Schritt voraus. Doch autark bedeutet dabei nicht nur, Lebensmittel und die notwendigen Gebrauchsgegenstände (im Idealfall für mindestens 2–3 Wochen) parat zu haben, wenn diese nirgends mehr verfügbar sind, sondern vor allem mental in der Lage zu sein, entsprechend reagieren zu können. Weiß man jetzt schon, an wen man sich im Notfall wenden kann, wird das in einem möglichen Katastrophenszenario Gold wert sein. Dass zumindest Prepper keinesfalls die »Spinner der Nation« sind, macht auch ein Blick auf die Website des Bundesamts für Bevölkerungsschutz und Katastrophenhilfe deutlich. Hier wird ausdrücklich der Ratschlag gegeben, ausreichend Essen und Trinken zu bevorraten. Diese Vorräte können »bei einem starken Unwetter, Hochwasser, extremer Hitze oder starkem Schneefall und Glätte […] hilfreich sein, da Sie Ihr Haus möglicherweise nicht verlassen können«.[479] Bei der Bevorratung sei außerdem zu bedenken, dass pro Person und Tag 2 Liter Flüssigkeit einzukalkulieren sind. Hierin eingerechnet ist auch der Flüssigkeitsanteil zum

Kochen. Weiteres Wasser wird zur persönlichen Hygiene und zur Toilettenspülung benötigt. Geraten wird außerdem pro Person und Tag, mit 2200 Kilokalorien den Gesamtenergiebedarf eines Erwachsenen abzudecken. Hinsichtlich der Bevorratung sind Langzeitlebensmittel zu empfehlen. Hierzu eignen sich unter anderem verschiedene Gemüsesorten, Fisch und Fleisch in Konservenform, Hülsenfrüchte, Fette, Öle, aber auch Milchprodukte, Eier, Zucker, Mehl und Hartkekse. Auch sollten Medikamente und Hygieneartikel vorrätig sein. Wärmequellen, um sich selbst gerade in der kalten Jahreszeit warmzuhalten, aber auch zum Kochen sollten frühzeitig bedacht und angeschafft werden. Außerdem empfiehlt es sich, als Lichtquellen Batterien, aber auch ausreichend Kerzen zu bevorraten. Wer gerne einmal Neues ausprobieren will, kann sich schon frühzeitig im Anbau seiner eigenen Lebensmittel ausprobieren, sich einen Spaß daraus machen, Essbares in der Natur aufzutun oder Wasser zu filtern, bis es genießbar ist. Entsprechende Survivaltrainings sprießen derzeit vielerorts wie Pilze aus dem Boden. Noch kann man so etwas als »Spinnerei« abtun.

Vom Tauschhandel und alternativen Währungen

Der Versuch, das Finanzsystem durch eine Dezentralisierung von alternativen Währungen zu entmachten, ist nicht neu. Nachfolgend einige Beispiele, wie solche Versuche und Währungen aussehen könnten:

1. **Der »Kolion« aus Russland:** Geld muss eine gewisse Stabilität aufweisen, um seine Funktion als Tauschmittel überhaupt erfüllen zu können. Als infolge der Ukrainekrise im Jahr 2014 der Rubel an nur einem Tag 19 Prozent seines Wertes einbüßte, entschied sich Mikhail Shlyapnikov dazu, sein eigenes Geld, den

»Kolion« zu erschaffen. Der Name leitete sich hierbei von dem kleinen Dorf Kolionovo ab, in dem Shlyapnikov wohnte und welches 125 Kilometer von Moskau entfernt liegt.[480]

Mögliche Währungsschwankungen wollte Shlyapnikov dadurch umgehen, dass der »intrinsische Wert« des Kolion fest mit Naturalien verbunden werden sollte. So sollte 1 Kolion 10 Kilogramm Kartoffeln entsprechen, und für 50 Kolion sollte man eine Gans kaufen können.[481] Da der Kolion im Gegensatz zum fluktuierenden Rubel tatsächlich stabil blieb, wurden auf das Projekt viele Journalisten, Ökonomen, aber auch die russischen Behörden aufmerksam. Letztlich kam es, wie es kommen musste, und der Kolion wurde im Mai 2015 von einem russischen Gericht verboten, da die Währung angeblich das russische Finanzsystem bedrohte.[482]

Doch Shlyapnikov hielt an seiner Idee einer autarken Währung fest und baute im August 2016 mit dem Aufkommen von Kryptowährungen eine Plattform auf. Auf Basis der Blockchain-Plattform Emercoin lockte er Privatinvestoren aus aller Welt an, denen er Anteile seiner Farm zum Verkauf anbot. Denn Shlyapnikov benötigte Geld für den Bau eines neuen Gewächshauses. Nachdem die russischen Banken für einen Kredit einen Zinssatz zwischen 12 und 28 Prozent von ihm verlangt hatten, wollte er durch sein Kryptovorhaben diesem Wucher entgehen. Die Privatinvestoren sollten Dividenden erhalten, welche er in Bitcoins oder Emercoins auszahlen wollte.[483] Doch damit war Shlyapnikovs Einfallsreichtum noch lange nicht erschöpft. Auch Krypto-Futures für Zertifikate auf seinen selbst gebrannten Schnaps verkaufte er über Emercoin. Käufer konnten durch den Erwerb dieser Zertifikate auf eine Wertsteigerung spekulieren, während Shlyapnikov wiederum Kapital zur Verfügung hatte, um in moderne Gerätschaften für seine Farm zu investieren, ohne dabei auf den Kreditwucherzins der Banken angewiesen zu sein.

Mit der Zeit und dem aufkommenden Interesse der umliegenden Farmen und Betriebe stellte sich nun das ein, worauf auch das österreichische Projekt »Selbstversorger« von Martin Rutter hofft, nämlich den Direktverkauf an die Kunden, um damit die Verkaufsmargen an die Zwischenhändler umgehen zu können. Shlyapnikov gelang es auf diese Weise zumindest, seine Produktionskosten um die Hälfte zu reduzieren. Und er konnte mittlerweile sein eigenes Ökosystem auf rund hundert Betriebe ausweiten.[484] Doch seine Idee vom Kolion erstarb damit noch lange nicht. Im Gegenteil. Er erschuf nun das digitale »Ecosystema Kolionovo« bestehend aus 1 Million digitaler Tokens auf der Kryptoplattform Waves. Diese sollten sich zum Bezahlen innerhalb des Ökosystems eignen. Die Kolions können seit April 2017 jedoch auch gegen andere Kryptowährungen wie Bitcoins und Ether verkauft werden.

Shlyapnikov betont dabei jedoch, dass der Kolion für ihn nicht nur ein Spekulationsobjekt sei. Man könne ihn auch als Gutschein für echte Lebensmittel und Dienstleistungen aus Kolionovo verwenden. »Wer im Besitz von Kolions ist, bekommt Rabatt auf Eier, Milch oder den nächsten Angeltrip. Zudem lassen sich die Kolions nicht digital schürfen, sondern nur kaufen oder durch Feldarbeit ›erpflügen‹«,[485] so Shlyapnikov. Damit erfüllt der Kolion die Funktionen von Geld in seinem ursprünglichen Sinne, nämlich als Recht, im Gegenzug für eine erbrachte Leistung Waren oder Dienstleistungen eintauschen zu können – und das abseits von zentralen Machtstrukturen, wie in diesem Fall dem russischen Bankensystem. Allerdings ist zu erwarten, dass die Banken sich nicht so einfach das Zepter entreißen lassen und neue Kryptogesetze erlassen werden. Diesem Machtspiel steht dann wiederum der Erfindergeist eines Shlyapnikov entgegen.

2. **Die italienische Parallelwährung »Sardex«:** »Sardex« heißt die Parallelwährung, die in Sardinien infolge der Finanzkrise von 2008 entstanden ist. Die Idee hierhinter ist simpel: Sardischen Unternehmen sollte weiterhin der Zugang zu Krediten gewährt werden, welche während der Finanzkrise von Banken weitaus schwieriger zu bekommen waren. Dabei hätte es für kleine und mittelständische Unternehmen den sicheren Bankrott bedeutet, wenn sie aufgrund ihrer mangelnden finanziellen Sicherheit keinen Kredit bewilligt bekommen hätten. Denn viele dieser Unternehmen wollten und mussten zwingend in ihren Betrieb investieren, scheiterten jedoch an der Bank. Genau hierfür kreierten fünf Sarden aus dem Dorf Serramanna die virtuelle Währung Sardex, welche parallel zum Euro kursiert und einen realen Wert für den Austausch von Waren und Dienstleistungen darstellt.[486] 1 Sardex entspricht dabei 1 Euro, und die Kreditvergabe an Unternehmen erfolgt zinsfrei. Da es sich beim Sardex um eine digitale Währung handelt, können die Teilnehmer des Projekts einen negativen Betrag auf ihrem Konto haben. Guthabenbeträge können wiederum nur zur Bezahlung bei den teilnehmenden Unternehmen ausgegeben werden, wodurch regionaler Handel und die Beschäftigung gefördert werden.[487] Lorenzo Pinna von der Abteilung für internationale Beziehungen erklärt dies an einem Beispiel: »Stellen Sie sich einen Fotografen und einen Maler vor. Der Fotograf möchte sein Atelier streichen lassen, hat aber nicht genug Euros. Der Maler hat nicht genug Arbeit. Wenn beide Mitglieder von Sardex werden, kann der Fotograf den Maler in Sardex bezahlen. Hierzu kann der Fotograf ein Guthaben in Sardex nutzen. Wenn er dem Maler 100 Sardex zahlt, sinkt der Saldo seines Sardex-Kontos auf -100, während

der Maler +100 erhält. Nun kann der Maler diesen Betrag ausgeben, um beispielsweise Pfirsiche von einem örtlichen Bauern zu kaufen. Und der Landwirt kann wiederum Sardex nutzen, um den Fotografen zu engagieren.«[488] Das negative Saldolimit ist dabei in der Regel von der Größe des Unternehmens abhängig. Unternehmen mit negativen Salden erhalten zusätzlich meist Hilfe bei der Kundengewinnung, indem sie etwa mit Sardex-Teilnehmern in Kontakt gebracht werden, die über ein hohes Saldoguthaben verfügen.

Anders als der Kolion, welcher der russischen Bankenlandschaft ein Dorn im Auge ist, wird der Sardex von der italienischen Regierung begrüßt. Dies liegt nicht zuletzt daran, dass für alle Transaktionen, welche auch digital erfasst werden, eine Mehrwertsteuer in Euro gezahlt wird und daher auch die italienische Steuerbehörde an der Alternativwährung mitverdient.[489] Stand 2018 nehmen an dem Projekt mehr als 4000 Unternehmen teil, und das Privatunternehmen verfügt mittlerweile über etwa 60 Mitarbeiter. Seit dessen Gründung konnten bereits knapp 140 Millionen Euro Umsatz erwirtschaftet werden[490] – eine Summe, die auch den italienischen Fiskus freuen dürfte. Aufgrund seines Erfolgs haben sich mit SardexPay mittlerweile ähnliche Projekte im ganzen Land verbreitet.

Von dem herkömmlichen Finanzsystem unterscheidet es sich dennoch insoweit, als keine Zinsen verlangt werden. Der Sardex ist als Tauschmittel konzipiert, welches vornehmlich dazu dienen soll, die lokale Wirtschaft anzukurbeln. Nach Ansicht Pinnas sei es nicht dazu gedacht, Werte zu speichern oder ein zinsgetriebenes Kapitalwachstum zu erzielen.[491] Während so aufgrund der Zinsen im herkömmlichen Geldsystem ein exponentielles Wachstum der gesamten umlaufenden Geldmenge notwendig sei, erhebe

Sardex lediglich von den teilnehmenden Unternehmen eine Registrierungs- sowie eine Jahresgebühr.[492] Zwar wurde mit Sardex somit ein Tauschmittel geschaffen, das tatsächlich den Funktionen von Geld effektiver nachkommt als unsere bisherigen Landeswährungen, allerdings wurde SardexPay unter anderem auch von der Europäischen Kommission unterstützt. Eine pseudostaatliche Vereinigung, die wohl eher an der Gängelung als an der Unabhängigkeit seiner Bürger interessiert ist. Inwiefern daher alternative Währungen wie der Sardex tatsächlich unabhängige Optionen zum CBDC darstellen könnten, muss sich erst noch zeigen. Sie regen jedoch allemal zur Nachahmung an.

3. **Die deutsche Regionalwährung »Chiemgauer«:** Auch in Deutschland gibt es eine ähnliche Alternativwährung wie den italienischen Sardex. Das Regiogeld »Chiemgauer« gibt es seit 2003. Es kann rund um den Chiemsee, aber auch in den Landkreisen Rosenheim, Traunstein und Berchtesgadener Land als Alternative zum Euro verwendet werden. Die Idee ähnelt dabei sehr dem Sardex, nämlich der regionalen Vernetzung sowie der Stärkung und Kooperation der Gemeinschaft. Als wertvolles Kulturförderinstrument soll der Chiemgauer dabei den Vereinen und den Geschäften dienen und zur Kundenakquise sowie zur Kundenbindung anregen.[493]

Anders als der Sardex, welcher in Form einer digitalen Parallelwährung existiert, tauschen die Teilnehmer jedoch aktiv einen gewünschten Eurobetrag in Chiemgauer um, wobei jeweils 3 Prozent auf die Förderung eines ausgewählten Wunschprojekts entfällt. Die Höhe der Fördersumme für ein Projekt hängt daher immer davon ab, wie viele Chiemgauer tatsächlich umgetauscht werden, weswegen auch sprichwörtlich jeder Teilnehmer zählt.

Der Chiemgauer dient wie der Sardex nicht zur Wertspeicherung, das heißt er ist nur für eine begrenzte Zeit gültig. Geschäfte, die den Chiemgauer annehmen, können ihnen ihrerseits nur bei anderen teilnehmenden Geschäften einlösen. Auf diese Weise soll das Geld in der Region bleiben und dort für den Erhalt von Arbeitsplätzen sorgen.[494] Der entscheidende Unterschied zum Sardex ist, dass der Chiemgauer eine Komplementärwährung zum Euro darstellt, das heißt innerhalb der Gemeinschaft als Tauschmittel akzeptiert wird. Er kann jedoch nicht zur Kreditaufnahme dienen, wie etwa der Sardex, und steht somit dem ursprünglichen Tauschsystem um einiges näher.

Entstanden ist der Chiemgauer übrigens als Schulprojekt und war eigentlich als Gutscheinsystem konzipiert. Aufgrund seines Erfolgs arbeiten mittlerweile Gruppen in fast allen Bundesländern und über die Ländergrenzen hinweg daran, ein ähnliches regionales Geld zu etablieren.[495] Bei aller Euphorie für solch eine Komplementärwährung als mögliche Alternative zum CBDC ist jedoch zu erwähnen, dass das Regiogeld auch für die Umsetzung der Zielsetzung der Agenda 21 interessant ist. Im Einzelnen hat dies Ralf Becker in seinem Artikel »Regionales Geld als innovatives Instrument der Lokalen Agenda 21« herausgestellt. Hierin heißt es, dass das Regiogeld:

1. eine nachhaltige regionale Wirtschaft gemäß dem Leitbild der Studie »Zukunftsfähiges Deutschland« stärke;
2. die Lokale Agenda ins Bewusstsein der Bevölkerung trage;
3. neue Zielgruppen für die Lokale Agenda gewinne;
4. der Bekanntheitsgrad der Lokalen Agenda signifikant erhöht werde;
5. Agenda-Projekte finanziert werden könnten.[496]

Mag man solch eine marxistische Agenda aus verständlichen Gründen nicht unterstützen oder gar adaptieren, so gilt es, das gleiche Verfahren an den Tag zu legen, das auch die »Eliten« immer wieder zeigen. Wenn man ein Produkt schon nicht kontrollieren kann, dann sollte man es zumindest kopieren – oder im Fall von Sardex oder dem Regiogeld jene Elemente übernehmen, die ganz unverfänglich als Geldalternative zum bisherigen System anwendbar sind.

Von Momo und den grauen Herren von der Zeitsparkasse

Das Wertvollste im Leben ist wohl die eigene Lebenszeit. Kein anderes Werk als das 1973 erschienene Kinderbuch *Momo* von Michael Ende hat diese Lektion mit seinen grauen Herren von der Zeitsparkasse und dem kleinen Waisenmädchen Momo, das den Menschen ihre gestohlene Zeit zurückbrachte, wohl eindrücklicher vermittelt. Zeit steht hierbei als Synonym für die Arbeitskraft, die ein jeder zur Verfügung stellt und somit verkauft. Die grauen Herren ermutigen die Protagonisten des »Heute-Landes«, ihre Zeit zu rationalisieren. Kontakte zu Freunden, aber auch zu der eigenen Familie werden eingeschränkt, da sie zu zeitintensiv seien und sie diese Zeit besser für ihre Karriere investieren könnten.

Michael Ende versteckt hierhinter eine Metapher für die verzinsten Kreditverträge, die zeigt, wie die Menschen dazu gebracht werden, immer mehr zu arbeiten, um auch für die zusätzlichen Kosten aufkommen zu können. Hinter dem scheinbaren Märchenroman verbirgt sich also überhaupt keine Kindergeschichte, sondern Endes Verständnis dafür, dass der wirtschaftliche Wachstumszwang aus der Beschaffenheit des Zinswesens hervorgehe.

Der Ökonom Werner Onken hatte dies noch zu Lebzeiten von Ende erkannt und schrieb dem Autor 1986 einen Brief, in dem er in einem Essay die Parallelen zum Finanzsystem darlegte. Die plötzlich um sich greifende blinde Besessenheit des Zeitsparens werde durch die graue Macht des Geldes so verinnerlicht, dass fremdbestimmte Verhaltensweisen als solche gar nicht mehr wahrgenommen werden. »Die wirtschaftliche Ausbeutung der Menschen durch den alltäglichen Diebstahl von Zins und Lebenszeit spielt sich ohne ausdrückliche Rechtsgrundlage zwischen der Zeitsparkasse und ihren Kunden ein und wird unauffällig in die freiheitlich-demokratische Rechtsordnung des Heute-Landes eingewoben«,[497] so Onken. Während die Stadt im Gestern-Land noch ein Ort menschlicher Geborgenheit gewesen sei, so sei sie im Heute-Land eine unbehagliche, gleichförmige, laute und hektische Geschäftsmetropole.[498] Der moderne Kapitalismus sei auf leisen Sohlen in die Stadt geschlichen und habe die Erwachsenen in kleine Rädchen einer großen anonymen Finanzmaschinerie verwandelt. Keiner von ihnen wolle wahrhaben, dass sie nun am Leben vorbeileben. »Nur die Kinder, die noch nicht in den Sog der modernen Medien geraten sind, spüren es, denn für sie hat nun niemand mehr Zeit. Die Kinder merken, dass die von den grauen Herren eroberte Stadt, in die sie hineinwachsen sollen, zutiefst unnatürlich ist«,[499] so Onken weiter.

Michael Ende äußerte sich 1990 selbst in der 3sat-Sendung *Wissenschaft im Kreuzverhör* zum Thema Geldsystem. Der Autor stellte fest, dass der Marxismus gar kein Antikapitalismus sei. Der Marxismus sei nur ein Staatskapitalismus anstelle eines Privatkapitalismus. Das hieße, dass es zwei Formen von Kapitalismus gibt.[500] »Ein nicht-kapitalistisches System ist noch gar nicht ausprobiert worden. [...] Es wäre aber, glaube ich, der Mühe wert, darüber nachzudenken. Denn ich bin schon der Meinung, dass alle Versuche, die ökologischen Fragen zu lösen, die heute ja allgemein unternommen werden, ein Herumflicken an Symptomen bleiben wird, wenn wir nicht an die Grundlagen der Übel herangehen.«[501] Ende meint mit diesem Übel das Geldsystem, aber vor allem den Konsumzwang, der die Menschen dazu bringt, ihre Zeit an die grauen Herren (sprich das Großkapital) zu verkaufen.

Als Lösung hierfür sieht die Momo-Bewegung, welche sich zur Erlösung von dem im Buch beschriebenen Zeitdiebstahl formiert hat, ein alterndes Geldsystem. Alterndes Geld, welches manchmal auch als fließendes Geld bezeichnet wird, beschreibt das ökonomische Prinzip, welches besagt, dass dort, wo das Geld hinfließt, auch die Arbeitskraft (sprich die Energie) der Menschen hingeht. Der Geldfluss ist im übertragenen Sinne somit als Energiefluss zu verstehen, welcher im sprichwörtlichen Sinne gesellschaftliche Kräfte befreien könnte, würde dieser Geldfluss vom Zins erlöst und zusätzlich mit einer Umlaufsicherungsgebühr versehen werden.[502] Solch eine Umlaufsicherungsgebühr wurde im Jahre 1932/33 in Wörgl, Österreich durchgesetzt. Im Spielfilm *Das Wunder von Wörgl* aus dem Jahr 2018 wird beschrieben, wie mitten in der Wirtschaftskrise der 1930er-Jahre der Bürgermeister Michael Unterguggenberger beschließt, seine eigene Währung zu drucken, um die Wirtschaft wieder anzukurbeln. Unterguggenberger stellt folgerichtig fest, dass ihm sowohl die Arbeitskräfte als auch die Rohstoffe und die Industriemaschinen zur Produktion zur Verfügung stehen. Das, was ihm fehlt, ist das Geld als Tauschmittel, welches durch die Hyperinflation unbrauchbar geworden ist. Sein neues Geld versieht Unterguggenberger mit einer Umlaufsicherungsgebühr, welche dann fällig wird, sollte das Geld nicht schnell genug wieder in den Wirtschaftskreislauf zurückfließen. Da niemand diese Gebühr bezahlen will, gelingt es dem Bürgermeister auf diese Weise, den Energiefluss des Geldes zu erhöhen und dem Ort Wörgl wieder zu Vollbeschäftigung und Wohlstand zu verhelfen. Unterguggenberger schafft es, die Macht des Geldsystems zu dezentralisieren und den Mittelstand zu stärken. Ein starker Mittelstand, wie sich derzeit beobachten lässt, würde die Abhängigkeiten vom Staat, aber auch von Großkonzernen, stark einschränken. Am Ende wird Unterguggenberger für sein Experiment vor Gericht gestellt, da eine Machtdezentralisierung nicht gewünscht ist.

Die Momo-Bewegung sieht derzeit ihre Stunde geschlagen. Denn dass etwas mit dem Finanzsystem nicht stimmt, wird immer dann für alle sichtbar, wenn es (wie am Beispiel der Stadt Wörgl) zu einer Inflation kommt und die Menschen beginnen, Fragen zu stellen und nach Alternativen zu suchen. Die »Gunst der Stunde« sei an dieser Stelle in Abrede gestellt. Denn es bleibt zu befürchten, dass die Zentralbanken die Situation dazu nutzen werden, den Menschen ihre Alternative in Form der Einführung von CBDC zu präsentieren.

Sofern man nicht blindlings in ein totalitäres Kontrollsystem laufen will, hat die Momo-Bewegung bereits viele Fehler des heutigen Finanzsystems folgerichtig herausgearbeitet. Diese gilt es bei möglichen Alternativen zum CBDC zu überdenken und zu vermeiden.

1. Geld kann nicht zugleich als Tausch- und als Wertspeicherungsmittel fungieren. Tut es das, muss zwangsläufig ein Zins als Ansporn dazu dienen, dass dem Wirtschaftskreislauf das Geld nicht entzogen wird und es im Umlauf bleibt. Die Umlaufsicherungsgebühr scheint eine sinnvolle Alternative zum Zins zu sein, wie das Beispiel Wörgl gezeigt hat.

2. Zinsen fließen im Buch *Momo* den grauen Herren zu, welche symbolisch für Privatinstitutionen, sprich die Banken stehen. Besitzlose werden durch die zusätzliche Arbeitsleistung ihrer Lebenszeit beraubt, also arm gehalten. In Endes Werk ist die

Volksweisheit »Zeit ist Geld« wörtlich zu nehmen. Der gewöhnliche Mensch verkauft seine Arbeitskraft, also seine Zeit, an die grauen Herren.

3. Die Akkumulation von Geld und Macht in den Händen einiger weniger muss durch die Abschaffung der Zinsen, aber auch der Geldschöpfung durchbrochen werden. Der Verein Monetative schlägt hierzu eine Vollgeldreformbewegung vor, deren erklärtes Ziel es ist, »die gesamte Geldschöpfung einer öffentlichen Instanz zuzuführen und damit das marode Fundament unserer Geldordnung zu reparieren. Wir sind überzeugt, dass wahre Demokratie erst dann verwirklicht werden kann, wenn die Bürger auch die Macht über die Geldschöpfung in den Händen halten. Unsere Vision ist ein Geld- und Finanzsystem im Dienste der gesamten Gesellschaft«.[503] Das hört sich so weit richtig an. Nur ist zu hinterfragen, wie dies mit Blick auf eine von geheimen Machtstrukturen durchdrungene Gesellschaft, wie sie Carroll Quigley beschrieben hat, konkret gelingen soll. Um das Finanzsystem zu zersetzen, bedarf es wohl eher autonomer Aktionen von innen heraus. Auch hier heißt es, sich der Methode der »Elite« zu bedienen, die Gesellschaft zu infiltrieren, indem Machtpositionen besetzt und letztendlich von innen heraus gesteuert werden. Eine Rückgewinnung des Geldsystems setzt voraus, dass Geld in seiner ursprünglichen Funktion als Tausch- und Rechtsmittel zur späteren Einlösung einer Dienst- beziehungsweise Wareneinlösung für eine zuvor geleistete Arbeitsleistung verstanden wird. Regionale Projekte, die in diesem Sinne (hoffentlich) als Alternative zum CBDC entstehen, sind ein erster Ansatz, die geheimen Machtstrukturen, welche auf das Finanzsystem gründen, zu zersetzen. Eine Zersetzung, welche schlichtweg als Abkehr von den bisherigen Strukturen zu begreifen ist.

4. Die ungerechte Verteilung von Geldern entsteht vor allem dadurch, dass sich das Zahlungsmittel, etwa in Form von Zinserhebungen, in der Hand der oberen 10 Prozent akkumuliert. Die Momo-Bewegung stellt als Ausweg hierfür das von Peter Haisenko und Hubert von Brunn entworfene Konzept der Humanen Marktwirtschaft vor. Erklärtes Ziel ist es bei diesem zugegeben sozialistischem Ansatz, dass es allen Menschen so gut wie möglich gehen sollte und das Finanzsystem dem Menschen zu dienen habe und nicht umgekehrt, der Mensch dem Kapital.[504] Dazu soll Geld als Bezahlmittel als sogenanntes Kreislaufgeld immer im Wirtschaftskreislauf bleiben. Hierzu gehören die Guthaben auf den Girokonten bei den herkömmlichen Privatbanken sowie Bargeld. Im Gegensatz zu heute sollte die Gesamtmenge von Bargeld begrenzt werden und die Höhe der Gesamtsumme aller monatlichen Einnahmen des entsprechenden Wirtschaftsraums betragen, um zukünftige Inflationen zu verhindern. Bargeld solle nach der Idee der Humanen Marktwirtschaft ein Ablaufdatum in Form einer Umlaufsicherungsgebühr bekommen, die dann fällig wird, wenn der Schein nicht rechtzeitig gegen eine Waren- oder Dienstleistung umgetauscht wurde. Das Konzept nimmt sich hierbei das Wunder von Wörgl zum Vorbild, um Wirtschaftswachstum durch fließendes Geld zu stimulieren.

Ab einer Summe von mehr als 5000 Euro auf dem Girokonto wird eine Gebühr fällig, es sei denn, der Inhaber überweist es auf sein Sparkonto, welches in den sogenannten Wertspeicher übergeht. Dieser Wertspeicher ist Volkseigentum, er umfasst die Ersparnisse, Renten und Versicherungsbeiträge, die zukünftig wieder zu Geld umgewandelt werden sollen, sodass niemand, wie etwa durch Spekulationen, seine finanziellen Rücklagen verliert. Auch Korruption wäre auf diese Weise nicht mehr möglich, da die Überweisungen von einem Sparkonto auf ein anderes einsehbar wären.

Die Überweisung des Kreislaufgeldes in den Wertspeicher wird durch eine Gutschrift vermerkt und anderen Bürgern wieder zur Verfügung gestellt. Hierzu hebt entweder ein anderer das Geld aus dem Wertspeicher ab oder das Geld wird in Kreditform zurück in den Markt gebracht. Sofern dann immer noch Geld im Wertspeicher vorhanden ist, muss die Politik dieses durch Investitionen, welche dem Gemeinwohl zugutekommen, zurück in den Wirtschaftskreislauf führen. Auf dem Markt gibt es auf diese Weise keinen Mangel an Geld. Die Banker erhalten nur noch eine Gebühr und Kredite fließen einem Sonderfonds zu, aus dem diejenigen versorgt werden, die arbeitsunfähig sind.

Zusätzlich werde durch eine Art Mehrwertsteuer ein nicht profitorientiertes Gesundheitssystem und ein monatliches Grundeinkommen für alle Bürger gewährleistet. Vom Staat werden nur noch all jene Einkommen besteuert, welche ohne eine vorangegangene Leistung ausgezahlt wurden.[505]

Obwohl diese Idee der Humanen Marktwirtschaft auf den ersten Blick utopisch klingt, sollte doch an das eingangs erwähnte Interview mit Michael Ende verwiesen werden. Demnach wurde in der Vergangenheit noch nie ein nicht kapitalistisches System ausprobiert. Vielleicht wäre es nun höchste Zeit dafür.

Wer *Momo* gelesen hat, weiß, dass Meister Hora, der im Buch den Menschen ihre Lebenszeit zuteilt, die Rettung vor der endgültigen Machtübernahme der grauen Herren darin sieht, die Zeit zum Stillstand zu bringen. Zeit steht hierbei für eine Metapher der Arbeitskraft, durch die die Menschen das Finanzsystem am Laufen halten. Meister Hora gelingt dies letztendlich, indem er einschläft. Momo, die von Meister Hora zuvor eine Stundenblume bekommen hatte, hat nun eine Stunde Zeit, um die Welt zu retten. Die Stundenblume ermöglicht es Momo, sich immer noch frei zu bewegen, obwohl alles um sie herum stillsteht. Als Symbol steht die Stundenblume somit für die Lebenszeit der Menschen, ohne die auch die grauen Herren nicht überleben können.

Momo schleicht sich in das Hauptquartier der grauen Herren und befreit die Stundenblumen der Menschen. Somit gibt sie den Menschen ihre gestohlene Lebenszeit (= Arbeitskraft) zurück, und die grauen Herren, welche sich im übertragenen Sinne von den Früchten der Lebenszeit der Menschen ernährt haben (= Profitgewinn), lösen sich in Nichts auf. Momo gelingt somit die Befreiung der Lebenszeit der Menschen, die nun wie Onken es ausdrückt, »den Sinn ihres Daseins wiederfinden«.[506]

Seinen Essay schließt Onken mit den folgenden Worten: »Für uns, die wir mit der rauen Wirklichkeit des ökonomischen Heute-Landes zurechtkommen müssen, liegt ihr großer Wert in der Zuversicht, dass das verwundete Heute-Land durch eine Änderung des Geldwesens heilbar ist und dass ihm ein in sozialer Hinsicht gesundes Morgen-Land folgen kann.«[507] Wohl noch nie in der Menschheitsgeschichte standen die Chancen besser, die Beschaffenheit des betrügerischen Finanzsystems zu erkennen. Die eine Stunde, um die Welt zu retten, von der Meister Hora sprach, ist jetzt angebrochen.

8
Ausblick

CBDC: Digitale Versklavung oder der Weg in ein reguliertes Finanzsystem?

»SMART« ist ein Wort, das aus Orwells *1984* stammen könnte. Angelehnt an den englischen Begriff »smart« (auf Deutsch: »klug«) steht es als Akronym für **S**pecific (spezifisch), **M**easurable (messbar), **A**chievable (erreichbar), **R**elevant (relevant) und **T**ime-bound (zeitgebunden).[508] Alles Wörter, die auf den ersten Blick unverfänglich erscheinen mögen, zusammengenommen jedoch ein Konglomerat ergeben, welches den Bürger in einen orwellschen Überwachungsstaat führt. Denn alle derartigen S.M.A.R.T-Technologien fördern bei genauerer Betrachtung die Ausbildung von Datenkraken und sind daher tatsächlich auf **S**urveillance (Überwachung), **M**onitoring (Beobachtung), **A**nalysis (Auswertung), **R**eporting (Berichterstattung) und **T**echnology (Technologie) ausgelegt.

Bereits Ende November 2022 warnte der australische Senator Alex Antic im Parlament vor dem Voranschreiten eines digitalen Überwachungsstaates.[509] Unter dem übergeordneten Begriff »smart« werden die Städte zu »Smart Cities« umgewandelt, in denen invasive Technologien wie Gesichtserkennung, Kameras und Kennzeichenleser eingesetzt werden. Um solche Maßnahmen zu rechtfertigen, wird vornehmlich der Schutz der Bürger in den Vordergrund geschoben, aber auch die Vorzüge der smarten Technologien unterstrichen, die für ein angenehmes Lebensgefühl sorgen sollen. Smart Poles, also sogenannte intelligente Straßenmasten, die je nach Helligkeit und Umgebungsbedingung das Licht dimmen können, aber auch Smart Homes gehören da nur zu einigen der Spielereien, mit denen man sich zukünftig anfreunden soll. Was all diese Technologien jedoch gemein haben, ist die Anbindung an drahtlose Netzwerke, die Daten und Informationen untereinander austauschen. Folgerichtig kommt Antic daher auch in seiner Rede zu dem Schluss, dass die Infrastruktur die Menschen ausspioniere, ebenso wie ihre Handys. »Die Infrastruktur für künftige Lockdowns wird derzeit aufgebaut.«[510]

Zu dieser Infrastruktur gehört letztlich auch eine sogenannte »Smart Wallet«, eine digitale Geldbörse, welche uns freundlicherweise von den Zentralbanken zur Verfügung gestellt werden soll. Als erklärtes Ziel wird dabei einmal mehr die Sicherheit im Vordergrund stehen, nämlich die der Aufbewahrung der digitalen Zentralbankwährung. Doch natürlich wird auch die Bequemlichkeit für den nunmehr »smarten Bürger« nicht zu kurz kommen. Über zahlreiche intelligente Funktionen muss dieser sich dann bald gar nicht mehr außer Haus beziehungsweise außerhalb seiner 15-Minuten-Stadt begeben. Selbst ehemals bürokratische Transaktionen, wie die Veräußerung von Wertgegenständen, bei denen zuvor Notare und/oder Anwälte nötig waren, können nun quasi durch sogenannte »Smart Contracts« per Mausklick erledigt werden. Doch laut Antic sollte man sich auch darüber im Klaren sein, dass mit der Weitergabe von Daten die Möglichkeit übertragen werde, »Ihr Verhalten zu überwachen, was bald in ein Sozialkreditsystem umgewandelt wird«.[511] Denn auch wenn CBDC, Smart Cities und Co. momentan noch als scheinbar eigenständige »Projekte« erscheinen, können sie doch jederzeit spielend leicht zusammengeführt werden. Und das, was die Zentralbanken in puncto »Smart Wallet« als ein Plus an Service und Sicherheit verkaufen, bedeutet im Klartext nichts anderes, als dass diese auch die geldpolitischen Regeln festlegen können, die »für alle digitalen Geldbörsen gelten und nicht geändert werden können«.[512]

Beispielsweise kann dies ein Maximalbetrag für CBDC sein, der zur Verhinderung von Geldwäsche in einer einzelnen Geldbörse gehalten werden darf, oder eine »grüne« Geldbörse, die zum Kauf umweltfreundlicher Produkte und Dienstleistungen anregen soll.[513] Die Palette an Möglichkeiten, um den Bürger am digitalen Gängelband zu halten, ist unerschöpflich. Daher, liebe Leserinnen und Leser, seien Sie auf der Hut, sollte die Smart-Propaganda weitergeführt einmal etwa wie folgt lauten: »CBDC – die smarte Art von Banking«.

Die fantastischen (oder dystopischen) Features des CBDC

Niemand nimmt den Wahrheitsgehalt der folgenden PR-Story auf seinen Eid, doch sie ist einfach so schön, dass sie immer wieder erzählt wird. Es ist die Geschichte der im Februar 1950 erstmals auf den Markt gekommenen Kreditkarte Diner's Club.

Angeblich hatte der US-amerikanische Unternehmer Frank McNamara gute Freunde zu einem feinen Essen in das New Yorker Restaurant Major's Grill eingeladen. Man delektierte sich in geselliger Runde an exklusiven Weinen und saftigen Steaks. Lebhaft ins Gespräch vertieft, vergaß die Herrenrunde die Zeit. Und als der Gastgeber zu fortgeschrittener Stunde diskret auf seine goldene Taschenuhr schaute, stellte er verdutzt fest, dass die Zeit wieder mal wie im Flug vergangen war. McNamara bat den Ober um die Rechnung. Als diese ihm wenig später präsentiert wurde, erschrak der Unternehmer. Er hatte seine Brieftasche im Büro vergessen, und mitten in der Nacht bestand natürlich keine Möglichkeit, einen Mitarbeiter zu bitten, ihm das Geld ins Restaurant zu bringen. Daraufhin soll es zu ziemlich peinlichen Diskussionen mit dem Oberkellner und dem Restaurantmanager gekommen sein. McNamara versprach hoch und heilig, gleich am nächsten Tag die Zeche zu zahlen, und überreichte dem Restaurantchef seine Visitenkarte, die er auf der Rückseite signierte. Auf der Fahrt nach Hause schwor sich McNamara angeblich, dass ihm derlei nie mehr passieren werde. Aber auch andere solvente Zeitgenossen sollten niemals in eine solch peinliche Situation geraten. Der Unternehmer machte also aus einer Peinlichkeit eine Geschäftsidee und erfand die Kreditkarte. Er nannte sie Diner's Club.

Soweit die PR-Erzählung, von der niemand weiß, ob sie stimmt. Das soll uns an dieser Stelle auch gar nicht interessieren. Die Story soll nur verdeutlichen, wie aus einer Kreditkarte für sehr wohlhabende Zeitgenossen im Laufe der Jahrzehnte ein Massenprodukt wurde. Nach Angaben von Statista waren in Deutschland im Jahr 2021 knapp 38 500 000 Kreditkarten der »Big-4« im Umlauf (Visa, Eurocard, Amex und Diner's Club). Es waren schon einmal deutlich mehr, doch mittlerweile zahlen vor allem jüngere Konsumenten lieber mit ihrem Smartphone und einer entsprechenden App als mit der klassischen Kreditkarte. Daneben verfügt fast jeder Kontoinhaber über eine Girokarte (früher EC-Karte). Und Kryptowährungen gibt es inzwischen mehr als genug. Mithin stellt sich die Frage, weshalb die Menschheit dann noch digitales Zentralbankgeld braucht.

Die Antwort ist einfach: Weil nur dieses digitale Zentralbankgeld eine weitgehende Kontrolle und Steuerung der Bürger ermöglicht. Natürlich hinterlassen unbare Zahlungen immer Spuren. Auch die Zahlungen mit der Kreditkarte. In diesem Fall ist aber ein privates Unternehmen – also das Kreditkartenunternehmen – der Partner des zahlenden Kunden. Die dabei gesammelten Daten werden nicht automatisch an neugierige Behörden weitergeleitet. Sicher kann der Staat auf diese Daten zugreifen, doch hierzu muss er den Rechtsweg einhalten. Anders ist das bei CBDC. »Wenn künftig die Zentralbank diese Daten erst einmal erhebt, ist dieser Zugriff deutlich einfacher«, sagt der Ökonom und Publizist Markus Krall. Und weiter: »Außerdem kann der erhobene Datensatz dann viel einfacher erweitert werden. Der digitale Euro fängt vielleicht anonym an, aber wie lange dauert es, bis man sich auf den Kampf gegen Kriminalität und Geldwäsche beruft? Dann erhebt man ganz schnell immer mehr Daten. So ist das immer, wenn man dem Staat ein Überwachungsrecht einräumt – und so wird es auch dieses Mal sein.«[514]

Gestatten Sie, dass wir an dieser Stelle auf ein anderes, schon vor Jahren installiertes Überwachungssystem eingehen, über das bemerkenswerterweise heute kaum noch jemand spricht: den automatisierten Kontenabruf. Seit 2005 haben deutsche Behörden Zugriff auf Ihre Kontodaten, und zwar völlig anonym, ohne dass Sie zunächst etwas davon mitbekommen. Unmittelbar nach Einführung dieses Schnüffelgesetzes wurden rund 60 000 Zugriffe pro Jahr registriert, im Jahr 2022 waren es sage und schreibe rund 1,143 Millionen! Das heißt, die Zahl der Zugriffe hat sich seither etwa verzwanzigfacht. Wenn die Behörden ein Instrument zur Überwachung in der Hand haben, werden sie es auch exzessiv nutzen. Es ist ein naiver Irrtum zu glauben, nach der Einführung des digitalen Euros könnte dies anders sein.

Und was bedeutet das für unser Bargeld? Markus Krall: »Wenn wir erst mal unter der ›Überwachungskamera‹ digitaler Euro stehen, erschließt sich die Möglichkeit, das Bargeld zu verdrängen. Man kann es teurer machen oder unbequem oder einfach illegal. Und dann hat der Staat ein Logbuch von unserem Leben. Von den ersten 50 Cent Taschengeld bis zum letzten Kauf – eines Sarges – wird dann alles vermerkt und bewertet. Ein Scoringsystem, sei es für den CO_2-Fußabdruck oder soziales Verhalten oder Gesundheitsschutz, wird dann zur Trivialität.«[515]

Der digitale Euro und all die anderen CBDCs verfügen über fantastische oder besser dystopische Fähigkeiten, die jeder Bürger kennen sollte:

- Sie sind über kurz oder lang von einer Bank, eben der Zentralbank, abhängig. Die Geschäftsbanken dürften freilich nicht von einem Tag auf den anderen verschwinden, man braucht sie schließlich für die Kreditvergabe und andere Finanzdienstleistungen. Auf lange Sicht allerdings werden die Geschäftsbanken überflüssig; es entsteht, was Markus Krall eine »monetäre Planwirtschaft« nennt.[516]

- Die Souveränität der Menschen im Umgang mit Geld wird deutlich eingeschränkt. So könnte das digitale Zentralbankgeld teilweise nur bis zu einer bestimmten Summe pro Monat beziehungsweise pro Jahr ausgegeben werden dürfen (zum Beispiel für angeblich klimaschädigende Flugreisen, alkoholische Getränke, Tabak, Süßigkeiten usw.). Der digitale Euro ist programmierbar. So können zum Beispiel Steuerungs- und Kontrollfunktionen eingebaut werden, ferner Ablaufdaten, kontinuierlicher Wertverlust im Zeitablauf sowie eine Nachverfolgung des ökologischen »Fußabdrucks« aller Einkäufe.

- Denkbar sind außerdem regionale Restriktionen. Das heißt, das Geld darf nur in bestimmten Ländern ausgegeben werden. Das beträfe zum Beispiel Auswanderer, die außerhalb von Deutschland leben, aber eine deutsche Rente beziehen.

- Zeitliche Restriktionen: Möglicherweise muss das Geld in bestimmten Zeiträumen ausgegeben werden (daraus resultiert dann quasi ein »Konsumzwang«, um eine lahmende Konjunktur anzukurbeln).

- Kontrolle durch die Regierung beziehungsweise Behörden: Nicht die Menschen entscheiden darüber, wie sie ihr Geld ausgeben, sie sind vielmehr vom Wohlwollen der Regierung abhängig. Im Extremfall können die Menschen über digitales Zentralbankgeld für systemkonformes Verhalten belohnt oder für Aufmüpfigkeit (etwa gegen einen neuen Impfzwang) bestraft werden.

- Die Bestrafung von »Aufmüpfigkeit« wird nach Einführung des digitalen Euros viel einfacher werden. »Personen, gegen die Sanktionen verhängt wurden, kann der Zugang zu CBDC-Konten problemlos entzogen werden, sobald sie auf einer Sanktionsliste stehen, ohne dass sich ein Staat bei der Umsetzung von Sanktionsentscheidungen auf Banken verlassen muss. Das Gleiche gilt für missliebige Demonstranten [zum Beispiel »Querdenker«, Anm. d. Autoren], denen schnell der Geldhahn zugedreht werden kann«, schreibt der Rechtsanwalt und Steuerberater Niklas Schmidt in der österreichischen Tageszeitung *Standard*.[517]

- Das derzeitige dezentralisierte System mit Tausenden von Banken kann nicht so leicht gehackt werden wie ein zentrales CBDC-System. Die Erfahrung, so der Anwalt Niklas Schmidt, lehre ferner, dass der private Sektor viel besser mit Cyberbedrohungen umgehen könne als staatliche Stellen.[518]

Außerdem, so Niklas Schmidt weiter, verlängerte das CBDC lediglich das antiquierte Geldsystem ohne wirkliche Souveränität. Sowohl Geld, das man bei einer Bank hält, als auch Geld, das man bei einer Zentralbank hält, gehöre einem nicht wirklich. Man habe lediglich einen Herausgabeanspruch, der erfüllt oder nicht erfüllt werden könne.

Natürlich muss es nicht zu einem Worst Case kommen. Aber Sie sollten immer daran denken, dass die geschilderten Restriktionen nach der Einführung des digitalen Euros und der dann bald folgenden Abschaffung des Bargelds machbar sind. Und was machbar ist, wird im Fall der Fälle auch gemacht. Es wäre naiv, dies zu bezweifeln.

Auch die vielfach ins Feld geführten sogenannten Vorteile erweisen sich bei näherem Hinsehen als zwiespältig.

- *Eine digitale Zentralbank mache unabhängig von Banken.* Stimmt theoretisch, aber sie macht abhängig von einer monopolistischen (Zentral-)Bank (siehe oben).

- *Der digitale Euro schaffe absolute Transparenz, es gebe keine Steuerhinterziehung mehr und weniger Kriminalität.* Mit diesem Pseudoargument werden alle die Freiheit der Menschen einschränkenden staatlichen Maßnahmen gerechtfertigt. Die organisierte Kriminalität (vor allem die »zugewanderte« Kriminalität) wird immer Mittel und Wege finden, um ihre illegalen Machenschaften durchzusetzen. Transparenz führt nur dazu, dass unbescholtene Bürger, die für ihr Geld hart arbeiten müssen, gläsern werden und keinen Ausweg mehr haben, der staatlichen Abzocke legal zu entkommen.

- *Geldströme könnten kontrolliert werden.* Bestimmte Summen könnten also nur für gewisse Branchen ausgegeben werden, um diese zu fördern (zum Beispiel die »grüne Wirtschaft«). Was ist das anderes als digitale Planwirtschaft. Und diese Planwirtschaft ist schon in ihrer »analogen« Form rund um die Welt gescheitert – und sie wird auch digital scheitern.

- *Der digitale Euro verschaffe angeblich Bürgern ohne Zugang zu Kreditkarten den Zugang zu digitalen Zahlungsmitteln.* Auch dabei handelt es sich um ein Pseudoargument, denn in Deutschland hat jeder Anspruch auf ein Konto bei einem öffentlich-rechtlichen Geldinstitut, also bei einer Sparkasse. Und auf diesem Weg erhält er auch eine Karte, mit der er digital zahlen kann, wenn er es wünscht.

Nachwort

Keine Frage, die Einführung des digitalen Zentralbankgeldes steht auf der internationalen Agenda und wird gezielt vorangetrieben, selbst wenn – wie in diesem Buch erwähnt – in manchen Ländern der Widerstand sehr stark und die Akzeptanz des digital gewordenen Fiatgeldes gering ist. Noch halten die Verantwortlichen den Ball flach, und auch in der öffentlichen Diskussion spielt diese Art der Währungsreform keine große Rolle. In den Medien dominieren seit Jahren andere Themen: Corona, der Krieg in der Ukraine, die Inflation, Sorgen vor einer Energiekrise usw.

Doch das Thema CBDC verdient unsere Aufmerksamkeit, denn dabei handelt es sich eben nicht nur um eine weitere Kryptowährung wie Bitcoin & Co., sondern um die komplette Umstellung unseres Geldsystems und um ein ausgeklügeltes Kontrollinstrument. Längerfristig (und in diesem Zusammenhang sprechen wir von 5 bis 6 Jahren) wird das Bargeld verschwinden. Zuerst die großen Scheine (200 und 100 Euro), später dann die übrigen Banknoten.

Vielleicht wird man parallel zur Einführung des digitalen Euros wieder eine Pandemie ausrufen, um aufkommenden Widerstand zu brechen. Geldscheine, so die schon heute allenthalben zu hörende

Botschaft, seien eben unhygienisch, regelrechte Bakterienschleudern. Der digitale Euro hingegen sei geradezu aseptisch, schließlich kann man ihn nicht anfassen.

Was die Hygiene von Geldscheinen angeht, hat die schwedische Mikrobiologin Agnes Wold vom Sahlgrenska University Hospital (Göteburg) schon vor Jahren die Mär von den angeblich krankmachenden Geldscheinen widerlegt. Bakterien, so die Professorin, brauchten Luft und Nährstoffe, um mehr als ein paar Stunden zu überleben. Im Portemonnaie hätten sie also keine Chancen. Bei den auf den Geldscheinen festgestellten Bakterien handele es sich überwiegend um harmlose Hautbakterien.[519] Wer sich optimal schützen möchte, braucht keinen digitalen Euro, sondern einfach Seife und Wasser, um öfter mal die Hände zu waschen.

Wenn man also die CBDCs nicht stoppen kann, dann stellt sich die Frage, wie man vorsorgen sollte. Wie an anderer Stelle dieses Buches erwähnt, plädieren wir für Sachwerte, vor allem für Edelmetalle. Vielleicht war der Besitz von Edelmetallen nie so wichtig wie heute. Und deshalb möchten wir bei aller Ernsthaftigkeit des Themas dieses Buch doch mit einem Augenzwinkern und einer Zeile aus einem sehr bekannten deutschen Volkslied beenden: »Gold und Silber lieb' ich sehr, kann's auch gut gebrauchen.«

Quellenverzeichnis

Sämtliche Links in den Quellenangaben waren bei Redaktionsschluss online zugänglich. Möglicherweise haben Seitenbetreiber in der Zwischenzeit Links hinter einer Paywall versteckt. Dies liegt nicht im Verantwortungsbereich von Autoren und Verlag. Für Links, die nach der Veröffentlichung von den Seitenbetreibern gelöscht oder verändert wurden, übernehmen Autor und Verlag keine Verantwortung. Manche verlorenen Links können mithilfe der Wayback Machine im Internet Archive aufgefunden werden: *https://archive.org/web/*.

1 Goethe, Johann Wolfgang von: *Faust. Der Tragödie erster Teil.* Stuttgart 1986, S. 13.

2 Gekko, Gordon: »The Steroid Banking and the Ninja Generations«. *https://www.youtube.com/watch?v=1Q1HAKJ48Ck* (Stand 07.07.2023).

3 Ebd.

4 Ebd.

5 Gatzke, Marcus; Buchter, Heike; Schröder, Thorsten: »Lehman-Pleite. WTF ist damals eigentlich passiert?«. In: *zeit.de*, 27.04.2022, *https://www.zeit.de/wirtschaft/2018-09/lehman-finanzkrise-henry-paulson-usa* (Stand 07.07.2023).

6 Ebd.

7 Barrett, Stephanie: »Pleite der Silicon Valley Bank. Droht eine Finanzkrise 2.0?«. In: *zdf.de*, 13.03.2023, *https://www.zdf.de/nachrichten/wirtschaft/pleite-bank-silicon-valley-100.html* (Stand 09.07.2023).

8 *https://lomazoma.com/gier-und-habgier-im-silicon-valley-seien-schuld-sagt-trader/* (Stand 09.07.2023).

9 *https://www.atlanticcouncil.org/cbdctracker/* (Stand 07.07.2023).

10 »Aladdin – der Super-Algorithmus von BlackRock. In: *it-times.de*, *https://www.it-times.de/news/aladdin-der-super-algorithmus-von-blackrock-135395/* (Stand 07.09.2023).

11 Buchter, Heike: *BlackRock. Eine heimliche Weltmacht greift nach unserem Geld*. Frankfurt/New York 2015, S. 234.

12 Ebd., S. 314.

13 Argentarius: *Vom Gelde. Briefe eines Bankdirektors an seinen Sohn*. Rottenburg 2016, S. 35.

14 »Europäische Zentralbank: Was ist Geld?«. In: *ecb.europa.eu*, 24.11.2015, *https://www.ecb.europa.eu/ecb/educational/explainers/tell-me-more/html/what_is_money.de.html* (Stand 12.07.2023).

15 Ebd.

16 Ebd.

17 Hörmann, Prof. Dr. Franz: »Das heutige Finanzsystem ist ein Betrugssystem«. In: AUF1, 21.04.2022, *https://auf1.tv/systemfehler-geldsystem-auf1/franz-hoermann-das-heutige-finanzsystem-ist-ein-betrugssystem* (Stand 16.07.2023; ab Minute 7:41).

18 Argentarius: *Vom Gelde. Briefe eines Bankdirektors an seinen Sohn*. Rottenburg 2016, S. 37.

19 Ebd., S. 37.

20 Ebd., S. 37.

21 Ebd., S. 39.

22 Statistisches Bundesamt: »Verbraucherpreisindex und Inflationsrate«. In: *destatis.de*, 11.07.2023, *https://www.destatis.de/DE/Themen/Wirtschaft/Preise/Verbraucherpreisindex/_inhalt.html* (Stand 12.07.2023).

23 Argentarius: *Vom Gelde. Briefe eines Bankdirektors an seinen Sohn*. Rottenburg 2016, S. 39.

24 Europäische Zentralbank: »Was ist Geld?«. In: *ecb.europa.eu*, 24.11.2015, *https://www.ecb.europa.eu/ecb/educational/explainers/tell-me-more/html/what_is_money.de.html* (Stand 12.07.2023).

25 Argentarius: *Vom Gelde. Briefe eines Bankdirektors an seinen Sohn*. Rottenburg 2016, S. 39.

26 *https://www.youtube.com/watch?v=gyANVmHJB3c* (Stand 12.07.2023; ab Minute 32:40).

27 Mayer, Dr. Peter F.: »WEF: Digitales Geld soll Bürger vom Kauf ›unerwünschter‹ Artikel abhalten«. In: *tkp.at*, 08.07.2023, *https://tkp.at/2023/07/08/wef-digitales-geld-soll-buerger-vom-kauf-unerwuenschter-artikel-abhalten/* (Stand 12.07.2023).

28 *https://www.theepochtimes.com/digital-currencies-could-forbid-buying-ammo-wef-panelist-says-ben-jerrys-asked-to-live-up-to-claims_5384269.html?utm_source=prtnrhard&utm_campaign=vigilantf&src_src=prtnrhard&src_cmp=vigilantf* (Stand 12.07.2023; ab Minute 6:38).

29 Ebd., ab Minute 8:02.

30 Argentarius: *Vom Gelde. Briefe eines Bankdirektors an seinen Sohn*. Rottenburg 2016, S. 42.

31 Betti, Maria Sole: »Carta risparmio 2023, in arrivo 382 euro per la spesa delle famiglie più bisognose«. In: *repubblica.it*, 11.05.2023, *https://www.repubblica.it/economia/2023/05/11/news/carta_risparmio_spesa_2023-399334879/* (Stand 26.07.2023).

32 *https://www.fiscoetasse.com/domande-e-risposte/12397-carta-spesa-2023-cosa-si-puo-comprare-elenco-negozi-con-gli-sconti.html* (Stand 26.07.2023).

33 Ebd.

34 Argentarius: *Vom Gelde. Briefe eines Bankdirektors an seinen Sohn*. Rottenburg 2016, S. 46.

35 Ebd., S. 47 f.

36 Ebd., S. 48.

37 Ebd., S. 62.

38 Ebd., S. 48.

39 Ebd., S. 49.

40 Ebd., S. 52 f.
41 Ebd., S. 50.
42 Ebd., S. 54.
43 Ebd., S. 59.
44 Ebd., S. 59.
45 Ebd., S. 59.
46 Ebd., S. 60.
47 Ebd., S. 60.
48 Ebd., S. 61.
49 Ebd., S. 61.
50 Ebd., S. 62.
51 *https://e-hausaufgaben.de/Hausaufgaben/D11414-Faust-Was-ist-es-was-die-Welt-im-Innersten-zusammenhaelt-Eine-Interpretation.php* (Stand 11.07.2023).
52 Nickels, Lothar: »Die Macht der Banken«. In: *planet-wissen.de*, *https://www.planet-wissen.de/gesellschaft/wirtschaft/banken/pwiediemachtderbanken100.html* (Stand 15.07.2023).
53 Bundesamt für Verfassungsschutz: »Hawala-Finanzsystem«. *https://www.verfassungsschutz.de/SharedDocs/glosaareintraege/DE/H/hawala.html* (Stand 15.07.2023).
54 Argentarius: *Vom Gelde. Briefe eines Bankdirektors an seinen Sohn*. Rottenburg 2016, S. 37.
55 Körner, Martin; Bergie, Jean-François: »Wechselbrief«. In: *hls-dhs-dss.ch*, 08.05.2014, *https://hls-dhs-dss.ch/de/articles/026229/2014-05-08/#:~:text=Der%20Wechselbrief%20war%20ein%20Handelspapier,Orten%20ohne%20Transport%20von%20Bargeld* (Stand 15.07.2023).
56 Argentarius: *Vom Gelde. Briefe eines Bankdirektors an seinen Sohn*. Rottenburg 2016, S. 21.
57 *https://www.geld-welten.de/zitate/regiert-die-welt.html* (Stand 19.07.2023).

58 Graeber, David: *Schulden. Die ersten 5000 Jahre.* Stuttgart 2012, S. 47.

59 Argentarius: *Vom Gelde. Briefe eines Bankdirektors an seinen Sohn.* Rottenburg 2016, S. 74.

60 »Das Geldsystem verursacht ständig wachsende Verschuldung«. In: *monneta.org, https://monneta.org/verschuldung/* (Stand 20.07.2023).

61 Graeber, David: Schulden. *Die ersten 5000 Jahre.* Stuttgart 2012, S. 93.

62 Argentarius: *Vom Gelde. Briefe eines Bankdirektors an seinen Sohn.* Rottenburg 2016, S. 89.

63 Hörmann, Prof. Dr. Franz: »Das heutige Finanzsystem ist ein Betrugssystem«. In: AUF1, 21.04.2022, *https://auf1.tv/systemfehler-geldsystem-auf1/franz-hoermann-das-heutige-finanzsystem-ist-ein-betrugssystem* (Stand 16.07.2023; ab Minute 26:00).

64 Argentarius: *Vom Gelde. Briefe eines Bankdirektors an seinen Sohn.* Rottenburg 2016, S. 96.

65 Hörmann, Prof. Dr. Franz: »Das heutige Finanzsystem ist ein Betrugssystem«. In: AUF1, 21.04.2022, *https://auf1.tv/systemfehler-geldsystem-auf1/franz-hoermann-das-heutige-finanzsystem-ist-ein-betrugssystem* (Stand 16.07.2023; ab Minute 29:08).

66 »Goethe und das Geld«. In: *dw.com*, 01.09.2009, *https://www.dw.com/de/goethe-und-das-geld/a-4615227* (Stand 21.07.2023).

67 Goethe, Johann Wolfgang von: *Faust. Der Tragödie zweiter Teil.* Berlin/Weimar 1988, S. 222.

68 »Goethe und das Geld«. In: *dw.com*, 01.09.2009, *https://www.dw.com/de/goethe-und-das-geld/a-4615227* (Stand 21.07.2023).

69 Ebd.

70 Ebd.

71 Interview Bernie Ecclestone: »Geld ist die wahre Weltreligion«. In: *tagesspiegel.de*, 01.08.2009, *https://www.tagesspiegel.de/sport/*

bernie-ecclestone-geld-ist-die-wahre-weltreligion-1775674.html (Stand 21.07.2023).

72 Haller, Alain: »Die Geschichte des Bankwesens«. In: *finanzmarktwelt.de*, 24.09.2019, *https://finanzmarktwelt.de/geschichte-bankwesen-141869/* (Stand 20.07.2023).

73 *https://referenceworks.brillonline.com/entries/encyclopedia-of-early-modern-history-online/dynasty-COM_018496#COM-18498* (Stand 20.07.2023).

74 Gladel, Roswitha: »Gib mir die Kontrolle über das Geld einer Nation – Wissenswertes«. In: *helpster.de*, *https://www.helpster.de/gib-mir-die-kontrolle-ueber-das-geld-einer-nation-wissenswertes_204062* (Stand 21.07.2023).

75 Ebd.

76 Opitz, Manuel: »Die Medici – globale Investoren mit Killerinstinkt«. In: *welt.de*, 24.02.2013, *https://www.welt.de/geschichte/article113840581/Die-Medici-globale-Investoren-mit-Killerinstinkt.html* (Stand 20.07.2023).

77 Argentarius: *Vom Gelde. Briefe eines Bankdirektors an seinen Sohn*. Rottenburg 2016, S. 74.

78 »Was ist Geld?«. In: *monetative.de*, *https://monetative.de/was-ist-geld/* (Stand 21.07.2023).

79 Argentarius: *Vom Gelde. Briefe eines Bankdirektors an seinen Sohn*. Rottenburg 2016, S. 89.

80 Ebd., S. 93.

81 Hörmann, Prof. Dr. Franz: »Das heutige Finanzsystem ist ein Betrugssystem«. In: AUF1, 21.04.2022, *https://auf1.tv/systemfehler-geldsystem-auf1/franz-hoermann-das-heutige-finanzsystem-ist-ein-betrugssystem* (Stand 16.07.2023; ab Minute 47:35).

82 *https://www.bpb.de/kurz-knapp/lexika/lexikon-der-wirtschaft/20609/sichteinlagen/#:~:text=Sichteinlagen%20werden%20zur%20Abwicklung%20des,es%20Verbindlichkeiten%20gegen%C3%BCber%20den%20Kunden* (Stand 22.07.2023).

83 Hörmann, Prof. Dr. Franz: »Das heutige Finanzsystem ist ein Betrugssystem«. In: AUF1, 21.04.2022, *https://auf1.tv/systemfehler-geldsystem-auf1/franz-hoermann-das-heutige-finanzsystem-ist-ein-betrugssystem* (Stand 16.07.2023; ab Minute 48:12).

84 Ebd., ab Minute 50:19.

85 Leue, Vivien: »Wie unser Geld wirklich entsteht: Money from nothing«. In: *Hoerspielundfeature.de*, 08.09.2020, *https://www.hoerspielundfeature.de/wie-unser-geld-wirklich-entsteht-money-from-nothing-102.html* (Stand 03.09.2023).

86 Argentarius: *Vom Gelde. Briefe eines Bankdirektors an seinen Sohn*. Rottenburg 2016, S. 97.

87 *https://www.youtube.com/watch?v=Ha72KK5Kp5A* (Stand 27.07.2023; ab Minute 2:18).

88 »Mindestreserven«. In: *bundesbank.de*, *https://www.bundesbank.de/de/aufgaben/geldpolitik/mindestreserven/mindestreserven-602268#:~:text=Die%20EZB%20nutzt%20einen%20einheitlichen,1999%20ein%20Satz%20von%202%20%25* (Stand 27.07.2023).

89 *https://www.youtube.com/watch?v=Ha72KK5Kp5A* (Stand 27.07.2023; ab Minute 2:50).

90 *https://www.youtube.com/watch?v=Ha72KK5Kp5A* (Stand 26.07.2023; ab Minute 6:56).

91 Fourçans, André: *Die Welt der Wirtschaft*. Frankfurt/Main 2007, S. 47.

92 Ebd., S. 49.

93 Argentarius: *Vom Gelde. Briefe eines Bankdirektors an seinen Sohn*. Rottenburg 2016, S. 116.

94 Hannich, Günter: *Staatsbankrott. Wann kommt die nächste Währungsreform?* Rottenburg 2010, S. 14.

95 Argentarius: *Vom Gelde. Briefe eines Bankdirektors an seinen Sohn*. Rottenburg 2016, S. 116.

96 Ebd., S. 120.

97 Ekrutt, Joana: »Schock für Betroffene: Vier Prozent Zinsen auf Corona-Hilfen«. In: *abendblatt.de*, 29.10.2021, *https://www.abendblatt.de/hamburg/article233702001/corona-hilfe-hamburg-zinsen-schock-beratung.html* (Stand 24.07.2023).

98 Ebd.

99 Fourçans, André: *Die Welt der Wirtschaft.* Frankfurt/Main 2007, S. 51.

100 Ebd., S. 51.

101 *https://www.handelsblatt.com/finanzen/geldpolitik/inflation-aktuell-wie-hoch-ist-die-inflationsrate-in-deutschland-/26252124.html* (Stand 24.07.2023).

102 Hannich, Günter: *Staatsbankrott. Wann kommt die nächste Währungsreform?* Rottenburg 2010, S. 15.

103 Ebd., S. 125.

104 Ebd., S. 126.

105 Ebd., S. 130.

106 Ebd., S. 130.

107 Argentarius: *Vom Gelde. Briefe eines Bankdirektors an seinen Sohn.* Rottenburg 2016, S. 130.

108 Hammer, Andreas: »Wirtschaftswachstum senkt nicht die Arbeitslosigkeit«. 23.08.2021, *https://w9eg9znx6.homepage.t-online.de/hammer-eu/wordpress/?p=1659* (Stand 25.07.2023). Das Parteiprogramm »Ein guter Plan für Deutschland« wurde von den Seenotrettern gekapert und ist online nicht mehr verfügbar. Die Politdarsteller, die uns nun also zielsicher in die vierte industrielle Revolution führen wollen, sind noch nicht einmal in der Lage, ihre eigenen URLs zu schützen. (Quelle: Schulz, Sven Christian: »Webseite zum CDU-Wahlprogramm gekapert: Seenotretter tricksen Parteien aus«. In: *rnd.de*, 06.07.2021, *https://www.rnd.de/politik/cdu-wahlprogramm-ein-guter-plan-fuer-deutschland-seenotretter-tricksen-partei-aus-*

UMA7KBWP6NCKNAYMMPWJGWO2MI.html (Stand 25.07.2023).

109 Siegenthaler, Dr. Michael: »Die Arbeitslosigkeit sinkt ab einem BIP-Wachstum von 2 %«. In: *kof.ethz.ch*, *https://kof.ethz.ch/news-und-veranstaltungen/kof-bulletin/kof-bulletin/2018/05/die-arbeitslosigkeit-sinkt-ab-einem-bip-wachstum-von-2.html* (Stand 26.07.2023).

110 Ebd.

111 Hammer, Andreas: »Wirtschaftswachstum senkt nicht die Arbeitslosigkeit«. 23.08.2021, *https://w9eg9znx6.homepage.t-online.de/hammer-eu/wordpress/?p=1659* (Stand 25.07.2023).

112 Ebd.

113 Ebd.

114 Ebd.

115 Jilch, Niko: »Starten jetzt die Geld-Helikopter?«. In: *brutkasten.com*, *https://brutkasten.com/artikel/starten-jetzt-die-geld-helikopter* (Stand 26.07.2023).

116 *Duden Wirtschaft von A bis Z: Grundlagenwissen für Schule und Studium, Beruf und Alltag*. 6. Aufl. Mannheim: Bibliographisches Institut 2016. Lizenzausgabe Bonn: Bundeszentrale für politische Bildung 2016. Siehe auch: *https://www.bpb.de/kurz-knapp/lexika/lexikon-der-wirtschaft/21149/wirtschaft/* (Stand 27.07.2023).

117 Peichl, Andreas; Ungerer, Martin; Hauser, Richard et al.: »Mythos oder Realität: Werden die Armen immer ärmer und die Reichen immer reicher?«. In: *ifo.de*, 2017, *https://www.ifo.de/publikationen/2017/aufsatz-zeitschrift/mythos-oder-realitaet-werden-die-armen-immer-aermer-und-die#:~:text=Nach%20Ansicht%20von%20Andreas%20Peichl,die%20Reichen%20sehr%20wohl%20reicher.* (Stand 26.07.2023).

118 Hartz, Marlene: »Richard A. Werner: Warum niedrige Zinsen nicht für steigendes Wachstum sorgen«. In: *citywire.com*, 30.11.2017, *https://citywire.com/de/news/richard-a-werner-warum-niedrige-zinsen-nicht-fur-steigendes-wachstum-sorgen/a1073667* (Stand 26.07.2023).

119 Ebd.

120 Ebd.

121 *https://www.youtube.com/watch?v=g5jU-bQywgY* (ab Minute 1:11:50).

122 Hartz, Marlene: »Richard A. Werner: Warum niedrige Zinsen nicht für steigendes Wachstum sorgen«. In: *citywire.com*, 30.11.2017, *https://citywire.com/de/news/richard-a-werner-warum-niedrige-zinsen-nicht-fur-steigendes-wachstum-sorgen/a1073667* (Stand 26.07.2023).

123 Ebd.

124 *https://www.youtube.com/watch?v=g5jU-bQywgY* (Stand 28.07.2023).

125 Hörmann, Prof. Dr. Franz: »Das heutige Finanzsystem ist ein Betrugssystem«. In: AUF1, 21.04.2022, *https://auf1.tv/systemfehler-geldsystem-auf1/franz-hoermann-das-heutige-finanzsystem-ist-ein-betrugssystem* (Stand 16.07.2023; ab Minute 9:43).

126 Ebd., ab Minute 33:38.

127 Hartz, Marlene: »Richard A. Werner: Warum niedrige Zinsen nicht für steigendes Wachstum sorgen«. In: *citywire.com*, 30.11.2017, *https://citywire.com/de/news/richard-a-werner-warum-niedrige-zinsen-nicht-fur-steigendes-wachstum-sorgen/a1073667* (Stand 26.07.2023).

128 *https://www.bwl-lexikon.de/wiki/allokation/#:~:text=Unter%20dem%20Begriff%20Allokation%20wird,von%20Ressourcen%2D%20oder%20Faktorallokation%20gesprochen* (Stand 27.07.2023).

129 Fourçans, André: *Die Welt der Wirtschaft.* Frankfurt/Main 2007, S. 134 f.
130 Shaw, Jane S.: »Public-Choice-Theorie«. *https://www.econlib.org/library/Enc1/PublicChoiceTheory.html* (Stand 30.07.2023).
131 Fourçans, André: *Die Welt der Wirtschaft.* Frankfurt/Main 2007, S. 134.
132 Ebd., S. 135.
133 Argentarius: *Vom Gelde. Briefe eines Bankdirektors an seinen Sohn.* Rottenburg 2016, S. 96 f.
134 Ebd., S. 157.
135 Ebd., S. 158.
136 Ebd., S. 160.
137 *https://de.statista.com/statistik/daten/studie/248024/umfrage/inflationsrate-weltweit/* (Stand 31.07.2023).
138 Fourçans, André: *Die Welt der Wirtschaft.* Frankfurt/Main 2007, S. 139.
139 Hartz, Marlene: »Richard A. Werner: Warum niedrige Zinsen nicht für steigendes Wachstum sorgen«. In: *citywire.com*, 30.11.2017 *https://citywire.com/de/news/richard-a-werner-warum-niedrige-zinsen-nicht-fur-steigendes-wachstum-sorgen/a1073667* (Stand 26.07.2023).
140 Ebd.
141 Argentarius: *Vom Gelde. Briefe eines Bankdirektors an seinen Sohn.* Rottenburg 2016, S. 136.
142 *https://wirtschaftslexikon.gabler.de/definition/minsky-effekt-51732* (Stand 01.08.2023).
143 »Produktive Schulden sind gut! Was tun mit dem Berg an unproduktiven?«. In: *think-beyondtheobvious.com*, 01.02.2020, *https://think-beyondtheobvious.com/produktive-schulden-sind-gut-was-tun-mit-dem-berg-an-unproduktiven/* (Stand 01.08.2023).

144 »Goethe und das Geld«. In: *dw.com*, 01.09.2009, *https://www.dw.com/de/goethe-und-das-geld/a-4615227* (Stand 21.07.2023).
145 Ebd.
146 Ebd.
147 Argentarius: *Vom Gelde. Briefe eines Bankdirektors an seinen Sohn*. Rottenburg 2016, S. 157.
148 Flassbeck, Heiner; Spiecker, Friederike: »Der Staat als Schuldner – Quadratur des Bösen«. In: *wirtschaftsdienst.eu*, 2011, *https://www.wirtschaftsdienst.eu/inhalt/jahr/2011/heft/7/beitrag/der-staat-als-schuldner-quadratur-des-boesen.html#footnote-29023-2-backlink* (Stand 01.08.2023).
149 Ebd.
150 Ebd.
151 Buchter, Heike: *BlackRock. Eine heimliche Weltmacht greift nach unserem Geld*. Frankfurt/New York 2015, S. 69 f.
152 Ebd., S. 70 f.
153 Ebd., S. 70.
154 Ebd., S. 72.
155 Jordà, Òscar; Schularick, Moritz H. P.; Taylor, Alan M.: »Sovereigns versus Banks: Credit, Crisis, and Consequences«. In: *nber.org*, *https://www.nber.org/papers/w19506* (Stand 01.08.2023).
156 Hannich, Günter: *Staatsbankrott. Wann kommt die nächste Währungsreform?* Rottenburg 2010, S. 147.
157 »Produktive Schulden sind gut! Was tun mit dem Berg an unproduktiven?«. In: *think-beyondtheobvious.com*, 01.02.2020, *https://think-beyondtheobvious.com/produktive-schulden-sind-gut-was-tun-mit-dem-berg-an-unproduktiven/* (Stand 01.08.2023).
158 Obertreis, Rolf: »Finanzkrise: Jeder Privathaushalt hat 2008 im Schnitt 4000 Euro verloren«. In: *tagessspiegel.de*, 12.05.2009, *https://www.tagesspiegel.de/wirtschaft/jeder-privathaushalt-hat-*

2008-im-schnitt-4000-euro-verloren-6813670.html (Stand 02.08.2023).

159 Ebd.

160 Flassbeck, Heiner; Spiecker, Friederike: »Der Staat als Schuldner – Quadratur des Bösen«. In: *wirtschaftsdienst.eu*, 2011, *https://www.wirtschaftsdienst.eu/inhalt/jahr/2011/heft/7/beitrag/der-staat-als-schuldner-quadratur-des-boesen.html#footnote-29023-2-backlink* (Stand 01.08.2023).

161 Zeise, Simon: »Pleitewelle nimmt Fahrt auf: Trifft es jetzt den Immobilienmarkt?«. In: *berliner-zeitung.de*, 13.07.2023, *https://qoshe.com/berliner-zeitung/simon-zeise/pleitewelle-nimmt-fahrt-auf-trifft-es-jetzt-den-immobilienmarkt-/162858486* (Stand 02.08.2023).

162 Ebd.

163 Eßlinger, Laura: »Firmeninsolvenzen: Wo bleibt die große Pleitewelle?«. In: *stern.de*, 06.06.2023, *https://www.stern.de/wirtschaft/news/firmeninsolvenzen--wo-bleibt-die-grosse-pleitewelle--33533272.html* (Stand 02.08.2023).

164 Ebd.

165 Ebd.

166 Piper, Nikolaus: »Als Nixon das Währungssystem in die Luft sprengte«. In: *sueddeutsche.de*, 15.08.2021, *https://www.sueddeutsche.de/wirtschaft/nixon-schock-goldstandard-bretton-woods-1.5382041* (Stand 03.08.2023).

167 Ebd.

168 Ebd.

169 Ebd.

170 Ebd.

171 Eklkofer, Volker: »Rückblick auf eine folgenreiche Zeit«. In: *br.de*, 11.04.2014, *https://www.br.de/radio/bayern2/sendungen/radiowissen/soziale-politische-bildung/oelkrise-1970er-wirtschaft-fahrverbot-opec-100.html* (Stand 05.09.2023).

172 Ebd.
173 Wong, Andrea: »The Untold Story Behind Saudi Arabia's 41-Year U.S. Debt Secret«. In: *bloomberg.com*, 31.05.2016, *https://www.bloomberg.com/news/features/2016-05-30/the-untold-story-behind-saudi-arabia-s-41-year-u-s-debt-secret#xj4y7vzkg* (Stand 03.08.2023).
174 *https://www.youtube.com/watch?v=g5jU-bQywgY* (Stand 03.08.2023; ab Minute 29:03).
175 »Goethe und das Geld«. In: *dw.com*, 01.09.2009, *https://www.dw.com/de/goethe-und-das-geld/a-4615227* (Stand 21.07.2023).
176 »Öffentliche Schulden auf Höchststand«. In: *tagesschau.de*, 28.07.2022, *https://www.tagesschau.de/wirtschaft/konjunktur/oeffentliche-schulden-101.html* (Stand 03.08.2023).
177 Schubert, Gerald: »Das Missing Link zwischen der Sowjetunion und dem Putinismus«. In: *derstandard.at*, 24.02.2023, *https://www.derstandard.at/story/2000143845487/das-missing-link-zwischen-der-sowjetunion-und-dem-putinismus* (Stand 04.08.2023).
178 *https://www.cbr.ru/eng/about_br/history/* (Stand 05.08.2023).
179 *https://www.vep.ru/bbl/history/cbr18-1.html* (Stand 05.08.2023).
180 Ebd.
181 Ebd.
182 Ebd.
183 »Wittes Großprojekt: Die Einführung des russischen Goldrubels«. *https://www.muenzen-online.com/post/wittes-gro%C3%9Fprojekt-die-einf%C3%BChrung-des-russischen-goldrubels* (Stand 05.08.2023).
184 Witte, Sergei; Harcave, Sidney: *The Memoirs of Count Witte*. New York 1990, S. 249.
185 Troyat, Henri: *Nikolaus II. Der letzte Zar*. Frankfurt/Main 1992, S. 64 f.

186 »Wittes Großprojekt: Die Einführung des russischen Goldrubels«. *https://www.muenzen-online.com/post/wittes-gro%C3%9Fprojekt-die-einf%C3%BChrung-des-russischen-goldrubels* (Stand 05.08.2023).

187 *https://www.heritage-history.com/index.php?c=read&author=-allen&book=none&story=bankroll* (Stand 06.08.2023).

188 *https://www.youtube.com/watch?v=pd9B3cilgHY* (Stand 06.08.2023; ab Minute 2:39).

189 Ebd., ab Minute 2:51.

190 Marx, Karl; Engels, Friedrich: »Das kommunistische Manifest«. Varna 2022, S. 34.

191 Schubert, Gerald: »Das Missing Link zwischen der Sowjetunion und dem Putinismus«. In: *derstandard.at*, 24.02.2023, *https://www.derstandard.at/story/2000143845487/das-missing-link-zwischen-der-sowjetunion-und-dem-putinismus* (Stand 04.08.2023).

192 *https://www.youtube.com/watch?v=rC9l_4D-fPI* (Stand 07.08.2023; ab Minute 23:16).

193 Ebd., ab Minute 24:28.

194 Ebd., ab Minute 24:28.

195 Knopp, Guido; Brauburger, Stefan; Arens, Peter: *Die Deutschen. Vom Mittelalter bis zum 20. Jahrhundert*. München 2009, S. 137.

196 Schmidt, Patrik: »Die Macht der Albträume«. In: *welt.de*, 25.11.2016, *https://www.welt.de/print/die_welt/kultur/article159776059/Die-Macht-der-Albtraeume.html* (Stand 08.08.2023).

197 Ebd.

198 Snyder, Marie: »HyperNormalisation« In: *medium.com*, 22.11.2016, *https://medium.com/thrice-removed/hypernormalisation-242567ba451f* (Stand 08.08.2023).

199 *https://thepostmillennial.com/breaking-dianne-feinsteins-aides-instruct-her-to-just-say-aye-during-vote-on-senate-floor* (Stand 08.08.2023).

200 Griffin, G. Edward: *Die Kreatur von Jekyll Island. Die US-Notenbank Federal Reserve. Das schrecklichste Ungeheuer, das die internationale Hochfinanz je schuf.* Rottenburg 2006, S. 18.

201 *https://www.federalreservehistory.org/essays/jekyll-island-conference* (Stand 13.08.2023).

202 Ebd.

203 Laukötter, Teresa: »FundResearch-Extra: Wie die erste Zentralbank entstand«. In: *fundresearch.de*, 26.01.2017, *https://www.fundresearch.de/zentralbank/fundresearch-extra-wie-die-erste-zentralbank-entstand-21080.php* (Stand 13.08.2023).

204 Straumann, Tobias: »Das Fed – von Jekyll Island nach Washington«. In: *fuw.ch*, 16.12.2013, *https://www.fuw.ch/article/das-fed-von-jekyll-island-nach-washington* (Stand 13.08.2023).

205 *https://www.federalreservehistory.org/essays/jekyll-island-conference* (Stand 13.08.2023).

206 Kreimeier, Nils: »Wie das Börsenbeben 1907 zur Gründung der US-Zentralbank führte«. In: *capital.de*, 08.08.2021, *https://www.capital.de/wirtschaft-politik/das-boersenbeben-von-1907-und-die-gruendung-der-fed-48156* (Stand 13.08.2023).

207 Ebd.

208 Ebd.

209 Ebd.

210 Griffin, G. Edward: *Die Kreatur von Jekyll Island. Die US-Notenbank Federal Reserve. Das schrecklichste Ungeheuer, das die internationale Hochfinanz je schuf.* Rottenburg 2006, S. 489.

211 Ebd., S. 493.

212 Ebd., S. 501.

213 Ebd., S. 502.

214 Ebd., S. 513.

215 Ebd., S. 499.

216 Ebd., S. 513.

217 Ebd., S. 515.

218 Ebd., S. 515.
219 »Fed gehört den US-Banken – Die US-Notenbank ist nicht so unabhängig, wie viele Leute denken«. In: *finanzen100.de*, 28.06.2017, *https://www.finanzen100.de/finanznachrichten/wirtschaft/die-us-notenbank-ist-nicht-so-unabhaengig-wie-viele-leute-denken_H1508456761_434128/* (Stand 13.08.2023).
220 Diem Meier, Markus: »Das grosse Missverständnis ums Geld«. In: *blog.tagesanzeiger.ch*, 28.09.2015, *https://blog.tagesanzeiger.ch/nevermindthemarkets/index.php/37775/das-grosse-missverstaendnis-ums-geld/* (Stand 13.08.2023).
221 »Was ist Seignorage?«. 07.04.2017, *https://www.ecb.europa.eu/ecb/educational/explainers/tell-me/html/seigniorage.de.html* (Stand 13.08.2023).
222 Hörmann, Prof. Dr. Franz: »Das heutige Finanzsystem ist ein Betrugssystem«. In: AUF1, 21.04.2022, *https://auf1.tv/systemfehler-geldsystem-auf1/franz-hoermann-das-heutige-finanzsystem-ist-ein-betrugssystem* (Stand 16.07.2023; ab Minute 18:28).
223 Lewerenz, Timm: »Friedrich Nietzsche und die Geschichte«. In: *philomag.de*, 22.09.2021, *https://www.philomag.de/artikel/friedrich-nietzsche-und-die-geschichte* (Stand 17.08.2023).
224 Ebd.
225 Polleit, Thorsten: »Hayek und die Privatisierung des Geldes«. In: *schweizermonat.ch*, 26.01.2010, *https://schweizermonat.ch/hayek-und-die-privatisierung-des-geldes/* (Stand 17.08.2023).
226 Ebd.
227 Ebd.
228 Ebd.
229 Ebd.
230 Ebd.
231 Buchter, Heike: *BlackRock. Eine heimliche Weltmacht greift nach unserem Geld*. Frankfurt/New York 2015, S. 109.
232 Ebd., S. 110.

233 Ebd., S. 110.
234 Ebd., S. 110 f.
235 Ebd., S. 111.
236 Ebd., S. 111.
237 Ebd., S. 111.
238 Ebd., S. 114.
239 Ebd., S. 114.
240 Ebd., S. 114.
241 Ebd., S. 114.
242 Ebd., S. 115.
243 Ebd., S. 115.
244 *https://www.youtube.com/watch?v=kWsUqFgWxp8* (Stand 31.08.2023; ab Minute 1:06:58).
245 *https://www.philoclopedia.de/sonstiges/geldsystemalternativen/freies-marktgeld/* (Stand 17.08.2023).
246 *https://www.youtube.com/watch?v=-cCs9Kh2Q08&t=4s* (Stand 18.08.2023; ab Minute 13:01).
247 *https://de.statista.com/statistik/daten/studie/518085/umfrage/groesste-blackrock-beteiligungen-am-aktienkapital-von-dax-unternehmen/* (Stand 18.08.2023).
248 Ebd.
249 *https://www.youtube.com/watch?v=-cCs9Kh2Q08&t=4s* (Stand 18.08.2023; ab Minute 27:52).
250 *https://www.youtube.com/watch?v=EYGgYz8LK14* (Stand 19.08.2023; ab Minute 1:41).
251 »Digitales Gefängnis. China als Versuchslabor für den Westen«. Teil 1/2. *ExpressZeitung* Ausgabe 51, Dezember 2022, S. 29.
252 *https://www.roefix.it/de/nachhaltigkeit/grundlagen-esg-kriterien#:~:text=Die%20ESG%20Kriterien&text=Auf%20Initiative%20der%20Vereinten%20Nationen,f%C3%BCr%20die%20Anlagepraxis%20sichergestellt%20werden* (Stand 19.08.2023).

253 »Digitales Gefängnis. China als Versuchslabor für den Westen«, Teil 1/2. *ExpressZeitung*, Ausgabe 51, Dezember 2022, S. 29.

254 Ebd., S. 30.

255 Ebd., S. 30.

256 Werner, Reinhard: »BlackRock: Larry Fink vor Ablöse – ESG-Debatte belastet seine Bilanz«. In: *epochtime.de*, 29.07.2023, *https://www.epochtimes.de/wirtschaft/unternehmen/blackrock-larry-fink-vor-abloese-esg-debatte-belastet-seine-bilanz-a4355944.html?welcomeuser=1* (Stand 19.08.2023).

257 Schwab, Klaus: »Der Stakeholder-Kapitalismus setzt sich immer mehr durch – gut so«. In: *Handelsblatt*, 01.12.2019, *https://www.handelsblatt.com/meinung/gastbeitraege/gastkommentar-der-stakeholder-kapitalismus-setzt-sich-immer-mehr-durch-gut-so/25283416.html* (Stand 20.08.2023).

258 »Great Reset. Schöne neue Weltordnung«. *ExpressZeitung*, Ausgabe 40, Juni 2021, S. 68.

259 *https://study.com/learn/lesson/cloward-piven-strategy-steps-theory.html* (Stand 20.08.2023).

260 »BlackRock Investment Institute: Dealing with the next downturn: From unconventional monetary policy to unprecedented policy coordination«. August 2019, S. 2, *https://www.blackrock.com/corporate/literature/whitepaper/bii-macro-perspectives-august-2019.pdf.*

261 Ebd., S. 2.

262 Goldstein, Matthew: »The Fed Asks for BlackRock's Help in an Echo of 2008«. In: *The New York Times*, 25.03.2020, *https://www.nytimes.com/2020/03/25/business/blackrock-federal-reserve.html#:~:text=BlackRock%20will%20advise%20the%20Federal,the%20agreement%20were%20not%20disclosed.&text=The%20Federal%20Reserve%20has%20turned%20again%20to%20BlackRock* (Stand. 20.08.2023).

263 Brown, Ellen: »Meet BlackRock, the New Great Vampire Squid«. In: *commondreams.org*, 22.06.2020, *https://www.commondreams.org/views/2020/06/22/meet-blackrock-new-great-vampire-squid* (Stand 20.08.2023).

264 »BlackRock Investment Institute: Dealing with the next downturn: From unconventional monetary policy to unprecedented policy coordination«. August 2019, S. 2, *https://www.blackrock.com/corporate/literature/whitepaper/bii-macro-perspectives-august-2019.pdf.*

265 Buchter, Heike: *BlackRock. Eine heimliche Weltmacht greift nach unserem Geld*. Frankfurt/New York 2015, S. 235.

266 *https://odysee.com/@OVALmediaEN:0/cathrin_austin_fitts:a* (Stand 20.08.2023; ab Minute 48:42).

267 Ebd., ab Minute 49:01.

268 Gara, Antoine: »BlackRock's Edge: Why Technology Is Creating The Amazon of Wall Street«. In: *forbes.com*, 19.12.2017, *https://www.forbes.com/sites/antoinegara/2017/12/19/blackrocks-edge-why-technology-is-creating-a-6-trillion-amazon-of-wall-street/?sh=71337c1d561b* (Stand 20.08.2023).

269 *https://odysee.com/@OVALmediaEN:0/cathrin_austin_fitts:a* (Stand 20.08.2023; ab Minute 50:17).

270 »Corona-Pandemie und Ungleichheit: 10 reichste Männer verdoppeln ihr Vermögen – über 160 Millionen Menschen zusätzlich in Armut«. 17.01.2022, *https://www.oxfam.de/ueber-uns/aktuelles/corona-pandemie-ungleichheit-10-reichste-maenner-verdoppeln-vermoegen#:~:text=W%C3%A4hrend%20der%20Pandemie%20konnten%20die,keine%20ad%C3%A4quate%20medizinische%20Versorgung%20bekommen* (Stand 21.08.2023).

271 Ebd.

272 Shaw, William; Farchy, Jack: »Wall Street's Commodity Traders on Track to Break Profit Records«. In: *bloomberg.com*,

09.09.2022, *https://www.bloomberg.com/news/articles/2022-09-09/wall-street-s-commodity-traders-on-track-to-break-profit-records?leadSource=uverify%20wall* (Stand 21.08.2023).

273 *https://de.wiktionary.org/wiki/Macht* (Stand 21.08.2023).

274 *https://de.wiktionary.org/wiki/Kontrolle* (Stand 21.08.2023).

275 Ebd.

276 *https://de.wiktionary.org/wiki/Herrschaft#:~:text=H%C3%B6rbeispiele%3A-,Herrschaft,Regierungsdauer%20eines%20K%C3%B6nigs%20oder%20Regimes* (Stand 21.08.2023).

277 *https://www.youtube.com/watch?v=t9848arpRM8* (Stand 21.08.2023; ab Minute 21:16).

278 »Zinserhöhung erwartet – Bankenchefin warnt nach EZB-Entscheidung: ›Viele könnten ihr Haus verlieren‹«. In: *focus.de*, 15.06.2022, *https://www.focus.de/finanzen/erwartete-zinserhoehung-*bankenchefin-aeussert-sich-besorgt-nach-ezb-entscheidung-viele-koennten-ihr-haus-verlieren_id_107958167.html (Stand 22.08.2023).

279 »EY-Prognose für 2023 – Mehr Kreditausfälle, weniger Immobilienkredite«. In: *tagesschau.de*, 05.12.2022, *https://www.tagesschau.de/wirtschaft/finanzen/kreditausfaelle-immobilienkredite-nachfrage-ey-101.html* (Stand 22.08.2023).

280 Tichy, Roland: »Die Umwandlung des Bürgers zum Almosenempfänger«. In: *tichyseinblick.de*, 05.09.2022, *https://www.tichyseinblick.de/tichys-einblick/entlastungspaket/* (Stand 22.08.2023).

281 Whittell, Giles: »Rebuilding Ukraine«. In: *tortoisemedia.com*, 19.06.2023, *https://www.tortoisemedia.com/2023/06/19/capital-rebuilding-ukraine/* (Stand 21.08.2023).

282 Ebd.

283 Poggi, Fabrizio: »BlackRock e la svendita dell'Ucraina al capitale transnazionale«. In: *lantidiplomatico.it*, 07.07.2023 *https://www.lantidiplomatico.it/dettnews-blackrock_e_la_svendita_dellucraina_al_capitale_transnazionale/45289_50332/* (Stand 25.08.2023).

284 Ebd.

285 Ebd.

286 Wan, Samuel: »The BIS Wants ›Absolute Control« Of Your Money Via Central Bank Digital Currencies. In: *bitcoinist.com*, *https://bitcoinist.com/the-bis-wants-absolute-control-of-your-money-via-central-bank-digital-currencies/* (Stand 22.08.2023).

287 Ebd.

288 Kosse, Annake; Mattei, Ilaria: »BIS Papers No 136. Making headway – Results of the 2022BIS survey on central bank digital currencies and crypto«. Juli 2023, S. 19, *https://www.bis.org/publ/bppdf/bispap136.pdf* (Stand 22.08.2023).

289 *https://www.theaustralian.com.au/news/australia-slowly-shifts-towards-becoming-cashfree/video/5192216805be745cc5d5fea fa89a862e* (Stand 22.08.2023).

290 »Doug Casey über den Tod der Privatsphäre … und was als Nächstes kommt«. In: *Telegraph*, 30.05.2023, *https://telegra.ph/Doug-Casey-%C3%BCber-den-Tod-der-Privatsph%C3%A4re-und-was-als-n%C3%A4chstes-kommt-05-30* (Stand 22.08.2023).

291 Institut Deutsch-Schweizer Finanzdienstleistungen: »SAG: Die legale Enteignung per Gesetz«. In: *isf-institut.de*, *https://www.isf-institut.de/sag-die-legale-enteignung-per-gesetz/#:~:text=Eines%20der%20wichtigsten%20Gesetze%20der,Banken%20mittels%20Einsatz%20von%20Kundengeldern* (Stand 22.08.2023).

292 *https://www.bundesbank.de/de/aufgaben/geldpolitik/mindestreserven/mindestreserven-602268* (Stand 22.08.2023).

293 Wan, Samuel: »The BIS Wants ›Absolute Control‹ Of Your Money Via Central Bank Digital Currencies. In: *bitcoinist.com*, *https://bitcoinist.com/the-bis-wants-absolute-control-of-your-money-via-central-bank-digital-currencies/* (Stand 22.08.2023).

294 Wallace, Tim: »Bank of England tells ministers to intervene on digital currency ›programming‹«. In: *telegraph.co.uk*, 21.06.2021, *https://www.telegraph.co.uk/business/2021/06/21/bank-england-tells-ministers-intervene-digital-currency-programming/* (Stand 22.08.2023).

295 Ebd.

296 *https://vimeo.com/322461133* (Stand 22.08.2023; ab Minute 6:01).

297 Ebd., ab Minute 6:26.

298 *https://www.channelnewsasia.com/commentary/sweden-ditch-cash-digital-currency-cashless-payments-fallout-vulnerable-3321536* (Stand 05.09.2023).

299 *https://www.merkur.de/wirtschaft/schweden-aufruf-bargeld-boykott-durch-abba-star-bjoern-ulvaeus-zr-3296537.html* (Stand 05.09.2023).

300 *https://www.swish.nu/* (Stand 05.09.2023).

301 *https://www.forbes.com/real-time-billionaires/#5b34e4dd3d78* (Stand 05.09.2023).

302 *https://www.forbes.com/profile/bill-gates/?sh=3a7bbf3e689f* (Stand 05.09.2023).

303 »Gates Foundation Leads With Digital Payments In Financial Inclusion Initiative«. In: PYMNTS, 22.04.2021, *https://www.pymnts.com/financial-inclusion-3/2021/gates-foundation-leads-with-digital-payments-in-financial-inclusion-initiative/* (Stand 15.06.2023).

304 Gates, Bill: »Digital tech is turning the unbanked into the banked«. In: *GatesNotes*, 29.06.2022, *https://www.gatesnotes.com/Global-Findex-2022* (Stand 15.06.2023).

305 Press Release: »Federal Reserve announces July launch for the FedNow Service. In: *federalreserve.gov*, 15.03.2023,

https://www.federalreserve.gov/newsevents/pressreleases/other20230315a.htm (Stand 15.06.2023).
306 Ebd.
307 Ledbetter, Vincent: »The US government just teased its instant payment system for 2023. In: *crast.net*, 31.08.2022, *https://crast.net/148696/the-us-government-just-teased-its-instant-payment-system-for-2023/* (Stand 16.06.2023).
308 Press Release: »Federal Reserve announces July launch for the FedNow Service«. In: *federalreserve.gov*, 15.03.2023, *https://www.federalreserve.gov/newsevents/pressreleases/other20230315a.htm* (Stand 15.06.2023).
309 »Digitales Gefängnis. China als Versuchslabor für den Westen«. Teil 1/2. *ExpressZeitung*, Ausgabe 51, Januar 2023, S. 39.
310 Press Release: »Federal Reserve announces July launch for the FedNow Service«. In: *federalreserve.gov*, 15.03.2023, *https://www.federalreserve.gov/newsevents/pressreleases/other20230315a.htm* (Stand 15.06.2023).
311 Press Release: »Federal reserve announces that its new system for instant payments, the FedNow®Service, is now live«. In: *federalreserve.gov*, 20.07.2023, *https://www.federalreserve.gov/newsevents/pressreleases/other20230720a.htm* (Stand 23.08.2023).
312 »The Federal Reserve Announces Its First Big Step Towards a Digital Dollar«. In: *beckernews.com*, 16.03.2023, *https://beckernews.com/the-federal-reserve-announces-its-first-big-step-towards-a-digital-dollar-49617/* (Stand 19.06.2023).
313 *https://www.whitehouse.gov/briefing-room/statements-releases/2022/03/09/fact-sheet-president-biden-to-sign-executive-order-on-ensuring-responsible-innovation-in-digital-assets/* (Stand 19.06.2023).
314 »Digitales Gefängnis. China als Versuchslabor für den Westen«. Teil 2/2. *ExpressZeitung*, Ausgabe 52, Januar 2023, S. 50.

315 Thomas Reuters Foundation: »FEATURE-Indian children without Aadhaar digital ID shut out of school«. In: *reuters.com*, 29.07.2022, *https://www.reuters.com/article/india-tech-lawmaking/feature-indian-children-without-aadhaar-digital-id-shut-out-of-school-idUKL8N2YZ05O* (Stand 16.06.2023).

316 Ebd.

317 »Digitales Gefängnis. China als Versuchslabor für den Westen«. Teil 2/2. *ExpressZeitung*, Ausgabe 52, Januar 2023, S. 51.

318 Ebd.

319 *https://www.forbes.com/profile/nr-narayana-murthy/?sh=3f4835cb3e05* (Stand 16.06.2023).

320 Mahajan, Neelima: »How Nandan Nilekani rolled out the authentication process that gave India its first standardized ID card«. In: *rolandberger.com*, 09.08.2018, *https://www.rolandberger.com/en/Insights/Publications/The-making-of-India%E2%80%99s-biometric-Aadhaar-ID-program.html* (Stand 16.06.2023).

321 Ebd.

322 *https://twitter.com/bankofcanada/status/1655603693264203777* (Stand 09.07.2023).

323 *https://www.bankofcanada.ca/2023/05/bank-canada-launches-public-consultations-digital-dollar/* (Stand 09.07.2023).

324 Ebd.

325 Hall, Ian: »Bank of Canada kicks off public consultation on CBDC«. In: *globalgovernmentfintech.com*, 09.05.2023, *https://www.globalgovernmentfintech.com/bank-of-canada-kicks-off-public-consultation-on-cbdc/* (Stand 09.07.2023).

326 *https://www.bankofcanada.ca/2023/05/bank-canada-launches-public-consultations-digital-dollar/* (Stand 09.07.2023).

327 Engert, Walter; Huynh, Kim P.: »Cash, COVID-19 and the Prospects for a Canadian Digital Dollar«. In: Staff Discussion

Paper/Document d'analyse du personnel – 2022-17; Letztes Update: 25. August 2022, S. 9. *https://www.bankofcanada.ca/wp-content/uploads/2022/08/sdp2022-17.pdf* (Stand 09.07.2023).

328 Müller, Matthias: »Barzahlen gilt in China als harte Strafe«. In: *nzz.ch*, 15.11.2020, *https://www.nzz.ch/wirtschaft/barzahlen-gilt-in-china-als-harte-strafe-ld.1586836?reduced=true* (Stand 09.07.2023).

329 *https://twitter.com/AnastasiaLust/status/1656022386687320072* (Stand 09.07.2023).

330 *https://twitter.com/cyber_grinder/status/1655735224989368320* (Stand 09.07.2023).

331 *https://twitter.com/bankofcanada/status/1671911015615692801* (Stand 09.07.2023).

332 *https://twitter.com/dancrosbyceo/status/1671933625686802443* (Stand 09.07.2023).

333 *https://twitter.com/housing_reform/status/1668990650304348166* (Stand 09.07.2023).

334 Henry, Christopher; Engert, Walter; Sutton-Lalani, Alexandra et al.: »Unment Payment Needs and a Central Bank Digital Currency«. In: *bankofcanada.ca*, August 2023, *https://www.bankofcanada.ca/2023/08/staff-discussion-paper-2023-15/* (Stand 23.08.2023).

335 Ebd.

336 Henry, Christopher; Engert, Walter; Sutton-Lalani, Alexandra et al: »Unment Payment Needs and a Central Bank Digital Currency«. Staff-discussion-paper-2023, 10. August 2023, S. 5, *https://www.bankofcanada.ca/wp-content/uploads/2023/08/sdp2023-15.pdf* (Stand 23.08.2023).

337 Ebd., S. 9.

338 Ebd., S. 14.

339 *https://twitter.com/ConnorKeh/status/1661497798200643584* (Stand 09.07.2023).

340 Henry, Christopher; Engert, Walter; Sutton-Lalani, Alexandra et al.: »Unment Payment Needs and a Central Bank Digital Currency«. Staff-discussion-paper-2023, 10. August 2023, S. 11, *https://www.bankofcanada.ca/wp-content/uploads/2023/08/sdp2023-15.pdf* (Stand 23.08.2023).

341 *https://www.colindeacon.ca/projects/digital-government* (Stand 09.07.2023).

342 *https://www.youtube.com/watch?v=db1jQoNAcv8* (Stand 09.07.2023).

343 Chernyshova, Evgenia: »Die Staatsduma hat ein Gesetz zur Einführung des digitalen Rubels verabschiedet. Wie die Zentralbank eine neue Geldform testen will«. In: *rbc.ru*, 11.07.2023, *https://www.rbc.ru/finances/11/07/2023/6454f4639a794736320c9bdd* (Stand 30.07.2023).

344 Ebd.

345 *https://www.interfax.ru/russia/911132* (Stand 30.07.2023).

346 Chernyshova, Evgenia: »Die Staatsduma hat ein Gesetz zur Einführung des digitalen Rubels verabschiedet. Wie die Zentralbank eine neue Geldform testen will«. In: *rbc.ru*, 11.07.2023, *https://www.rbc.ru/finances/11/07/2023/6454f4639a794736320c9bdd* (Stand 30.07.2023).

347 Slavsquat, Edward: »The digital ruble: It's finally here. The Bank of Russia's CBDC is officially Russia's third form of currency«. In: *edwardslavsquat.substack.com*, 12.07.2023, *https://edwardslavsquat.substack.com/p/the-digital-ruble-its-finally-here* (Stand 30.07.2023).

348 Ebd.

349 Chernyshova, Evgenia: »Die Staatsduma hat ein Gesetz zur Einführung des digitalen Rubels verabschiedet. Wie die Zentralbank eine neue Geldform testen will«. In: *rbc.ru*, 11.07.2023, *https://www.rbc.ru/finances/11/07/2023/6454f4639a794736320c9bdd* (Stand 30.07.2023).

350 *https://www.interfax.ru/russia/911132* (Stand 30.07.2023).

351 Nordenbrock, Kay: »Digitaler Rubel: Putin unterzeichnet Gesetz für CBDC aus Russland«. In: *t3n.de*, 25.07.2023, *https://t3n.de/news/digitaler-rubel-putin-gesetz-cbdc-russland-1566385/#:~:text=Russlands%20Pr%C3%A4sident%20Wladimir%20Putin%20hat,ihre%20Einf%C3%BChrung%20jetzt%20offiziell%20besiegelt* (Stand 30.07.2023).

352 Hoppmann, Daniel: »Russland will eigene CBDC bis 2024 flächendeckend einführen«. In: *btc-echo.de*, 15.08.2022, *https://www.btc-echo.de/schlagzeilen/russland-will-eigene-cbdc-bis-2024-flaechendeckend-einfuehren-148714/* (Stand 30.07.2023).

353 Nordenbrock, Kay: »Digitaler Rubel: Putin unterzeichnet Gesetz für CBDC aus Russland«. In: *t3n.de*, 25.07.2023, *https://t3n.de/news/digitaler-rubel-putin-gesetz-cbdc-russland-1566385/#:~:text=Russlands%20Pr%C3%A4sident%20Wladimir%*20Putin%20hat,ihre%20Einf%C3%BChrung%20jetzt%20offiziell%20besiegelt (Stand 30.07.2023).

354 Waggaman, Riley: »Russia fast-tracks CBDC: Digital ruble to be used in ›real operations‹ in 2023«. In: *off-guardian.org*, 27.05.2022, *https://off-guardian.org/2022/05/27/russia-fast-tracks-cbdc-digital-ruble-to-be-used-in-real-operations-in-2023/* (Stand 30.07.2023).

355 Reiche, Matthias: »Pläne der EU. Gesetzentwurf zum digitalen Euro vorgestellt«. In: *tagesschau.de*, 28.06.2023, *https://www.tagesschau.de/wirtschaft/finanzen/digitaler-euro-100.html* (Stand 11.07.2023).

356 Ebd.

357 Ebd.

358 *https://www.lvh.it/ueber-uns/gruppen-im-lvh/althandwerker/computernutzung-leicht-gemacht/die-digitale-identitaet* (Stand 11.07.2023).

359 Reiche, Matthias: »Pläne der EU. Gesetzentwurf zum digitalen Euro vorgestellt«. In: *tagesschau.de*, 28.06.2023, *https://www.tagesschau.de/wirtschaft/finanzen/digitaler-euro-100.html* (Stand 11.07.2023).

360 *https://www.agenzianova.com/de/news/la-commissione-presenta-leuro-digitale-ma-gentiloni-rassicura-il-contante-e-qui-per-restare/* (Stand 11.07.2023).

361 Ebd.

362 Reiche, Matthias: »Pläne der EU. Gesetzentwurf zum digitalen Euro vorgestellt«. In: *tagesschau.de*, 28.06.2023, *https://www.tagesschau.de/wirtschaft/finanzen/digitaler-euro-100.html* (Stand 11.07.2023).

363 *https://auf1.tv/wirtschaft-auf1/entdollarisierung-endet-die-wirtschaftliche-vorherrschaft-der-usa/* (Stand 11.07.2023; ab Minute 20:13).

364 Kummerfeld, Claudio: »Digitales Pfund: Alter für Alkohol und Staatsbürgerschaft verifizieren«. In: *finanzmarktwelt.de*, 07.07.2023, *https://finanzmarktwelt.de/digitales-pfund-britcoin-276305/* (Stand 11.07.2023).

365 Rees, Tom: »Digital Pound May Verify Age for Alcohol and UK Citizenship«. In: *bloomberg.com*, 07.07.2023, *https://www.bloomberg.com/news/articles/2023-07-07/digital-pound-could-verify-age-for-alcohol-and-citizenship-in-uk#xj4y7vzkg* (Stand 11.07.2023).

366 *https://www.agenzianova.com/de/news/la-commissione-presenta-leuro-digitale-ma-gentiloni-rassicura-il-contante-e-qui-per-restare/* (Stand 11.07.2023).

367 Ebd.

368 Baron, Oliver: »Wem gehören die Notenbanken wirklich?«. In: *stock3.com*, 25.11.2020, *https://stock3.com/news/wem-gehoeren-die-notenbanken-wirklich-4843326* (Stand 11.07.2023).

369 *https://auf1.tv/wirtschaft-auf1/entdollarisierung-endet-die-wirtschaftliche-vorherrschaft-der-usa/* (Stand 11.07.2023; ab Minute 20:13).

370 Schritt, Sigi: »Soll die EU digitalen Euro einführen? Das sagen Bürger dazu«. In: *kreiszeitung.de*, 24.08.2023, *https://www.kreiszeitung.de/lokales/diepholz/weyhe-ort54198/euro-einfuehren-das-sagen-die-buerger-in-deutschland-zum-virtuellen-geld-eu-will-digitalen-92425275.html* (Stand 24.08.2023).

371 »Karte statt Bargeld für Asylbewerber«. In: *ndr.de*, 13.08.2023, *https://www.ndr.de/nachrichten/hamburg/Karte-statt-Bargeld-fuer-Asylbewerber,kurzehh4956.html#:~:text=Bei%20den%20Finanzhilfen%20f%C3%BCr%20Asylbewerber,Testphase%20Kredit%2D%20und%20Bezahlkarten%20bekommen* (Stand 24.08.2023).

372 Häring, Norbert: »Australiens digitale Sozialhilfe zeigt: Bargeldabschaffung hilft nicht gegen Alkoholismus, Spielsucht und Verbrechen«. In: *norberthaering.de*, 31.12.2020, *https://norberthaering.de/macht-kontrolle/australien-sozialhilfe-kriminalitaet/* (Stand 24.08.2023).

373 *https://www.ecb.europa.eu/paym/digital_euro/faqs/html/ecb.faq_digital_euro.de.html* (Stand 21.09.2023).

374 *https://www.younggloballeaders.org/vision-and-mission* (Stand 21.09.2023).

375 *https://jungefreiheit.de/debatte/kommentar/2020/great-reset-keine-utopie/* (Stand 21.09.2023).

376 *https://frankundfrei.online/the-great-reset-was-wirklich-drinsteht/* (Stand 21.09.2023).

377 Ebd.

378 *https://www.tichyseinblick.de/kolumnen/knauss-kontert/karl-lauterbach-ausnahmezustand-wird-normalitaet-sein/* (Stand 21.09.2023).

379 *https://praxistipps.focus.de/bill-gates-und-die-who-wer-die-weltgesundheitsorganisation-alles-finanziert_121242* (Stand 21.09.2023).

380 Wagenknecht, Sven: *Geld – Die nächsten 10 Jahre*. Kapitel »Anonymität Ade: Die Kopplung von Geld und Identität«. E-Book, BTC-ECHO, 2022.

381 *https://www.bundestag.de/webarchiv/presse/hib/2019_05/644838-644838* (Stand 21.09.2023).

382 Wagenknecht, Sven: *Geld – Die nächsten 10 Jahre*. Kapitel 3. E-Book, BTC-ECHO, 2022. Kapitel 3.

383 *https://www.un.org/techenvoy/global-digital-compact* (Stand 21.09.2023).

384 *https://frankundfrei.online/global-digital-compact-die-globalen-ueberwachungsplaene-der-uno/* (Stand 21.09.2023).

385 *https://t3n.de/news/project-icebreaker-israel-norwegen-schweden-internationale-zahlungen-kryptowaehrungen-1502605/* (Stand 21.09.2023).

386 *https://www.tagesspiegel.de/internationales/zweiter-tag-des-brics-gipfel-ramaphose-fordert-grundlegende-reform-der-weltordnungspolitik-10353637.html* (Stand 21.09.2023).

387 *https://www.bcb.gov.br/en/pressdetail/2488/nota* (Stand 15.09.2023).

388 *https://www.weforum.org/people/luiz-inacio-lula-da-silva* (Stand 15.09.2023).

389 »World Economic Forum Honors Lula«. In: *americasquarterly.org*, 29.01.2010, *https://www.americasquarterly.org/blog/world-economic-forum-honors-lula/* (Stand 15.09.2023).

390 Tan, Huileng: »Drei Gründe, weshalb sich Länder auf der ganzen Welt vom US-Dollar trennen wollen«. In: *businessinsider.de*, 26.07.2023, *https://www.businessinsider.de/wirtschaft/international-business/3-gruende-warum-sich-immer-*

mehr-laender-vom-us-dollar-abwenden-wollen/ (Stand 15.09.2023).

391 »Globale Strukturen spiegeln die Welt von gestern wider«. In: *tagesschau.de*, 24.08.2023, *https://www.tagesschau.de/ausland/afrika/guterres-brics-gipfel-100.html* (Stand 28.08.2023).

392 »Russia Joins Centre for the Fourth Industrial Revolution Network«. In: *weforum.org*, 13.10.2021, *https://www.weforum.org/press/2021/10/russia-joins-centre-for-the-fourth-industrial-revolution-network/* (Stand 15.09.2023).

393 »Indien startet Digitalwährung E-Rupie«. In: *deutschlandfunknova.de*, 03.11.2022, *https://www.deutschlandfunknova.de/beitrag/indische-zentralbank-pilotprojekt-fuer-e-rupie-beginnt* (Stand 15.09.2023).

394 *https://www.weforum.org/people/narendra-modi* (Stand 15.09.2023).

395 *https://www.weforum.org/agenda/authors/xi-jinping* (Stand 15.09.2023).

396 »Der Westen kann von China viel lernen«. In: *handelszeitung.ch*, 21.01.2015, *https://www.handelszeitung.ch/unternehmen/der-westen-kann-von-china-viel-lernen-728165* (Stand 15.09.2023).

397 *https://www.weforum.org/people/cyril-m-ramaphosa* (Stand 15.09.2023).

398 »Digitales Gefängnis. China als Versuchslabor für den Westen«. Teil 1/2. *ExpressZeitung* Ausgabe 51, Dezember 2022, S. 25.

399 Quigley, Carroll: *Tragedy and Hope: A History of the World in Our Time*. New York 1966, S. 324. Deutsche Ausgabe: Quigley, Carroll: *Tragödie und Hoffnung – Eine Geschichte der Welt in unserer Zeit*. Rottenburg 2016.

400 Sackmann, Christoph: »Ray Dalio – Starinvestor: ›Wir sollten nicht Regierungen vertrauen, unser Geld zu schützen‹«. In:

focus.de, 30.01.2022, *https://www.focus.de/finanzen/boerse/konjunktur/tief-im-langen-schuldenzyklus-ray-dalio-wir-sollten-nicht-regierungen-vertrauen-unser-geld-zu-schuetzen_id_38689317.html* (Stand 21.06.2023).
401 Ebd.
402 Ebd.
403 Ebd.
404 Ebd.
405 Ebd.
406 Ebd.
407 *https://anwalt.de/rechtstipps/bargeldverbot-kommt-208725.html* (Stand 21.09.2023).
408 Ebd.
409 Issing, Otmar: »Walter Eucken: vom Primat der Währungspolitik«. In: *ecb.europa.eu*, 17.03.2000, *https://www.ecb.europa.eu/press/key/date/2000/html/sp000317_2.de.html* (Stand 02.07.2023).
410 Iken, Katja: »Währungsreform 1923«. In: *toxcenter.org*, *http://toxcenter.org/artikel/Waehrungsreform-1923.php* (Stand 02.07.2023).
411 *https://www.destatis.de/DE/Presse/Pressemitteilungen/2023/06/PD23_255_611.html#:~:text=Pressemitteilung%20Nr.%20255%20vom%2029.%20Juni%202023&text=WIESBADEN%20%E2%80%93%20Die%20Inflationsrate%20in%20Deutschland,%2B6%2C1%20%25%20gelegen* (Stand 02.07.2023).
412 Müller, Dirk: *Machtbeben: Die Welt vor der größten Wirtschaftskrise aller Zeiten – Hintergründe, Risiken, Chancen.* München 2018, S. 242.
413 *https://www.dwds.de/wb/kryptisch* (Stand 02.07.2023).
414 Koenig, Aaron: *Cryptocoins. Investieren in digitale Währungen.* München 2018, S. 14.
415 Ebd., S. 22.

416 Ebd., S. 24.

417 Ebd., S. 81.

418 Ebd., S. 83.

419 *https://www.btc-echo.de/academy/bibliothek/wer-ist-satoshi-nakamoto/* (Stand 02.07.2023).

420 Koenig, Aaron: *Cryptocoins. Investieren in digitale Währungen.* München 2018, S. 79.

421 Ebd., S. 80.

422 Döllel, Dominic: »Retter in der Not? Bitcoin-Logo leuchtet am EZB-Tower«. In: *btc-echo.de*, 29.03.2023, *https://www.btc-echo.de/news/bitcoin-logo-leuchtet-am-ezb-tower-161609/* (Stand 02.07.2023).

423 »Digitales Gefängnis. China als Versuchslabor für den Westen«. Teil 1/2. *ExpressZeitung* Ausgabe 51, Dezember 2022, S. 23.

424 Imöhl, Sören: »So bewahren Sie Ihre Kryptowährungen sicher auf«. In: *WirtschaftsWoche*, 06.06.2023, *https://www.wiwo.de/finanzen/boerse/not-your-keys-not-your-coins-so-bewahren-sie-ihre-kryptowaehrungen-sicher-auf/27562272.html#:~:text=Eines%20vorweg%3A%20Coins%20offline%20auf,mit%20* dem%20Internet%20verbunden%20sind (Stand 02.07.2023).

425 »Digitales Gefängnis. China als Versuchslabor für den Westen«. Teil 1/2. *ExpressZeitung* Ausgabe 51, Dezember 2022, S. 23.

426 Zilber, Ariel; Barrabi, Thomas; Moynihan, Lydia: »How World Economic Forum, others are hiding their past ties with FTX«. In: *New York Post*, 14.11.2022, *https://nypost.com/2022/11/14/how-world-economic-forum-others-are-hiding-past-ties-with-ftx/* (Stand 02.07.2023).

427 »Digitales Gefängnis. China als Versuchslabor für den Westen«. Teil 1/2. *ExpressZeitung* Ausgabe 51, Dezember 2022, S. 23.

428 Morgenroth, Dr. Stephanie: »Ein Finanzgigant auf der Blockchain. Wie Blackrock Bitcoin beeinflusst«. In: *btc-echo.de*, 09.08.2023 *https://www.btc-echo.de/news/blackrock-so-kann-der-finanzgigant-bitcoin-beeinflussen-169428/* (Stand 01.09.2023).

429 »Digitales Gefängnis. China als Versuchslabor für den Westen«. Teil 1/2. *ExpressZeitung* Ausgabe 51, Dezember 2022, S. 24.

430 Morell, Michael: »An Analysis of Bitcoin's Use in Illicit Finance«. 06.04.2021, *https://cryptoforinnovation.org/wp-content/uploads/2022/07/An-Analysis-of-Bitcoins-Use-in-Illicit-Finance-By-Michael-Morell.pdf* (Stand 11.06.2023).

431 Nathusius, Ingo: »Was bleibt vom Krypto-Zauber?« In: *Tagesschau*, 06.06.2023, *https://www.tagesschau.de/wirtschaft/finanzen/bitcoin-krytowaehrungen-banken-100.html* (Stand 03.07.2023).

432 Ebd.

433 Spinnler, Thomas: »Das verspricht sich Panama vom Bitcoin«. In: *Tagesschau*, 29.04.2022 *https://www.tagesschau.de/wirtschaft/weltwirtschaft/bitcoin-kryptowaehrungen-regulierung-el-salvador-panama-zahlungsmittel-101.html* (Stand 03.07.2023).

434 Gladel, Roswitha: »Gib mir die Kontrolle über das Geld einer Nation – Wissenswertes«. In: *helpster.de*, *https://www.helpster.de/gib-mir-die-kontrolle-ueber-das-geld-einer-nation-wissenswertes_204062* (Stand 25.06.2023).

435 Ebd.

436 Über die Psychologie des Geldes«. In: *Book of finance*, 04.03.2023, *https://bookoffinance.de/ueber-die-psychologie-des-geldes/#:~:text=Die%20Hauptthese%20des%20Autors%20lautet,als%20Zahlen%2C%20Daten%20und%20Fakten* (Stand 25.06.2023).

437 Ebd.

438 Housel, Morgan: *Über die Psychologie des Geldes*, München 2023, S. 89 ff.
439 Ebd.
440 Gebel, Titus: »Das Konzept freie Privatstädte«. In: *chainlesslife.com*, 31.03.2021, *https://chainlesslife.com/podcast/131-titus-gebel/* (Stand 22.06.2023).
441 Stöger, Birgit: »Freie Privatstädte: Hat der Staat bald nichts mehr zu sagen?« In: *Kopp exklusiv* 25/23, S. 9.
442 Gebel, Titus: »Das Konzept freie Privatstädte«. In: *chainlesslife.com*, 31.03.2021, *https://chainlesslife.com/podcast/131-titus-gebel/* (Stand 22.06.2023).
443 Stöger, Birgit: »Freie Privatstädte: Hat der Staat bald nichts mehr zu sagen?« In: *Kopp exklusiv* 25/23, S. 9.
444 Gebel, Titus: »Das Konzept freie Privatstädte«. In: *chainlesslife.com*, 31.03.2021, *https://chainlesslife.com/podcast/131-titus-gebel/* (Stand 22.06.2023).
445 Ebd.
446 Ebd.
447 Stöger, Birgit: »Freie Privatstädte: Hat der Staat bald nichts mehr zu sagen?« In: *Kopp exklusiv* 25/23, S. 10.
448 Ebd.
449 Dodt, Stefanie; Kumar, Marlon: »Das libertäre Experiment von Niedersachsen«. In: *tagesschau.de*, 08.06.2023, *https://www.tagesschau.de/investigativ/privatstaedte-100.html* (Stand 22.06.2023).
450 *https://www.polyas.de/wahllexikon/genossenschaft#:~:text=Eine%20Genossenschaft%20ist%20ein%20freiwilliger,einen%20gemeinsamen%20Gesch%C3%A4ftsbetrieb%20zu%20f%C3%B6rdern* (Stand 22.06.2023).
451 *https://www.genossenschaftsverband.de/genossenschaft-gruenden/genossenschaft-als-rechtsform/* (Stand 22.06.2023).

452 Dodt, Stefanie; Kumar, Marlon: »Das libertäre Experiment von Niedersachsen«. In: *tagesschau.de*, 08.06.2023, *https://www.tagesschau.de/investigativ/privatstaedte-100.html* (Stand 22.06.2023).

453 Ebd.

454 Ebd.

455 Stöger, Birgit: »Freie Privatstädte: Hat der Staat bald nichts mehr zu sagen?« In: *Kopp exklusiv* 25/23, S. 10.

456 Reischke, Martin: »Utopie oder Dystopie? Honduras und das Modell der Privatstädte«. In: *Deutschlandfunk*, 03.11.2022, *https://www.deutschlandfunk.de/privatstaedte-zede-honduras-100.html* (Stand 22.06.2023).

457 Gebel, Titus: »Das Konzept freie Privatstädte«. In: *chainlesslife.com*, 31.03.2021, *https://chainlesslife.com/podcast/131-titus-gebel/* (Stand 22.06.2023).

458 Plummer, Joseph: *Geheime Machtstrukturen. Weshalb Rechtsstaatlichkeit, Freiheit und Demokratie nur eine Illusion sind.* Rottenburg 2016, S. 27.

459 Ebd., S. 27.

460 Quigley, Carroll: *Das Anglo-Amerikanische Establishment. Die Geschichte einer geheimen Weltregierung.* Rottenburg 2016, S. 7.

461 *https://tube.querdenken-711.de/videos/watch/6f6d8315-0a37-4af2-ae02-7ffae214cd0e* (Stand 03.09.2023).

462 Plummer, Joseph: *Geheime Machtstrukturen. Weshalb Rechtsstaatlichkeit, Freiheit und Demokratie nur eine Illusion sind.* Rottenburg 2016, S. 73.

463 Ebd., S. 109.

464 Ebd., S. 111.

465 Quigley, Carroll: *Tragödie und Hoffnung. Eine Geschichte der Welt in unserer Zeit.* Rottenburg 2016, S. 248.

466 Plummer, Joseph: *Geheime Machtstrukturen. Weshalb Rechtsstaatlichkeit, Freiheit und Demokratie nur eine Illusion sind.* Rottenburg 2016, S. 27.

467 *https://www.duden.de/rechtschreibung/Talent* (Stand 01.09.2023).

468 *https://www.duden.de/rechtschreibung/Begabung* (Stand 01.09.2023).

469 *https://www.worldgovernmentsummit.org/press/news/elon-musk-warns-global-governments-about-the-future* (Stand 02.09.2023).

470 »Zuckerberg fordert bedingungsloses Grundeinkommen als ›Polster, um neue Dinge ausprobieren zu können‹«. In: *trendingtopics.eu*, 26.05.2017, *https://www.trendingtopics.eu/mark-zuckerberg-fordert-bedingungsloses-grundeinkommen/* (Stand 02.09.2023).

471 Stelter, Daniel: »Ungerecht, zu teuer: Bedingungsloses Grundeinkommen führt in den Überwachungsstaat«. In: *focus.de*, 28.04.2020, *https://www.focus.de/finanzen/experts/gastbeitrag-daniel-stelter-das-grundeinkommen-dient-als-trojanisches-pferd_id_11924543.html* (Stand 02.09.2023).

472 *https://www.youtube.com/watch?v=nF9l0p_ohb4* (Stand 03.09.2023)

473 *https://www.selbstversorger.jetzt/* (Stand 03.09.2023).

474 Ebd.

475 Pühringer, Birgit: »Martin Rutter: ›Regionale Grundversorgung statt Lebensmittelkrise‹«. In: *AUF1.info*, 27.02.2023, *https://auf1.info/martin-rutter-regionale-grundversorgung-statt-lebensmittelkrise/* (Stand 20.09.2023).

476 Ebd.

477 *https://www.bancadeltempo-bolzano.it/de/che-cose-una-banca-del-tempo-2/* (Stand 03.09.2023).

478 Ebd.

479 *https://www.bbk.bund.de/DE/Warnung-Vorsorge/Vorsorge/Bevorraten/bevorraten_node.html* (Stand 03.09.2023).

480 Heppel, Gregor: »Pflügen statt schürfen«. In: *heise.de*, *https://www.heise.de/select/tr/2018/9/1535263573598793* (Stand 04.09.2023).

481 Ebd.

482 Ebd.

483 Ebd.

484 Ebd.

485 Ebd.

486 Trapp, Ellen: »Sardinien trotzt der Bankenkrise«. In: *br.de*, 23.10.2016, *https://www.br.de/br-fernsehen/sendungen/euroblick/euroblick-italien-sardinen-100.html#:~:text=F%C3%BCr%20solche%20Probleme%20erfanden%20f%C3%BCnf,Ein%20Sardex%20entspricht%20einem%20Euro* (Stand 04.09.2023).

487 *https://sailorsforsustainability.nl/portfolio/sardex-a-local-currency-for-a-circular-economy-ita/* (Stand 04.09.2023).

488 »Sardex: Eine lokale Währung für eine blühende Gemeinschaft«. In: *finchandbeak.com*, 04.06.2018, *https://www.finchandbeak.com/1369/sardex-local-currency-for-thriving-community.htm* (Stand 04.09.2023).

489 Ebd.

490 Ebd.

491 Ebd.

492 Ebd.

493 *https://www.chiemgauer.info/* (Stand 04.09.2023).

494 Ebd.

495 Kabisch, Susanne: »Chiemgauer schlägt Euro«. In: *deutschlandfunk.de*, 07.03.2004, *https://www.deutschlandfunk.de/chiemgauer-schlaegt-euro-100.html* (Stand 04.09.2023).

496 Becker, Ralf: »Regionales Geld als innovatives Instrument der Lokalen Agenda 21«. In: *Initiative & Zukunft: Zukünfte. Zeit-*

schrift für Zukunftsgestaltung & vernetztes Denken. Frühjahr 2004, S. 28, *https://www.yumpu.com/de/document/read/2735644/regionales-geld-kennedy-bibliothek* (Stand 04.09.2023).

497 Onken, Werner: »Die ökonomische Botschaft von Michael Endes ›Momo‹«. In: *sozialoekonomie.info, https://www.sozialoekonomie.info/Weiterf%C3%BChrendes/weiterfuehrendes-3-werner-onken-die-oekonomische-botschaft-von-michael-endes-momo.html* (Stand 04.09.2023).

498 Ebd.

499 Ebd.

500 *https://www.youtube.com/watch?v=dcQno--1K80* (Stand 04.09.2023; ab Minute 39:03).

501 Ebd., ab Minute 39:20.

502 *https://zivilcourage.tv/momo-bewegung/* (Stand 04.09.2023).

503 *https://monetative.de/ueber-uns/* (Stand 05.09.2023).

504 »Die humane Marktwirtschaft in 13 Minuten«. *https://zivilcourage.tv/plan-b/* (Stand 05.09.2023; ab Minute 1:28).

505 Ebd., ab Minute 3:15.

506 Onken, Werner: »Die ökonomische Botschaft von Michael Endes ›Momo‹«. In: *sozialoekonomie.info, https://www.sozialoekonomie.info/Weiterf%C3%BChrendes/weiterfuehrendes-3-werner-onken-die-oekonomische-botschaft-von-michael-endes-momo.html* (Stand 04.09.2023).

507 Ebd.

508 »SMART-Ziele – was steckt hinter dem smarten Begriff?«. In: *projektmanagement.zentrum.ch*, 02.05.2022, *https://projektmanagement-zentrum.ch/2022/05/02/smart-ziele-ganz-schoen-clever/* (Stand 03.09.2023).

509 *https://www.youtube.com/watch?v=CJ7MO44ukIQ* (Stand 07.09.2023).

510 Ebd. (ab Minute 0:36).

511 Ebd. (ab Minute 0:43).

512 »Digitales Zentralbankgeld: So werden Zahlungen programmierbar«. In: *gi-de.com*, *https://www.gi-de.com/de/spotlight/payment/digitales-zentralbankgeld-so-werden-zahlungen-programmierbar* (Stand 07.09.2023).

513 Ebd.

514 *Tichys Einblick*, Ausgabe 9/2023, S. 24 f.

515 Ebd.

516 Ebd.

517 *https://www.derstandard.de/story/2000145162022/was-geschieht-wenn-digitales-zentralbankgeld-das-bargeld-verdraengt* (Stand 21.09.2023).

518 Ebd.

519 Brückner, Michael: *Bargeldverbot!*, Rottenburg 2015, S. 119 f.